Quem Mexeu no Meu Dinheiro?

O Guia do PAI Rico

Quem Mexeu no Meu Dinheiro?

— Edição Revista e Atualizada —

Por que Investidores Lentos Perdem e Investidores Sagazes Vencem

Robert T. Kiyosaki

ALTA BOOKS
EDITORA
Rio de Janeiro, 2017

Quem Mexeu no Meu Dinheiro — Por que Investidores Lentos Perdem e Investidores Sagazes Vencem
Copyright © 2017 da Starlin Alta Editora e Consultoria Eireli. ISBN: 978-85-508-0101-8

Impresso no Brasil — 2017 - Edição revisada conforme o Acordo Ortográfico da Língua Portuguesa de 2009.

Publique seu livro com a Alta Books. Para mais informações envie um e-mail para autoria@altabooks.com.br

Obra disponível para venda corporativa e/ou personalizada. Para mais informações, fale com projetos@altabooks.com.br

Produção Editorial
Editora Alta Books

Produtor Editorial
Claudia Braga
Thiê Alves

Gerência Editorial
Anderson Vieira

Supervisão de Qualidade Editorial
Sergio de Souza

Produtor Editorial (Design)
Aurélio Corrêa

Editor de Aquisição
José Rugeri
j.rugeri@altabooks.com.br

Marketing Editorial
Silas Amaro
marketing@altabooks.com.br

Vendas Corporativas
Sandro Souza
sandro@altabooks.com.br

Vendas Atacado e Varejo
Daniele Fonseca
Viviane Paiva
comercial@altabooks.com.br

Ouvidoria
ouvidoria@altabooks.com.br

Equipe Editorial
Bianca Teodoro
Christian Danniel
Ian Verçosa
Illysabelle Trajano
Juliana de Oliveira
Renan Castro

Tradução (1ª edição)
Maria José Cyhlar Monteiro

Copidesque (atualização)
Carolina Gaio

Revisão Gramatical (atualização)
Thamiris Leiroza

Diagramação (atualização)
Luisa Maria Gomes

CIP-Brasil. Catalogação na fonte.
Sindicato Nacional dos Editores de Livros, RJ

K68p Kiyosaki, Robert T., 1947-
Quem mexeu no meu dinheiro? — Por que Investidores Lentos Perdem e Investidores Sagazes Vencem / Robert T. Kiyosaki; tradução de Maria Maria José Cyhlar Monteiro — Rio de Janeiro: Alta Books, 2017.

Tradução de: Who Took My Money?
ISBN: 978-85-508-0101-8

1. Finanças pessoais. 2. Poupança e investimento. 3. Riqueza.
I. Título.

04-2523 CDD – 332.024
CDU – 330.567.2

ALTA BOOKS
EDITORA

Rua Viúva Cláudio, 291 — Bairro Industrial do Jacaré
CEP: 20.970-031 — Rio de Janeiro (RJ)
Tels.: (21) 3278-8069 / 3278-8419
www.altabooks.com.br — altabooks@altabooks.com.br
www.facebook.com/altabooks — www.instagram.com/altabooks

Nota do Autor

Este livro é para as pessoas que querem exercer maior controle sobre seu dinheiro e obter retornos superiores àqueles auferidos pelo investidor mediano. Ele não dirá a você exatamente o que fazer. Isso porque o que você fará de fato para enriquecer e como fará só depende de você. Contudo, este livro o ajudará a entender por que alguns investidores conseguem retornos muito superiores à média, com menos risco e em muito menos tempo.

Acontece que 90% dos investidores se enquadram na média e precisam continuar aplicando em fundos de investimento e em planos de aposentadoria. As informações deste livro se destinam aos 10% que desejam se educar para se tornar investidores profissionais, aumentar os seus rendimentos e acelerar o crescimento das suas carteiras financeiras.

Obrigado,
Robert T. Kiyosaki

Outros Best-sellers da Série *Pai Rico*

Pai Rico, Pai Pobre

Independência Financeira

O Poder da Educação Financeira

O Guia de Investimentos

Filho Rico, Filho Vencedor

Aposentado Jovem e Rico

Profecias do Pai Rico

Histórias de Sucesso

Escola de Negócios

Pai Rico, Pai Pobre para Jovens

Pai Rico em Quadrinhos

Empreendedor Rico

Nós Queremos que Você Fique Rico

Desenvolva Sua Inteligência Financeira

Mulher Rica

O Segredo dos Ricos

Empreendedorismo Não Se Aprende na Escola

O Toque de Midas

O Negócio do Século XXI

Imóveis: Como Investir e Ganhar Muito Dinheiro

Irmão Rico, Irmã Rica

Como Comprar e Vender Empresas e Ganhar Muito Dinheiro

SUMÁRIO

SUMÁRIO

Introdução

COMO TRANSFORMAR $10 MIL EM $10 MILHÕES EM DEZ ANOS

"O maior receio dos norte-americanos é ficar sem dinheiro para a aposentadoria."
— Pesquisa do *USA Today*

"A principal razão das dificuldades financeiras é que as pessoas pedem conselhos financeiros a pessoas pobres ou a vendedores."
— Pai rico

Um jornal local em Phoenix, Arizona, publicou um artigo sobre o meu livro, *Profecias do Pai Rico*. Embora fosse um artigo justo e equilibrado, o jornalista fechou a matéria com uma observação que me perturbou. Seu comentário foi sobre o meu retorno de 39% no meu último investimento. Tive a impressão de que o jornalista queria insinuar que eu estava mentindo ou exagerando ao falar do retorno dos meus investimentos.

Agora, muita gente não gosta de quem se gaba ou exagera. Não ligo para essas pessoas. Meu problema é que, quando mencionei aquele retorno, não estava me gabando nem exagerando. Estava fazendo exatamente o oposto. Na realidade, eu tinha subestimado o meu retorno. Em outras palavras, o meu retorno não era apenas um cálculo financeiro. Era dinheiro de verdade, em termos do que tinha entrado no meu bolso e que tinha gerado um lucro bem maior do que 39%.

Permiti que aquele comentário me incomodasse por vários dias. Finalmente, liguei para o jornal e pedi para marcar uma hora, para que eu esclarecesse a questão. Eu disse ao jornalista que não esperava que ele voltasse a escrever sobre mim ou que publicasse uma retratação. Tudo o que eu queria era poder ir a seu escritório com meu contador e mostrar-lhe como tinha lucrado aqueles 39%. Sua resposta foi cordial, e marcamos uma reunião.

Depois que o meu contador e eu explicamos como eu tinha obtido os 39% e como isso era um porcentual subestimado, tudo o que ele falou foi: "Bom, o investidor mediano não pode fazer o que o senhor faz."

Minha resposta ao comentário dele foi: "Eu nunca disse que poderia."

Ele, então, falou: "O que você faz é muito arriscado."

Minha resposta para a sua afirmação foi: "Nestes últimos anos, milhões de investidores perderam trilhões de dólares, boa parte aplicada em ações e fundos de investimento que o senhor recomenda. Muitas pessoas que perderam dinheiro 'investindo em longo prazo' em fundos de investimento nunca conseguirão se aposentar. Isso não é arriscado?"

"Bem, isso aconteceu porque há muita corrupção nas empresas", respondeu ele, na defensiva.

"Em parte, isso é verdade. Mas quanto dessas perdas não foi provocado pelos maus conselhos de planejadores financeiros, corretores e jornalistas econômicos? Se investir em longo prazo em fundos de investimento é uma coisa tão boa, por que tanta gente perdeu tanto dinheiro?"

"Continuo defendendo a minha posição", respondeu ele. "Estou convencido de que investir em longo prazo e diversificar as aplicações em vários fundos de investimento é o melhor caminho para o investidor mediano."

"Concordo", repliquei. "Seu conselho é o melhor para o investidor mediano, mas não para mim."

Meu contador, em seguida, entrou e disse: "Com uma pequena mudança no foco e com o uso de diferentes ativos, o investidor mediano poderia obter retornos muito mais altos com muito menos risco. Em vez de ficar sentado, acompanhando as reviravoltas do mercado e ouvindo os palpites dos gurus financeiros, que tentam adivinhar a próxima grande dica sobre investimento em ações, o investidor que recorrer ao plano do pai rico do Robert não precisa entrar em pânico toda vez que o mercado cair ou se preocupar em saber qual será o setor que irá subir. Assim, o investidor pode auferir retornos muito mais altos com muito menos risco e o dinheiro entra automaticamente, como uma mágica. Na verdade, muitas vezes chamo essa estratégia de investimento de *dinheiro mágico*."

A ideia de um retorno de 39%, e, agora, de um dinheiro mágico, foi demais para aquele curto encontro com o jornalista. Ao ouvir essa expressão, ele deu por encerrada a reunião.

Como disse, o jornalista era cordial e tinha a mente aberta. Algumas semanas depois, ele escreveu outro artigo sobre mim, embora eu não tivesse pedido. Mas, apesar de exato, ele não mencionou como eu tinha obtido aquele retorno nem falou nada sobre o dinheiro mágico.

O mais importante é que sou grato a ele por ter me inspirado para escrever este livro, que *não* se destina ao investidor mediano.

Perguntas Frequentes

Depois da reunião com o jornalista, eu decidi que era hora de explicar a fórmula do pai rico para obter um retorno extraordinariamente alto de um pequeno investimento. Este livro também propicia a oportunidade de responder a algumas perguntas que são feitas com frequência, e que muitas vezes evito responder, como:

- "Tenho $10 mil. Em que eu devo investir?"
- "Que tipo de investimento você recomenda?"
- "Como posso começar?"

A principal razão da minha hesitação em responder a essas perguntas é que a resposta verdadeira é: "Depende da pessoa. O que eu faria é muitas vezes diferente do que você deveria fazer."

Outra razão para essa minha hesitação é que, quando respondo explicando exatamente o que faço e como obtive altos retornos com menos dinheiro e menos risco, o que ouço são coisas assim:

- "Você não pode fazer isso assim."
- "Não tenho condições para isso."
- "Não tem um jeito mais fácil?"

Por que Tantas Pessoas Perdem

Na minha opinião, uma das razões pelas quais milhões de pessoas perdem trilhões de dólares é porque elas estão procurando maneiras fáceis de investir o seu dinheiro. E há muitas pessoas prontas para apontar caminhos fáceis, tais como:

- "Economize dinheiro."
- "Invista em longo prazo e diversifique."
- "Corte os seus cartões de crédito e livre-se das suas dívidas."

Este livro *não* foi escrito para quem quer respostas fáceis. Se você gosta de respostas financeiras simplistas, que muita gente está disposta a aceitar, então, provavelmente, este livro não é para você. As minhas respostas podem parecer muito difíceis ou complicadas para a maioria das pessoas.

Este livro destina-se aos que desejam exercer um controle maior sobre o seu dinheiro e ganhar muito mais dinheiro com o que já têm. Se for isso o que lhe interessa, então continue a leitura.

A Pior Maneira de Enriquecer

Embora o jornalista estivesse certo ao dizer que a sua orientação era ótima para o investidor mediano, o fato é que essa é uma das formas mais difíceis de enriquecer. As pessoas empregadas que aplicam em planos de aposentadoria estão pegando um trem parador na vida. É um trem com um motor desgastado. Ele não acelera e nunca atinge os picos dos retornos financeiros. Os freios também são falhos, o que torna os trajetos morro abaixo assustadores.

Ainda que as aplicações em longo prazo em fundos de aposentadoria possam ser uma boa ideia para o investidor mediano, para mim, essa alternativa é uma forma lenta, arriscada, ineficiente e altamente tributada de investir.

Há Investimentos Melhores

Existem quatro classes diferentes de ativos: negócios, imóveis, ativos de papel e commodities. Um investimento simples é aplicar o dinheiro em um fundo de investimento indexado S&P 500.[1] Para a maioria dos gestores de fundos mútuos, o S&P 500 é a referência a ser superada. Infelizmente, pouquíssimos conseguem.

Isso muitas vezes levanta a questão: "Então, por que você precisa de um gestor de fundos se poucos podem bater o índice S&P 500? Por que não investir o dinheiro diretamente nesse índice?"

A minha resposta é: "Eu faço a mesma pergunta." E continuo, dizendo: "Se investe $10 mil em imóveis, na verdade, você está aumentando a base do investimento com uma alavancagem de 90% — neste caso, $90 mil do financiamento concedido pelo seu banco. Em uma década típica de crescimento, os $10 mil aplicados no S&P 500 aumentariam para cerca de $18 mil. Já os seus $10 mil investidos em imóveis, mais o empréstimo bancário, teriam se transformado em quase $158 mil."

Frequentemente, ouço as pessoas perguntarem: "Então por que as pessoas não investem mais em imóveis?"

A minha resposta é: "Porque para investir em imóveis é preciso ser um bom investidor. E para ter sucesso nesse tipo de investimento, uma boa educação financeira não é suficiente, as exigências de capital e de qualificação administrativa são muito maiores. Aplicar em ativos de papel ou em fundos mútuos é muito mais fácil, menos oneroso e não demanda muito esforço gerencial, por isso é que um número maior de pessoas prefere esse tipo de aplicação."

O Ativo Mais Poderoso

O S&P 500 é um investimento internacional, enquanto o imobiliário é local. Isso significa que, se você é sagaz como um investidor em imóveis, muitas vezes pode conseguir retornos ainda mais altos. Os seus $10 mil no S&P 500 conseguem os mesmos retornos que os de todo mundo, enquanto os seus $10 mil em imóveis podem ultrapassar os $158 mil, mas também sequer atingi-los. Se for um investidor imobiliário terrível e dono de uma propriedade, você pode perder todos os $10 mil investidos, e possivelmente ainda mais. Se você não for bom na aquisição e gestão imobiliária, é melhor investir no S&P 500. O sucesso no setor imobiliário depende de que tipo de investidor você é. No S&P 500, ser bem-sucedido depende das empresas que o compõem.

[1] Abreviatura de *Standard & Poor's 500* ("500 Básicas e Pobres", em tradução livre), um índice norte-americano de mercado que consiste em ações de quinhentas empresas escolhidas conforme o setor, a liquidez e o tamanho. (N. E.)

Para a pergunta: "Pode-se ainda obter ganhos maiores do que $158 mil a partir do montante inicial de $10 mil?", a resposta é: "Sim, mas, para atingir esses retornos, um investidor muitas vezes precisa usar o poder de uma empresa." Das quatro classes de ativos, um negócio é o mais poderoso, mas requer mais habilidade para iniciar, consolidar e gerenciar. Uma pessoa competente na condução de uma empresa e também em investimentos imobiliários pode obter retornos extraordinariamente altos.

Como Obter Retornos Extraordinariamente Altos

Mesmo que alguns dos conteúdos aqui presentes tenham sido abordados em outros livros da série *Pai Rico*, este livro vai mais longe do que eu jamais escrevi antes sobre como alcançar retornos ultra-altos de investimentos. Vou apresentar os catalisadores do dinheiro que o meu pai rico me ensinou.

Neste livro, você vai descobrir por que diversificar e investir em longo prazo muitas vezes não são o melhor conselho de investimentos, e por que muitas pessoas perdem dinheiro seguindo essa recomendação.

Um dos segredos mais bem guardados dos investidores de sucesso não é diversificar, mas integrar. Em vez de apenas investir em um ativo, os investidores bem-sucedidos integram duas ou três classes de ativos e, em seguida, aceleram, alavancam e protegem o fluxo de caixa através deles. Por exemplo, Bill Gates tornou-se o homem mais rico do mundo integrando o poder de um negócio ao dos ativos de papel. Ele conseguiu o sonho de muitos empresários, o de construir um negócio e abrir o seu capital através do mercado de ações. Em outras palavras, ele transformou parte do seu negócio em ativos de papel, o que é chamado de "ações". Se Bill Gates não tivesse tornado a sua empresa pública, provavelmente ainda seria rico, mas talvez não se tornasse o homem mais rico do mundo tão jovem. Simplificando, foi a integração de duas classes de ativos que acelerou a sua riqueza. Ele não se tornou o homem mais rico do mundo com um salário de funcionário da Microsoft que diversificou o seu dinheiro investindo em fundos mútuos.

Donald Trump consegue maiores retornos sobre o seu dinheiro por possuir um negócio que investe em imóveis. E Warren Buffett, o maior investidor do mundo, obtém rendimentos extremamente altos porque tem uma empresa que investe em outras empresas.

Grandes versus Pequenos Negócios

Isso não significa que o seu negócio deve ser grande ou estar no ramo imobiliário. O ponto é que um investidor poderia possuir uma pequena empresa e também investir em imóveis. É como ter duas profissões, uma para você e outra para o seu dinheiro. Por exemplo, eu sou mais conhecido como autor. Vamos dizer que isso seja a minha profissão. A profissão do meu dinheiro é a imobiliária. Novamente, o ponto principal é integrar duas ou três classes de ativos em vez de diversificar apenas dentro de uma. Ainda que você seja proprietário de uma pequena empresa, pode aproveitar as mesmas vantagens financeiras de um grande negócio. Assim como uma grande empresa e o mercado de ações fizeram de Bill Gates um multibilionário, um pequeno negócio, bens imobiliários e ativos de papel podem torná-lo um multimilionário em menos de dez anos. A questão é: você pode se tornar muito bom em investir em pelo menos duas classes diferentes de ativos? Se puder, a magia financeira vai acontecer.

Sinergia versus Diversificação

Neste livro, você aprenderá a fórmula do pai rico para obter retornos extraordinariamente altos. O pai rico ensinou a seu filho e a mim que é preciso ter bons assessores e então integrar e acelerar o poder dessas forças financeiras. São elas:

- Negócios
- Imóveis
- Ativos de papel
- O dinheiro do seu banco
- A legislação tributária
- A legislação societária

Integrar quer dizer "combinar e operar em conjunto". Diversificar significa "separar e operar isoladamente".

Quem for capaz de integrar e acelerar essas seis forças obterá retornos extraordinariamente altos, começando com pouquíssimo dinheiro. Se a pessoa fizer um trabalho notável integrando essas seis forças aproveitará a mágica do dinheiro, ou a sinergia financeira.

O que É Sinergia?

Muitas vezes se define a palavra *sinergia* como "o todo é maior do que a soma das partes". Em termos simples, significa que 1 + 1 = 4; isto é, 4, nesse caso, a soma, é maior do que as partes 1 + 1.

Aqui temos outro exemplo de sinergia. Digamos que alguém pegue sementes de abóbora e um punhado de terra. A terra sozinha não será capaz de propiciar a germinação das sementes, por mais que se coloque terra em cima delas. É preciso juntar luz solar e água à terra, na medida certa, para que de repente a planta comece a crescer. É a sinergia entre a terra, o Sol e a água que provoca a mágica da germinação da semente.

O mesmo acontece com o dinheiro. Com os ingredientes certos, o seu dinheiro pode crescer como em um passe de mágica. Se o seu dinheiro ficar enterrado por baixo de uma pilha de terra diversificada, pode até virar cogumelo, mas não gerará a mágica do dinheiro.

O Poder da Sinergia

Este livro fala de como podemos dominar o nosso dinheiro utilizando diferentes forças financeiras e criando a sinergia financeira, também conhecida como a magia do dinheiro.

Obviamente, este livro não é para o investidor mediano. Repetindo o que o jornalista me disse quando lhe expliquei como eu conseguia um retorno de 39%: "Bom, o investidor mediano não pode fazer o que o senhor faz."

E, de novo, repito a minha réplica a esse comentário: "Eu nunca disse que poderia." Este livro é para pessoas que não gostam de entregar o seu dinheiro a estranhos e ficar esperando e rezando para que ele ainda esteja lá quando precisarem dele. Este livro é para quem quer exercer um maior controle sobre o dinheiro e superar o retorno médio obtido pelo investidor mediano. Este livro não lhe dará uma receita do que fazer porque o que a pessoa faz para enriquecer e como o faz depende dela. Contudo, ele auxiliará o leitor a entender por que alguns investidores obtêm retornos muito superiores aos do investidor mediano, com menos risco e menos dinheiro, e em menos tempo.

Você Pode Fazer $10 Milhões Investindo $10 Mil no Mercado de Ações?

Isso quer dizer que após a leitura você conseguirá obter resultados semelhantes com os seus $10 mil? E, mais uma vez, a resposta é: "Depende de você."

Uma pergunta ainda mais importante: "Você pensa que é possível transformar $10 mil em $10 milhões em dez anos, aplicando apenas no mercado de ações?" A mesma pergunta pode ser feita a alguém que investe apenas em imóveis. Na maioria dos casos, a resposta é não. É muito difícil obter retornos extraordinários com apenas uma classe de ativos, que é o que a maioria das pessoas tenta fazer. Se elas investirem em diferentes ativos e integrarem o poder de diferentes aceleradores, isso criará uma sinergia dos investimentos, e tornará possível a obtenção de retornos extremamente altos.

O Medo Número Um dos Norte-americanos

Durante uma palestra, uma jovem levantou a mão e perguntou: "Por que os retornos extremamente altos são tão importantes? Qual é o problema de enriquecer devagar? Afinal, por que o dinheiro é tão importante? A felicidade não seria mais importante?"

Toda vez que falo em dinheiro e em enriquecimento, há sempre alguém entre o público que expressa essa ideia, que eu chamaria do cinismo da "falta de importância do dinheiro". Naquela oportunidade, eu estava preparado e, sorrindo, lhe passei uma matéria do *USA Today*. O jornal fizera uma pesquisa e verificara que o medo número um dos norte-americanos é ficar sem dinheiro. O maior medo não era do câncer, da criminalidade ou da guerra nuclear. Era não ter dinheiro na velhice. Era viver uma longa existência sem dinheiro. Muitas pessoas percebem que a Previdência Social e os hospitais públicos não têm condições de ampará-las quando ficarem idosas.

Enquanto a jovem lia a matéria para o grupo, escrevi no quadro-negro "O jogo do dinheiro" e, abaixo, desenhei o quadro a seguir:

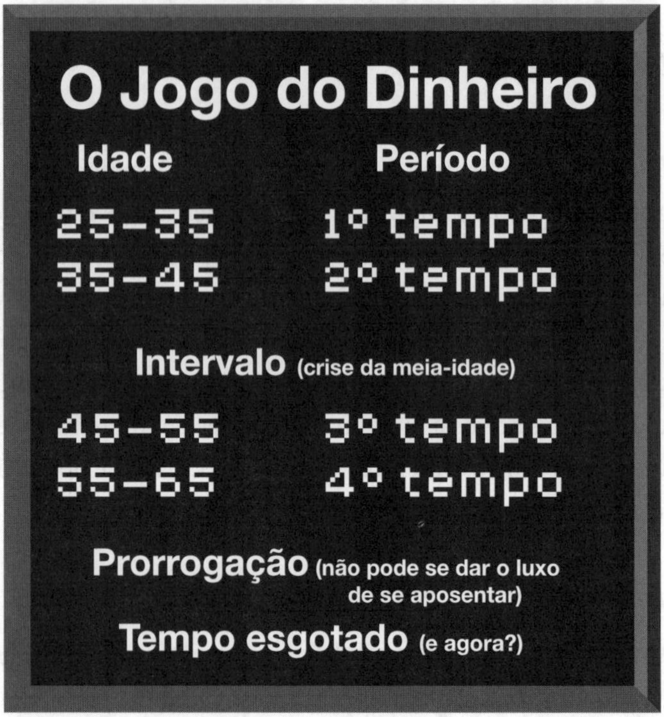

Quando a jovem acabou de ler o artigo, falei: "Os senhores sabem que, em 2020, 78 milhões de norte-americanos estarão com 65 anos ou mais? De cada três, um não tem plano de aposentadoria."

"Já ouvi isso", replicou ela. "Mas por que o senhor chama de jogo?"

Apontei para as faixas de idade no quadro-negro, e disse: "Muitas vezes, os jogos se dividem em tempos. Por exemplo, um jogo de futebol americano se divide em quatro tempos de quinze minutos. É muito comum que as pessoas terminem os estudos por volta dos 25 anos e tenham como perspectiva se aposentar aos 65. Isso significa que o jogo do dinheiro tem uma duração de quarenta anos, e que cada tempo do jogo dura dez. Esperamos ganhar dinheiro e fazer uma reserva para a nossa aposentadoria durante esses quarenta anos. Consegui sair do jogo pouco depois do segundo tempo, aos 47 anos. Minha mulher, Kim, saiu do jogo aos 37 anos, pouco após terminar o primeiro tempo. Dá para entender por que estou falando de jogo?"

A jovem fez um gesto afirmativo, ainda com o recorte do *USA Today* entre as mãos. "E, se não tiverem conseguido formar uma reserva suficiente até os 65 anos, então terão que continuar trabalhando no que o senhor chama de 'prorrogação'."

"Certo. Isso pode até ser bom, pois o trabalho provavelmente os manterá mais saudáveis. Mas há uma diferença entre *ter* que trabalhar e *querer* fazê-lo."

"E 'tempo esgotado' significa que a pessoa está viva, mas é fisicamente incapaz de continuar trabalhando."

Concordando, falei: "Está correto." Então, perguntei: "Sem precisar revelar a sua idade, você poderia me dizer em que tempo do jogo se encontra e se ainda está jogando ou se já ganhou o jogo?"

"Não faço segredo da minha idade. Tenho 32 anos, o que me coloca no primeiro tempo do que o senhor chama do jogo do dinheiro." Parou e continuou: "Não estou nem perto de ganhar o jogo. Tenho várias dívidas, o financiamento da faculdade, as prestações da casa própria, do carro, os impostos e as despesas do dia a dia. Praticamente gasto tudo que ganho nisso."

Depois de um longo silêncio para que todos que estavam na sala tivessem oportunidade de refletir, falei: "Obrigado pela sua sinceridade. Se você já estivesse no quarto tempo do jogo, digamos, com 55 anos, e tivesse acabado de perder muito dinheiro na Bolsa, ainda teria tempo para investir em longo prazo? Poderia resistir a outra crise do mercado? Poderia trabalhar e esperar enquanto o seu dinheiro rende menos do que 10% ao ano?"

"Não", respondeu ela.

"Agora você entende por que é importante ter dinheiro suficiente e por que melhorar a educação financeira e gerar altos retornos em menos tempo é importante?"

Ela balançou a cabeça afirmativamente.

Para reforçar a minha argumentação, perguntei: "Agora ficou claro por que não faz sentido deixar o seu futuro financeiro aos dissabores das oscilações do mercado de ações? Por que não é interessante pôr o nosso dinheiro na mão de estranhos, que ficam dando palpites sobre quais são as ações mais rentáveis? Será que faz sentindo trabalhar arduamente e pagar impostos cada vez mais altos e então descobrir na velhice que nada sobrou depois de toda uma vida de trabalho?"

"Não", disse ela.

Certo de que ela entendera por que era importante controlar os meios para obter melhores retornos, calmamente acrescentei: "Entendeu por que o maior medo dos norte-americanos é ficar sem dinheiro quando a velhice chegar?"

"Sim", disse, com voz trêmula. "Mamãe e papai estão apavorados com a ideia de que tenham que vir morar comigo daqui a alguns anos. E eu também tenho medo. Gosto muito deles, mas sou filha única. Tenho marido e três filhos. Como meu marido e eu vamos dar conta da nossa família e dos meus pais quando eles ficarem mais velhos, da educação das crianças e da nossa aposentadoria?"

Não Seja uma Vítima

Mais uma vez, a sala ficou em silêncio. Eu podia imaginar quantas pessoas enfrentavam os mesmos problemas financeiros. "Os $10 milhões não são o mais importante", falei. "O que importa é tomar as rédeas do nosso futuro financeiro. É aprender a jogar nosso próprio jogo do dinheiro, em vez de deixar que outros fiquem com ele e joguem o jogo por nós. Não estou falando de enriquecer rápido, embora isso seja possível. O que quero destacar é a necessidade de entender por que os ricos ficam mais ricos e o que é preciso para não ser uma vítima do jogo do dinheiro. Não quero que vocês fiquem nas mãos dos que dirigem o jogo. Entendendo-o, vocês exercerão maior controle e poderão assumir uma maior responsabilidade sobre o seu dinheiro e o seu futuro financeiro."

Não É Tarde Demais

"Eu posso ganhar o jogo?", perguntou a jovem.

"Sem dúvida", respondi. "Para começar, é preciso uma mudança de atitude. Depois, formule um plano para os próximos dez anos. Repito, não se trata de enriquecer depressa. A questão é aprender a jogar o jogo. Conhecendo as regras, o jogo fica mais interessante. Com o correr dos anos, a maioria das pessoas diz: 'Por que não fiz isso antes? É um jogo divertido.'"

"Se eu não mudar, não terei muitas chances de ganhar, terei?"

"Bom, não tenho bola de cristal, mas, com três filhos pequenos, pais idosos e ainda tendo de cuidar das suas próprias necessidades financeiras e das do seu marido, eu diria que por enquanto você está perdendo o jogo, não ganhando. Mas nunca é tarde para a virada, portanto, quanto mais cedo começar a virar o jogo, melhor. Apenas peço que não espere até o seu dinheiro e a sua energia terem sumido, não ouça maus conselhos financeiros e não invista em longo prazo, para no fim descobrir que o dinheiro economizado com tanto esforço não rendeu conforme as expectativas e que será necessário continuar trabalhando cada vez mais até resolver os seus problemas financeiros; ou, o que é ainda pior, concluir que nunca será capaz de parar de trabalhar. Não faça como os milhões de pessoas que acordam um dia e perguntam: '*Quem Mexeu no Meu Dinheiro?*'"

A jovem assentiu e voltou a se sentar. Eu podia ver que ela estava imersa em seus pensamentos. Tinha que decidir se assumia o controle do seu dinheiro ou se simplesmente o deixava nas mãos de quem se julgava financeiramente mais perspicaz do que ela. Só ela podia fazer essa escolha.

É disso que este livro trata. Fala do jogo do dinheiro e da escolha entre entregá-lo a alguém que jogará no seu lugar ou você assumir o controle do seu dinheiro, do seu futuro e do jogo.

Como dizia meu pai rico: "Se você controla o seu dinheiro, está assumindo o controle da sua vida." E também falava: "Entregue o seu dinheiro a estranhos e ele trabalhará para os outros, antes de trabalhar para você."

Parte 1

EM QUE EU DEVO INVESTIR?

"Quanto melhor for a sua formação como investidor, melhores serão os conselhos financeiros que receberá."

— Pai rico

Capítulo 1

PERGUNTE A UM VENDEDOR

"Se quiser ser um investidor melhor, aprenda a diferença entre vender o peixe e um bom conselho financeiro."

— Pai rico

"Tenho $10 mil. Como devo aplicá-los?" Como já disse na Introdução, durante vários anos, eu não sabia como responder a essa simples pergunta. As primeiras respostas foram desajeitadas, enroladas e vagas. A razão da minha incapacidade para responder a uma pergunta tão fundamental é que, na verdade, a resposta adequada não é tão simples. Todos nós somos diferentes. Nossas histórias de vida são diferentes, sonhamos sonhos diferentes, nossas emoções são diferentes, nossa situação financeira é diferente e vemos o risco financeiro de modo diferente. Em outras palavras, o que eu faria com os meus $10 mil pode não ser o que você deveria fazer com os seus. De fato, o que eu fiz com $10 mil há dez anos não é o que eu faria com essa mesma quantia nos dias de hoje. Como dizia Einstein: "Tudo é relativo."

Finalmente, depois de muitas vezes ter me deparado com essa pergunta, cheguei a uma resposta que me parece adequada. Hoje, ao ouvir essa pergunta, respondo: "Se você não sabe o que fazer com o seu dinheiro, deposite-o em um banco e não diga a ninguém que tem dinheiro para investir." A razão pela qual afirmo isso é que, se a pessoa não sabe o que fazer com o seu dinheiro, há literalmente milhões de outras que sabem. Quando se trata de dinheiro, todos têm uma opinião e um conselho sobre o que fazer com o *seu* dinheiro.

O Problema dos Conselhos

O problema é que nem todos os conselhos são bons. Nas recentes quebras do mercado de ações, milhões de pessoas perderam trilhões de dólares por ter dado ouvido aos chamados especialistas em finanças. A ironia é que muitos desses especialistas ainda estão oferecendo seus conselhos e muitas pessoas ainda os escutam.

Durante uma das piores crises do mercado de ações de toda a história, os especialistas aconselhavam as pessoas a continuar aplicando no mercado. Em vez de vender, eles diziam que as pessoas deviam continuar comprando. E muita gente o fez, até chegar ao fundo do poço.

Há um velho ditado que diz: "Quando os motoristas de táxi estão dando dicas sobre ações, chegou a hora de vendê-las." Talvez a frase também devesse incluir os comentaristas financeiros.

As Vozes do Bom Senso

Durante a louca expansão ocorrida entre 1995 e o início de 2000, Alan Greenspan, presidente do Banco Central dos EUA, e Warren Buffett, tido como o maior investidor do mundo, foram duas vozes do bom senso. Greenspan lançou advertências sobre a exuberância irracional dos mercados e Buffett simplesmente ficou fora deles.

Durante a expansão e o colapso, o nome de Buffett foi muitas vezes usado como sinônimo de investidor perspicaz. Os conselheiros financeiros usavam o nome dele como justificativa para que as pessoas entrassem no mercado. Diziam: "Warren Buffett isto e Warren Buffett aquilo." Quando o seu nome era mencionado, as pessoas pareciam aplicar mais no mercado. O que esses conselheiros não diziam aos seus fiéis investidores é que Buffett não estava aplicando no mercado.

Em uma entrevista publicada em 2002 na revista *Fortune*, sob o título "O oráculo de tudo", Buffett dizia: "Comprei a minha primeira ação há sessenta anos. Em cinquenta anos desses sessenta valeu a pena comprar ações. Em dez deles, não encontrei nada que valesse a pena." Uma das razões pelas quais ele deixou de comprar ações é simples. Nos dez anos até chegar a 2002, as ações estavam caras demais. Acho interessante constatar que, enquanto o maior investidor do mundo não encontrava nada em que valesse a pena aplicar, milhões de especialistas e investidores de primeira viagem o fizeram.

Criticando o Maior Investidor do Mundo

O artigo continua, observando que, no auge da crise, muitos respeitados especialistas financeiros e publicações começaram a criticar Buffett por ele ter se afastado do mercado. Um desses especialistas, Harry Newton, então editor da revista *Technology Investor*, escreveu: "Warren Buffett deve dizer 'sinto muito'. Como ele perdeu as revoluções dos semicondutores, dos aparelhos sem fio, do DLS, do cabo e da biotecnologia?"

Um mês depois, o mercado de tecnologia entrava em colapso, arrastando com ele bilhões de dólares dos investidores. Quem deveria estar dizendo "Sinto muito" hoje?

O Meu Histórico

Como sou muitas vezes colocado no grupo dos chamados especialistas em finanças, é importante que o leitor tome conhecimento do meu histórico. Eu recebi certa vez um telefonema de um corretor de Baltimore, Maryland. Ele disse: "Acabei de ler o seu terceiro livro, *O Guia de Investimentos*. Meus parabéns por ter previsto o colapso de 2000. Gostaria de ter dito aos meus clientes para ler o livro antes da queda do mercado." Não, não acredito que eu tenha previsto o colapso. Apenas adverti que essa possibilidade existia.

O melhor testemunho da minha trajetória não se encontra no meu histórico, mas no livro *Histórias de Sucesso*, em que registro o que aconteceu com os meus leitores. Esse é um livro cheio de histórias de pessoas comuns que obtiveram sucesso financeiro quando milhões estavam perdendo trilhões de dólares no mercado de ações. Assim, em vez de divulgar o meu próprio sucesso financeiro, que foi muito significativo durante o colapso do mercado, os meus resultados mais importantes são medidos pelo sucesso dos meus leitores.

A Resposta à Pergunta

Uma boa assessoria é fundamental para o sucesso financeiro. Muitas vezes, eu desejei ter tido tempo para responder melhor à pergunta: "O que posso fazer com os meus $10 mil?" Depois de anos adiando esta questão, decidi respondê-la aqui, neste livro, *Quem Mexeu no Meu Dinheiro?* A razão pela qual decidi escrever um livro como resposta a essa pergunta é simplesmente porque ela é muito importante.

O Preço de um Mau Conselho

Alguns anos atrás, eu estava em um táxi a caminho do aeroporto. No rádio, um especialista em finanças dava alguns conselhos, dizendo: "Agora chegou a hora de voltar ao mercado de ações."

"Por que você diz isso?", perguntou o entrevistador.

"Porque todas as luzes estão verdes", disse o especialista. "O mercado está em uma fase de alta." Então passou a desfiar os seus jargões e as frases padronizadas que muitos de nós já cansamos de escutar repetidamente, antes do colapso, durante o colapso e, agora, depois do colapso.

Olhando pela janela do táxi, eu não dava atenção às palavras do especialista, até que o entrevistador voltou a se manifestar: "Muito bem, agora vamos ouvir as perguntas que os nossos ouvintes têm para você."

O primeiro ouvinte falou: "Estou com 78 anos. A minha mulher tem 75 anos. Alguns anos atrás, estávamos convencidos de que tínhamos acumulado uma boa reserva para a nossa aposentadoria. Tínhamos quase US$1 milhão em fundos de investimento."

"Ótimo", disse o entrevistador.

"Sim, mas isso foi há alguns anos."

"E quanto o senhor tem agora?", questionou o especialista financeiro.

"Bem, aí é que está o problema", disse o ouvinte. "Quando o mercado começou a quebrar, liguei para o meu assessor financeiro pedindo um conselho."

"O que ele disse?", perguntou o entrevistador.

"Disse mais ou menos o mesmo que o seu entrevistado está falando agora. Afirmou que o mercado iria se recuperar logo. Falou que era uma pequena correção decorrente da realização dos lucros. Ele nunca nos advertiu que era um colapso do mercado. Na verdade, ele nunca falou que o mercado poderia cair e que os fundos de investimento não eram seguros. O que ele nos dizia era que devíamos continuar investindo em longo prazo — comprando, guardando as ações e diversificando."

"E foi isso o que o senhor fez?", questionou o entrevistador.

"Ficamos quietos. Fizemos o que ele nos disse. Esperamos que o mercado parasse de cair. À medida que os preços ficavam mais baixos, ele até ligava para nós dizendo que era hora de comprar mais ações."

"Então o senhor comprou mais?"

"Claro que compramos. Mas o mercado continuava em queda e nós continuávamos ligando para ele. Alguns meses atrás, ele parou de atender as nossas ligações. Depois descobrimos que ele saíra da empresa e que outra pessoa fora posta no seu lugar. De qualquer modo, cansamos de abrir as correspondências da corretora, eu não aguentava ver o dinheiro que juntara durante toda a vida indo pelo ralo enquanto o mercado caía. Não estamos trabalhando mais e agora estamos pensando no que fazer."

"Quanto dinheiro vocês têm agora?", perguntou o entrevistador novamente.

"Bom, depois que ele parou de atender nossas ligações, resolvemos agir e tirar o dinheiro dos fundos mútuos. Minha mulher e eu achamos melhor pôr o dinheiro no banco. Tinha sobrado US$350 mil. Nós os aplicamos em um certificado de depósito."

"Boa ideia", disse o entrevistador. "Pelo menos vocês têm algum dinheiro. US$350 mil são uma quantia bastante razoável, vocês sabem."

"Mas o problema é que a aplicação só rende 1% ao ano. E 1% de US$350 mil é apenas US$3.500 por ano. Mesmo levando em conta o que recebemos da Previdência Social e do Medicare[1], o dinheiro não dá para muita coisa. Fico apavorado com a ideia de que tenhamos que passar a gastar o dinheiro aplicado, e, nesse caso, ficar em uma situação financeira ainda pior. O que o senhor aconselharia?"

"Vocês têm uma casa própria?", perguntou o especialista em finanças.

"Sim, nós temos", disse o ouvinte. "Mas não peça para vendermos o imóvel. É tudo o que nos resta. Além disso, vale apenas US$120 mil e ainda temos um financiamento de US$80 mil em cima dele. Fizemos esse financiamento no período em que os juros estavam caindo para ter um pouco mais de folga financeira."

"E o que fizeram com esse dinheiro extra?", perguntou o entrevistador.

"Sumiu. Usamos para as despesas do dia a dia. É por isso que estou pedindo um conselho."

"Bem, que conselho você daria para estes ouvintes?", perguntou o entrevistador ao especialista em finanças.

"Bom, antes de tudo, foi um erro ter vendido as ações", disse o especialista. "Como eu disse, o mercado está se recuperando."

"Mas esteve em queda durante anos", disse o ouvinte. "É apavorante perder tanto quando chegamos a esta idade."

---

[1] O Medicare, bem como o Medicaid, é um programa norte-americano de assistência aos idosos. (N. E.)

"Sim, eu sei", retrucou o especialista. "Mas, ouça. É preciso sempre investir pensando em longo prazo. Comprar ações e ficar com elas. Diversificar. Os mercados caem, mas sempre se recuperam, como está acontecendo atualmente."

"Mas o que ele e a esposa devem fazer agora?", perguntou o entrevistador.

"Está na hora de voltar ao mercado. Como já disse, estamos em uma fase de recuperação. É preciso lembrar sempre que, nos últimos quarenta anos, o mercado de ações subiu 9% ao ano em média."

"Você acredita que agora é hora de voltar ao mercado?", insistiu o entrevistador.

"Isso mesmo", disse o especialista. "É preciso voltar antes que se perca a oportunidade de aproveitar a próxima subida."

"É um bom conselho", disse o entrevistador para o seu ouvinte de 78 anos. "Obrigado por ter ligado. Agora vamos à próxima chamada."

O táxi estava chegando ao aeroporto e o meu sangue fervia. "Como podem ficar sempre repetindo a mesma baboseira, e ainda receber por isso? Como é que eles conseguem dormir à noite?" Essas ideias me passavam pela cabeça enquanto eu me dirigia ao portão de embarque. Enquanto esperava pela hora do voo, os meus olhos se detiveram na manchete de um jornal abandonado no terminal: "Investidores despejam dinheiro em imóveis." Balancei a cabeça, e pensei: "Depois de uma expansão e uma queda, nada como outra expansão e outra queda."

O Mesmo Velho Conselho

À medida que o avião se afastava do terminal, comecei a me lembrar de quando era um investidor iniciante, que sabia pouquíssimo sobre investimentos. A minha mente voltou ao ano 1965, aos meus dezoito anos, quando comprei minhas primeiras cotas de fundos mútuos. Comprei as ações, mesmo que sequer soubesse o que realmente era um fundo mútuo. Tudo o que eu sabia era que os fundos mútuos tinham algo a ver com *Wall Street*, e investir em *Wall Street* parecia uma ideia legal na época.

Estava estudando em Nova York, na Academia da Marinha Mercante, instituição pública que formava os oficiais de cargueiros, petroleiros e navios de passageiros, bem como outras embarcações comerciais. Sendo uma academia militar, tínhamos que vestir uniforme militar, engraxar os sapatos e marchar. E como eu vinha do Havaí, onde todo o mundo andava de jeans e camiseta, estava tendo dificuldades em me ajustar. Era outono, as folhas das árvores estavam mudando de cor e caindo, e dali a pouco eu iria sentir o meu primeiro inverno.

Uma tarde, disseram que o senhor Carling queria falar comigo. Não conhecia ninguém com esse nome, mas, sendo novato, tinha aprendido a fazer o que mandassem sem perguntas, e depressa.

"Comece a investir enquanto é jovem", disse o sorridente Carling, sentado à minha frente. "Lembre-se *sempre* do segredo dos grandes investidores. O segredo é comprar e ficar com as ações, investir pensando em longo prazo. Multiplique o seu dinheiro. *Nunca* se esqueça de que é preciso estar atento e diversificar."

Ao ouvir esses conselhos, eu disse apenas: "Sim, senhor." Eu não sabia do que ele estava falando, mas, depois de quatro meses na academia, sabia bem ficar em posição de sentido e dizer: "Sim, senhor."

O Sr. Carling era um ex-aluno da academia. Ele parou de velejar e entrou no campo do planejamento financeiro. Ele conhecia o inferno que nós estávamos vivendo. Ele próprio passou por aquilo. Em vez de simplesmente dizer: "Sim, senhor", eu realmente deveria ter perguntado como ele entrou no campus, já que ele não era mais um aluno nem estava na Marinha Mercante. Eu também queria saber como ele conseguiu o meu nome. Tudo o que eu sabia era que ele tinha entrado em contato comigo e marcado um horário para conversarmos durante o intervalo dos estudos. Eu dizia: "Sim, senhor", para outra figura de autoridade, que, desta vez, vestia terno e gravata em vez do uniforme militar.

"Quanto eu tenho que investir?", perguntei.

"Apenas US$15 por mês", disse sorrindo.

"Quinze dólares!", exclamei. "De onde vou tirar esse dinheiro? Você sabe que eu estudo em tempo integral." Vale recordar que estávamos em 1965, e, nessa época, US$15 eram um bocado de dinheiro para um estudante.

"Coragem", disse o sorridente Carling. "A academia lhe ensinará a ser disciplinado. Com disciplina e guardando um pouco de dinheiro todo mês, você logo terá uma boa poupança. Lembre-se, aplique *sempre* pensando em longo prazo." Embora eu concordasse com tudo o que ele dizia, não pude deixar de observar a ênfase que dava à palavra *sempre*. Por alguma razão, a palavra e o tom em que ela era dita me deixavam pouco à vontade.

O tempo era precioso. Tinha que voltar logo para a aula, de modo que concordei com tudo o que ele dizia. Depois de selecionar a empresa de fundos mútuos em que ele recomendou que eu investisse, assinei um acordo para enviar um cheque mensal para comprar mais ações. Preenchida a papelada, voltei correndo para a sala, e quase me esqueci do plano de investimentos. Todos os meses, a partir de novembro daquele ano, eu fazia o meu cheque.

Férias de Natal

Os primeiros seis meses na academia foram difíceis. Foram alguns dos dias mais difíceis da minha vida. Eu estava me preparando para estar longe de casa pela primeira vez, também era a minha primeira vez em Nova York. Eu tinha raspado a cabeça, e a carga horária do curso era pesada. Além disso, os novatos só estavam autorizados a sair do campus no Dia de Ação de Graças e no Natal. Enquanto os ventos gelados do inverno varriam o estreito de Long Island, eu contava os dias que faltavam para as férias de Natal. O dinheiro que tinha no banco apenas me permitia comprar a passagem para casa porque os militares tinham desconto nos bilhetes.

Finalmente, estava de volta ao clima ameno do Havaí. A primeira coisa que fiz foi procurar meus colegas e surfar o dia inteiro. Embora meus colegas implicassem comigo por eu estar com a cabeça raspada, era bom poder estar de volta em casa e me sentir um garoto sem obrigações. Até o bronzeado estava voltando.

Alguns dias depois da chegada, dei uma passada no escritório do pai rico e do seu filho, Mike. Mike e eu já tínhamos surfado juntos e ele disse que seu pai queria me ver. Depois de algumas brincadeiras e de pôr em dia as novidades, mencionei de passagem que tinha feito o meu primeiro investimento em fundos mútuos. Para mim, era apenas um fato corriqueiro. Mas, para o pai rico, o que eu fizera merecia mais do que uma conversa fiada.

"Você fez o quê?", perguntou.

"Investi em um fundo de investimento", retruquei.

"Por quê?", questionou ele. Ele não indagou em que fundo eu tinha aplicado. Só queria saber o motivo.

Em vez de responder, comecei a enrolar, procurando uma explicação que parecesse lógica.

"Quem lhe disse para fazer isso?" Antes que eu pudesse responder, continuou, "Você conhece essa pessoa?"

"Bem, sim", respondi, com firmeza e um pouco na defensiva. "É um ex-aluno, da turma de 1958, da academia. Ele tem autorização para entrar no campus e intermediar os investimentos do pessoal."

O pai rico sorriu irônico e perguntou: "Como ele descobriu o *seu* nome?"

"Não sei. Deve ter sido o pessoal da academia."

O pai rico continuou com o sorriso irônico nos lábios. Em vez de dizer alguma coisa, ajeitou a cadeira, estendeu as pernas, juntou as mãos embaixo do queixo e ficou parado, buscando as palavras certas para o que queria dizer.

Por fim, rompi o silêncio perguntando: "Fiz alguma coisa errada?"

Durante longos segundos, o pai rico continuou em silêncio. "Não", disse finalmente. "Primeiro, quero lhe dar os parabéns por ter tomado a decisão de investir. Muitas pessoas esperam até que seja tarde demais ou nem pensam no futuro. Gastam tudo o que ganham, e esperam que a empresa em que trabalham ou o governo cuide delas quando já não puderem trabalhar. Pelo menos você fez alguma coisa. Investiu parte do seu dinheiro."

"Mas fiz algo de errado?"

"Não. Não se pode dizer que você tenha realmente cometido um erro."

"Então por que o senhor está preocupado?", perguntei. "Há investimentos melhores?"

"Sim e não. Sempre há investimentos melhores e também há investimentos ainda piores", disse o pai rico voltando a endireitar-se na cadeira. "Não estou preocupado com a aplicação que você escolheu. Estou preocupado com você."

"Comigo? Por quê?", perguntei.

"Estou mais preocupado com o tipo de investidor que você irá se tornar do que com o tipo de investimento que fez."

Vender o Peixe em vez de Ensinar a Investir

"Não sou um bom investidor?"

"Não, não é isso", disse o pai rico. "Ele o aconselhou a 'investir pensando em longo prazo, comprar, ficar com as ações e diversificar'. Certo?"

"Sim", respondi baixinho.

"O problema é que ele não o orientou. Ele vendeu o peixe dele. Não é uma boa maneira de investir e muito menos de aprender a investir. Assim você não vai adquirir os conhecimentos de que precisa para se tornar um investidor perspicaz."

"Por que o senhor diz que foi conversa de vendedor?", perguntei.

"Bom, pense nisso. Como você vai aprender a investir se simplesmente faz um cheque todos os meses?"

Refleti alguns minutos e finalmente disse: "Não muito. Mas por que o senhor disse que ele só estava vendendo o peixe dele?"

"Pense bem. Continue pensando nesse conselho: 'Investir pensando em longo prazo, comprar, ficar com as ações e diversificar.'"

"O senhor não irá me contar?", perguntei.

"Não. Pelo menos não agora. Você só tem dezoito anos. Tem muito o que aprender sobre o mundo real. Neste momento, você tem a oportunidade de aprender uma das lições mais importantes da sua vida. Então pense. Quando achar que descobriu por que 'investir pensando em longo prazo, comprar, ficar com as ações e diversificar' é uma conversa de vendedor e não um ensinamento, volte a falar comigo. A maioria das pessoas nunca descobre a diferença entre conversa de vendedor e boa educação financeira. É por isso que tão pouca gente enriquece e tanta gente perde dinheiro investindo. Eles perdem porque pensam que uma conversa de vendedor é um ensinamento sobre investimentos. Como acham que 'investir pensando em longo prazo, comprar, ficar com as ações e diversificar' é um ensinamento, eles acreditam que é o melhor a ser feito. Há muita diferença entre conversa de vendedor e educação de verdade."

Enquanto o pai rico falava, eu comecei a entender por que aquele homem tinha dado tanto destaque à palavra *sempre.*

Milhões Perdem Trilhões

Como mencionado anteriormente, milhões de pessoas perderam trilhões de dólares em falências do mercado de ações. Esses prejuízos não incluem a perda de empregos e a dor emocional que esses traumas carregam. Por que tantas pessoas perdem tanto dinheiro? Embora as razões sejam muitas, tais como uma economia enfraquecida, terroristas, corrupção, relatórios de análises ruins, fraude, tendências de mercado e outros descuidos — uma razão subjacente pouco conhecida é porque milhões de pessoas confundiram um discurso de vendedor com um verdadeiro ensinamento financeiro. Há muitas pessoas que *sempre* enviam o seu cheque, ou que não venderam os seus ativos de papel. Elas investem em longo prazo, mesmo quando o mercado de ações está caindo bem na frente dos seus olhos.

O Dinheiro Não Se Perdeu

Michael Lewis é um respeitado comentarista econômico conhecido por seus best-sellers, como *Liar's Poker*, *Moneyball*, *The Big Short* e *Boomerang* ("O Jogo do Mentiroso", "Dinheiro", "O Grande Deficit" e "Bumerangue", respectivamente, em tradução livre). Ele foi editor de assuntos norte-americanos no semanário inglês *Spectator* e editor-geral do *New Republic*. Também foi professor visitante da Universidade da Califórnia, em Berkeley.

Em um artigo publicado na *New York Times*, Lewis afirma: "As perdas das bolsas de valores não são perdas para a sociedade. São transferências de riqueza entre pessoas."

Ele então descreve a sua experiência com o mercado. "Eu deveria ter visto que o momento em que finalmente decidi comprar ações de empresas da internet era exatamente o momento de vender. Em vez disso, adquiri ações da *Exodus Communications* ao preço unitário de US$160 e as vi subir alguns pontos para, então, despencar. O que aconteceu com o meu dinheiro? Ele não sumiu. Ele foi embolsado pelas pessoas que me venderam as ações. Os suspeitos, em ordem de probabilidade:

- algum empregado da *Exodus*;
- um fundo mútuo bem relacionado que entrou no mercado quando a empresa fez a sua oferta pública inicial; ou
- um *day trader*[2] que as comprou a US$150."

Em outras palavras, aqueles trilhões de dólares não foram perdidos. Eles foram simplesmente transferidos de um investidor para outro. Alguns investidores ficaram ricos, e outros, pobres. É por isso que o pai rico estava mais preocupado comigo, o investidor, do que com os meus investimentos.

[2] Especialista em comprar e vender no mesmo dia ações ou derivativos, para lucrar com a diferença dos preços. (N. E.)

Quando Devo Vender?

Em 1965, ao perceber que meu pai rico não estava contente com meu primeiro investimento, perguntei: "Devo vender essas cotas do fundo de investimento?"

Sorrindo, ele disse: "Não, não se desfaça delas agora. Você pode ter cometido um equívoco, mas ainda não aprendeu a lição. Deixe o dinheiro lá mais algum tempo. Faça seus cheques regularmente até aprender o que é preciso. Se você fizer isso, aprenderá uma lição inestimável. Você pode ganhar algo muito mais importante do que o dinheiro. Você estará a caminho de se tornar um investidor melhor. Uma das primeiras coisas que você precisa saber, se quiser melhorar como investidor, é a diferença entre a conversa de vendedor e a orientação financeira confiável."

Investir em Longo Prazo

Terminadas as férias de Natal, voltei para a academia em Nova York. Foi duro ter que abandonar as praias do Havaí e voltar para o frio daquela cidade. Em vez de surfar, eu tremia.

Seguindo o conselho do pai rico, continuei enviando o meu cheque mensal ao fundo de investimentos. Como estudava em tempo integral e o dinheiro que recebia de casa era pouco, não era fácil arrumar um dinheiro extra. Eu ainda precisava de dinheiro para manter uma vida social. Então, passei muitos sábados fazendo bicos na vizinhança a US$2 a hora. Com isso, podia, trabalhando um ou dois sábados por mês, conseguir o necessário para aplicar mensalmente no fundo e dar conta das minhas outras despesas, como o lazer.

De vez em quando, eu procurava no jornal as páginas de economia para ver como o meu fundo estava se saindo. Não era grande coisa. Todo trimestre chegava um envelope da administradora do fundo com um extrato de minhas aplicações. Com o tempo, tinha até medo de abrir o envelope, pois os resultados não eram nada animadores. O número de cotas que eu detinha continuava aumentando, mas o valor da cota não se alterava muito. Na verdade, eu me sentia bobo por ter feito um investimento tão pouco rentável.

Seis meses mais tarde voltei para o Havaí, por conta das férias de verão. Quando passei pelo escritório do pai rico, ele me convidou para almoçar. "Como vai seu fundo mútuo?", perguntou, logo que sentamos à mesa do restaurante.

"Bom, já apliquei quase US$100 nestes seis meses, mas não rende grande coisa. As cotas valiam cerca de US$12 quando comecei e até hoje esse valor não mudou."

O pai rico deu uma risadinha: "Está ficando impaciente?"

"Bem, eu gostaria de ver um pouco mais de ação", retruquei.

"Não é bom ser impaciente", disse o pai rico. "Nos investimentos, a paciência é importante."

"Mas o fundo não rende nada", respondi.

O pai rico deu uma sonora gargalhada. Obviamente estava achando graça das minhas observações: "Não estou falando dos fundos", falou. "Estou falando de você. Você precisa aprender a ser paciente se quiser tornar-se um bom investidor."

"Mas estou sendo paciente. Meu dinheiro está lá há quase dez meses. E o valor da cota continua o mesmo."

"Como já falei, isso é o que acontece com os investidores impacientes", disse o pai rico, com seriedade. "Os investidores impacientes muitas vezes investem apressadamente. E a sua impaciência os leva a aplicar em investimentos de baixo desempenho."

"Investimentos de baixo desempenho, só porque investi com impaciência?"

Meu pai rico perguntou: "Quanto tempo você ficou conversando com a pessoa que o convenceu a aplicar nesse fundo mútuo?"

"Conversamos por quase uma hora. Ele me perguntou quais eram os meus objetivos na vida. Apresentou alguns gráficos mostrando que o índice *Dow Jones* estava subindo continuamente. Explicou a importância de investir pequenas quantias por um período longo."

"E foi por isso que você resolveu aplicar nesses fundos", disse o pai rico sorrindo.

"Sim", respondi.

"Chamo isso de impaciência." O pai rico riu. "Você se apressou em investir e agora aguarda impaciente enquanto a sua aplicação não faz nada. Como é que você quer achar um bom investimento se não tem nem ideia do que seja um bom investimento e não está disposto a investir tempo para encontrá-lo? Você teve o que pediu. Sua impaciência o levou a aplicar em um investimento que o deixa ainda mais impaciente. Nunca se esqueça disso: os investidores impacientes são os que fazem os piores investimentos. Entendeu a lição?"

"Sim, entendi", respondi impaciente. "Então estou desperdiçando meu dinheiro?", perguntei.

"Não", disse o pai rico, com firmeza. "Agora não se preocupe em ganhar ou não. Neste momento, você está aprendendo uma lição preciosa. A maioria dos investidores nunca pensou na impaciência. Não seja tão impaciente. Reflita bem sobre isso."

"Tudo bem", respondi. "Vou refletir e da próxima vez que tiver que tomar uma decisão sobre investimentos, vou ser mais paciente."

"Bom", disse o pai rico. "A maioria dos investidores culpa os investimentos e não a eles mesmos. Na verdade, o problema é o investidor e não o investimento. Agora você está aprendendo qual é o preço de sua impaciência. É um bom ponto para começar — se souber aproveitar a lição dessa experiência."

"Mas estudo em tempo integral. Tenho que me concentrar nos estudos", argumentei. "Não tenho tempo para pesquisar e aprender mais."

"Em breve estará se formando e passará a trabalhar em tempo integral. Talvez case, compre uma casa e forme uma família. Se isso acontecer, suas despesas aumentarão e a falta de tempo também. Se você pensa que está ocupado enquanto é estudante, espere até ter um emprego, casar e ter filhos. Se você não arrumar um tempo para aprender a ser um investidor melhor agora, você estará dizendo o mesmo amanhã: 'Não tenho tempo para aprender mais e pesquisar.' A sua impaciência, a sua preguiça e essa conversa de falta de tempo o levarão a fazer o que acabou de fazer, a pôr o seu dinheiro nas mãos de estranhos sem ter a mínima ideia do que estão fazendo com ele."

Fiquei em silêncio, assimilando o que acabara de ouvir. Não gostava do que o pai rico estava falando. Eu estava ficando furioso. Se ele imaginasse como era difícil estar em uma academia militar, com toda a carga de estudos e a prática de esportes e ainda a necessidade de tentar levar uma vida social.

"Admita que você é impaciente", disse o pai rico. "Admita que você não está disposto a investir tempo para aprender a ser investidor. Isso seria muito mais honesto do que ficar falando que você está muito ocupado. Admita então que você não tem paciência suficiente para descobrir um bom investimento."

"Se admitir isso, então não posso reclamar do mau desempenho da minha aplicação", completei.

"Ou queixar-se quando perder dinheiro com seu investimento", disse o pai rico em tom irônico.

"Quer dizer que posso perder dinheiro aplicando em fundos de investimento?", perguntei.

"Podemos perder dinheiro com qualquer coisa", retrucou o pai rico. "Mas sabe o que é pior do que perder dinheiro?"

"Não", respondi balançando a cabeça. "O que poderia ser pior?"

"O pior de não aprender a investir é nunca ver grandes investimentos", disse o pai rico, com naturalidade. "Se você não investir tempo para aprender a ser investidor, acabará vivendo com receio de investir, repetindo sempre que 'investir é arriscado'. Se acreditar que os investimentos são um risco, você evitará investir, ou entregará o seu dinheiro a pessoas que você espera que serão capazes de investir com sabedoria. Mas ainda pior é que, se evitar investir, você estará perdendo os melhores negócios do mundo. Você viverá com medo, em vez de sentir a empolgação da busca e da descoberta dos bons negócios. Quando você se agarra à segurança, com medo de perder, está perdendo toda a emoção de ganhar. Você está renunciando à emoção de ficar rico. Essa é a consequência mais grave de ser impaciente e de não investir tempo para se tornar um investidor de verdade."

Voltei a ficar em silêncio, refletindo, e me veio à mente a lembrança daquele homem que me convencera a investir no fundo de investimento.

Como se estivesse lendo meus pensamentos, o pai rico perguntou: "Esse vendedor de aplicações lhe disse que as bolsas em média sobem 10% ao ano? É assim que esse pessoal costuma vender seu peixe. Ele disse algo parecido?"

"Sim, foi por aí", respondi.

O pai rico caiu na gargalhada. "E não é que ele pensa que isso é um ótimo retorno? Um ganho de 10% é ridículo! Além disso, pergunte se ele garante a obtenção desse retorno insignificante. Claro que não. Ele só vai mandar os parabéns no seu aniversário, agradecendo pelo negócio. Ele ganha, você perde. Mas a maior perda é que você nunca verá grandes investimentos porque nunca será um bom investidor, seguindo esse conselho de 'investir pensando em longo prazo, comprar, ficar com as ações e diversificar'. Ainda por cima, os bons investimentos vão para as pessoas mais preparadas e os investidores menos informados ficam com os investimentos menos rentáveis e mais arriscados."

"Você está dizendo que os fundos mútuos são os investimentos mais arriscados?", indaguei.

"Não, não estou dizendo isso", retrucou o pai rico, agora em um tom irritado. Suspirando, continuou: "Preste atenção. Vou repetir. Não estou falando dos investimentos. Estou falando dos investidores. Se os investidores não carecerem de educação financeira, todas as suas aplicações serão arriscadas. Às vezes podem até acertar, mas geralmente em longo prazo acabarão devolvendo ao mercado tudo o que ganharam. Já vi investidores pouco preparados pegar um grande investimento imobiliário e dar com os burros n'água. Outros adquirem uma empresa lucrativa e logo a levam à falência. Já vi investidores mal informados comprarem ações de uma grande empresa, e depois que seus preços sobem não as vendem. Então, as bolsas caem e eles ficam com o mico na mão. Portanto, não é o investimento que é arriscado — é o investidor."

Estava começando a entender o que pai rico dizia. Ele estava fazendo o possível para que eu visse um mundo que poucas pessoas veem, o mundo do investidor de verdade.

Retomando o fôlego, o pai rico continuou. "Também vi investidores profissionais pegarem um investimento estragado por um mau investidor e recuperá-lo. Então, é o mau investidor que perde dinheiro e o bom que ganha."

"Quer dizer que um investidor esperto nunca perde dinheiro?", perguntei.

"Claro que não", retrucou o pai rico. "Todos nós perdemos de vez em quando. O que quero deixar evidente é que um investidor perspicaz procura aprimorar sua competência. O investidor mediano só se preocupa em ganhar dinheiro. Não sou eu que vai dizer como você vai encaminhar sua vida. Neste momento, quero que você pare um instante e reflita sobre o que está aprendendo agora, não sobre o quanto está ganhando ou deixando de ganhar. Não se concentre no dinheiro. Concentre-se em aprender a ser melhor investidor."

"Então, não estou aprendendo muito sobre investimentos se tudo que faço é assinar um cheque investindo em longo prazo?"

"Isso mesmo. Você não está aprendendo a ser investidor. Você está aprendendo a ser poupador."

O pai rico levantou e se espreguiçou. Podia ver que ele estava cansando de martelar uma ideia tão simples na minha cabeça. Voltando-se para mim, perguntou: "Então, o que aprendeu sobre fundos de investimento e sobre você mesmo?"

"Descobri que sou impaciente. Que fico procurando desculpas para não arrumar um tempo para aprender a investir."

"E isso leva a quê?", perguntou o pai rico.

"A que eu não faça sempre o melhor investimento. Quer dizer que não estou vendo que existe um mundo empolgante, um mundo que poucos conhecem. E também quer dizer que, se eu não mudar um pouco a minha atitude, serei mais um jogador em vez de um investidor."

"Muito bem dito", sorriu o pai rico. "E o que mais?"

Parei um pouco para pensar, mas não sabia o que dizer. "Não sei mais nada."

"E o que me diz de entregar seu dinheiro a alguém totalmente desconhecido?", perguntou o pai rico. "De não saber para quem esse estranho entrega o seu dinheiro e o que essas pessoas ainda mais desconhecidas farão com ele? Você sabe quanto custam as taxas de administração que está pagando? Sabe o quanto do seu dinheiro está de fato sendo investido e o quanto fica nos bolsos daqueles que gerenciam o seu investimento? Será que parte desse dinheiro vai voltar para o seu bolso? O que acontece se eles perderem seu dinheiro? A quem você vai recorrer? Sabe como responder a todas estas perguntas?"

Balancei a cabeça e respondi com um não quase inaudível.

"Você perguntou ao cara que o convenceu a aplicar nesse fundo mútuo se ele podia viver dos seus investimentos ou se vivia das comissões sobre o dinheiro que você aplica com ele?"

"Não", respondi bem baixinho. "Nunca perguntei."

Conflito de Interesses

Quando percebi o meu erro, queria culpar o senhor Carling, mas não dava. Eu era o investidor. Eu fiz a escolha de investir em um fundo de investimento sem pesquisar do que se tratava.

Planejadores financeiros ganham as suas comissões através da venda de investimentos e outros produtos financeiros, como seguros, para o investidor mediano. Precisamos aprender a fazer as perguntas certas, como:

- Quais as taxas de administração deste fundo de investimento?
- Qual é a sua comissão nessa venda?

O pai rico estava procurando me mostrar que eu precisava assumir o controle das minhas decisões financeiras e não deixar esse poder nas mãos de terceiros.

Um Puxão de Orelha

Em 2002, algumas das maiores empresas de *Wall Street* foram multadas em um total de US$1,4 bilhão por fraudes e conflitos de interesses. O procurador-geral do estado de Nova York disse em uma coletiva de imprensa: "Todo investidor sabe que o mercado envolve riscos. Mas espera e merece orientações honestas — conselhos e análises financeiras que não sejam maculadas por conflitos de interesses." Uma multa de US$1,4 bilhão, quando os investidores perderam algo entre US$7 trilhões e US$9 trilhões, equivale a uma multa de US$1,4 mil para quem gerou prejuízos em torno de US$7 mil e US$9 mil; nada mais do que um puxão de orelha e menos do que as comissões que essas grandes empresas ganharam às custas dos prejuízos dos investidores.

Como parte do acordo que impôs essas multas de US$1,4 bilhão, ficou combinado que se desenvolveria um conjunto de normas para eliminar os conflitos de interesses entre os grupos de análise de ações e de venda de ações de *Wall Street*. Os analistas de ações seriam impedidos de realizar pesquisas sobre ações para os bancos de investimento das instituições financeiras.

O Prêmio para um Trabalho Bem-feito

Logo depois desse puxão de orelha, que foi a multa por fraude, o *Wall Street Journal* publicou uma matéria intitulada:

Merrill Lynch & Co Gratifica os Seus Executivos com Generosidade

Resumindo a matéria: no ano anterior, a Merrill Lynch & Co concedera a seu presidente e a seu principal executivo um bônus no montante de US$7 milhões, apesar da contínua queda das cotações que prejudicara tanto os negócios da empresa. Em 2002, a Merrill demitira de seu quadro 6.500 colaboradores, número que, com as demissões acumuladas desde 2000, chegava a 21.700.

Quando acabei de ler o jornal, não pude deixar de imaginar como era possível que a mesma empresa pagasse milhões de dólares em bônus aos seus executivos, depois de ter contribuído para perdas de trilhões de dólares dos investidores, além de ter sido acusada de fraude, e que esses mesmos executivos, em vez de aprimorar o seu desempenho, tivessem demitido quase 22 mil empregados.

Para ser justo — e não parecer que tenho uma bronca com a Merrill Lynch —, a matéria do *Wall Street Journal* também divulgou os salários anuais dos CEOs de outras instituições financeiras:

Morgan Stanley	US$11 milhões
Goldman Sachs	US$12,1 milhões
Lehman Brothers	US$12,5 milhões
Bear Stearns	US$19,6 milhões

Algumas dessas empresas também estavam no grupo que fora multado por fraude pelo estado de Nova York.

E os Processos Continuam

Em 2003, um grupo de pequenos investidores ajuizou uma ação coletiva contra a Merrill Lynch. Mas o veredito virou-se contra eles, apesar das provas substanciais de perjúrio. Embora não goste de assistir à derrota de pequenos investidores, concordo com a decisão, pelo menos quando ela afirma que todos os investidores devem estar conscientes dos seus atos ao entrar no mundo dos investimentos. Em outras palavras, o juiz disse: "Azar o deles."

A Fraude nos Fundos de Investimento

O procurador-geral de Nova York voltou a sua atenção para a indústria de fundos mútuos no início de 2003. Ele afirmou: "Há motivações financeiras não reveladas em quase todas as transações envolvendo fundos mútuos." Ele estava preocupado com as taxas de administração não divulgadas e os conflitos de interesses na operação desses fundos. Investigava duas práticas, a *negociação tardia* e a *sincronização do mercado.* A prática de negociação tardia consiste em adquirir cotas de fundos de investimento após o fechamento do mercado, ao preço das 16h daquele dia, permitindo que os investidores favorecidos tirem partido de fatos supervenientes e ainda não refletidos no preço de fechamento das cotas. A prática da sincronização do mercado envolve a negociação de cotas de fundos mútuos em curto prazo, o que tem um efeito prejudicial sobre os cotistas de longo prazo do fundo. Os conflitos de interesses e de *insider trading*[3] têm abalado a confiança do investidor mediano.

Torne-se um Investidor Proficiente

No mundo dos investimentos, o dinheiro não se perde. Ele muda de mãos. Por isso, hesito em dizer para alguém em que investir os seus $10 mil. Se uma pessoa não sabe o que fazer com o dinheiro, ela deveria primeiro investir algum tempo em educação financeira antes de investi-lo. Penso que um dos principais motivos pelos

[3] *Insider trading* é a negociação de valores mobiliários baseada em informações privilegiadas, com o objetivo de auferir lucro ou vantagem no mercado. (N. E.)

quais milhões de pessoas perderam trilhões de dólares foi que elas investiram o seu dinheiro, mas não estavam dispostas a investir o seu tempo.

"Tenho US$10 mil. Em que devo investir?", minha resposta é: invista tempo para aprender a se tornar um bom investidor antes de investir seu dinheiro no que você espera que seja uma boa aplicação. Lembre-se sempre do que o pai rico me disse há muitos anos: "Pessoas sem muita educação financeira caem facilmente em conversas de vendedor pensando que são conselhos." Portanto, este livro trata das coisas que meu pai rico pensava que valessem o investimento do meu tempo — para obter uma boa instrução financeira — antes de investir meu dinheiro. O pai rico também dizia: "Quanto melhor for a sua educação financeira, melhores serão os conselhos que você conseguirá na hora de investir."

Capítulo 2

PERGUNTE A UM CRIADOR DE GADO DE CORTE, E, DEPOIS, A UM DE GADO LEITEIRO

"No caso das ações, o meu horizonte temporal preferido é para sempre."

— Warren Buffett

Depois de ter dado uma lição sobre minha falta de reflexão ao investir no fundo de investimento, o pai rico voltou a falar (o que tinha que fazer muitas vezes) de seu método de investimento. Ele retomou a questão da diferença entre um criador de gado de corte e um criador de gado leiteiro.

A Grande e Bela Ilha

Na Ilha Grande do arquipélago do Havaí, em que cresci, está o Parker Ranch. Na época em que eu cursava o ensino médio, essa era a maior fazenda privada de criação de gado dos EUA. Quando eu tinha dezesseis anos, o pai rico nos levou, a mim e a seu filho, para visitá-la. Era, e ainda é, um lugar lindo. Longe das multidões da praia de Waikiki, a fazenda se estende por altas montanhas, colinas verdejantes e vastas pastagens que chegam às espetaculares águas azuis do Oceano Pacífico, onde vivem alguns dos maiores marlins do mundo. Hoje, a pequena Kamuela, cidade no coração da fazenda, é o lugar onde sonho morar quando minha vida ficar mais calma.

Naquela visita nos deparamos com vaqueiros tangendo o gado para o matadouro. Embora o pai rico não nos permitisse ver o abate dos animais, sabíamos o que estava para acontecer e os animais também. Foi algo que nunca esqueci.

Poucos meses mais tarde, o pai rico nos levou a visitar uma fazenda de gado leiteiro. De manhã cedo, vimos o fazendeiro levando suas vacas para serem ordenhadas. Os animais tinham um comportamento bem diferente.

A lição financeira que o pai rico queria que aprendêssemos é que, embora os dois tipos de criador de gado considerassem seus rebanhos como ativos, eles os tratavam de modo diferente e operavam de acordo com diferentes modelos de negócios.

As visitas puseram em destaque as importantes diferenças entre:

Ganhos de capital

versus

Fluxo de caixa

Dito de forma simples, o criador de gado de corte pode ser comparado a alguém que investe para obter ganhos de capital. O criador de gado leiteiro é como um investidor que tem por objetivo gerar fluxo de caixa.

Uma das razões pelas quais tantas pessoas perdem tanto dinheiro investindo ou encaram os investimentos como atividade arriscada é o fato de raciocinarem como criadores de gado de corte. Investem para abater o gado, não para produzir leite.

Conversa com um Investidor que Objetiva o Ganho de Capital

Você pode saber se a pessoa investe para obter ganhos de capital pelo que diz e pelas palavras que usa. Alguns exemplos:

- "O meu patrimônio aumentou."
- "O meu imóvel foi valorizado."
- "Comprei uma ação a $10. Quando ela chegou a $15, a vendi."
- "Comprei uma casa, a reformei e a vendi, deu para ganhar $23 mil."
- "Os lucros da empresa foram muito bons, estou esperando que as ações também se valorizem."

Conversa com um Investidor que Visa o Fluxo de Caixa

O investidor que procura gerar fluxo de caixa a partir de suas aplicações também se reconhece pelas palavras. Alguns exemplos:

- "Qual é o retorno em dinheiro desse imóvel?"
- "O dividendo da ação foi de 56 centavos."
- "Você levou em conta a desvalorização para a sua renda?"
- "É um título municipal isento de impostos que rende juros de 7%."
- "Esta aplicação rende juros de 16%."

Conversa com um Assessor Financeiro

Quando falamos com assessores financeiros, eles dizem: "Aconselho os jovens a aplicar em fundos agressivos. Depois da aposentadoria, é hora de pensar em fundos que propiciem uma renda regular."

Tradução deste tipo de conselho: "Enquanto for jovem, invista para obter ganhos de capital. Na velhice, invista para gerar fluxo de caixa."

O Maior dos Lucros

Uma das principais razões, além da ganância e da corrupção, pelas quais tanta gente perdeu tanto dinheiro foi investir visando ganhos de capital. Durante a bolha tecnológica, a coisa ficou tão feia que os investidores aplicavam em empresas que não registravam ganhos nem lucros, para não falar em dividendos. Eles estavam aplicando o método mais irracional de investir, que é esperar que apareça alguém ainda mais insano. No pico da bolha não foi possível sustentar a corrida e surgiram os maiores loucos. Isso acontece ainda hoje? A resposta é: "Com certeza."

Em Rede Nacional

Quando estava em Nova York, fui entrevistado por uma rede nacional de televisão. O bem conhecido comentarista econômico começou questionando a minha estratégia de investimento. Com um sorriso irônico, perguntou: "O índice *Dow Jones* subiu cerca de 50%. O que você diz?"

Surpreso com a sua postura agressiva, respondi: "E daí?"

Evidentemente, ele era um investidor em busca de ganhos de capital, e eu invisto para gerar fluxo de caixa. Ele investe como um criador de gado de corte, e eu, como um produtor de leite. Obviamente, o resto da entrevista não foi agradável.

Warren Buffett diz: "O motivo mais tolo para comprar uma ação é os seus preços estarem subindo."

Uma Distinção Muito Importante

Sempre que ouço alguém falar: "Invista em longo prazo", costumo perguntar: "Para que o senhor está investindo? Quer ganhos de capital ou geração de fluxo de caixa?" Quem investe pensando na segunda opção não se preocupa com o preço. Paga o preço para gerar fluxo de caixa; o retorno em dinheiro sobre o seu investimento, agora, não amanhã, não em longo prazo. Em outras palavras: "Mostre-me o dinheiro — agora."

Um Exemplo Ridículo

A questão é: se você me desse $10 agora e eu lhe devolvesse $1 por mês durante anos, você diria que foi um bom investimento? Espero que sim. Em outras palavras, você teria de volta os $10 em dez meses e daí em diante o que entrasse seria dinheiro grátis.

Uma das razões pelas quais tantos investidores perdem tanto dinheiro é que eles aplicam $10 por mês em um fundo de investimento durante quarenta anos e não sabem se terão esse dinheiro de volta após esses anos. É o que eu chamo de "voltar a estacionar o dinheiro". Obviamente, na maioria dos casos, haverá algum dinheiro à sua espera, mas quanto? Será o suficiente?

Já ouço alguém dizendo: "Esse exemplo de investir $10 e conseguir $1 por mês é ridículo." Posso garantir que o exemplo é válido. Como a maioria das pessoas foi treinada para investir em busca de ganhos de capital, raramente percebe o poder de investir para gerar fluxo de caixa.

A Mentalidade do Abatedouro

Uma das razões que levou o pai rico a se preocupar comigo quando apliquei no fundo de investimento é que eu estava sendo atraído pelo investimento que visa ganhos de capital. Ele levou o seu filho e a mim para visitar as duas fazendas porque queria nos ensinar a diferença entre abater e ordenhar. Ele gostava de dizer: "Quando alguém afirma que faturou no mercado, ele realmente o fez. Só que para isso prejudicou algum investidor mais fraco. O investidor desatento perdeu e o esperto levou vantagem. Isso acontece o tempo todo, em todos os mercados, não apenas nas bolsas."

A Mentalidade de um Criador de Gado Leiteiro

Na leitura deste livro, encontraremos exemplos de como é possível investir $10 agora e receber $1 por mês durante anos, mas é preciso pensar como o produtor de leite, não como o pecuarista de corte.

No decorrer da leitura, entenderemos por que Warren Buffett disse: "No caso das ações, meu horizonte temporal preferido é para sempre."

Ele pensa e investe como um produtor de leite. O pai rico também. Não importa em que classe de ativos investimos. Muitas pessoas investem em uma empresa apenas para engordá-la e abatê-la, passando-a adiante. O mesmo acontece com os imóveis e com os papéis. Para entender melhor a mensagem deste livro, é preciso substituir a mentalidade do matadouro pela do galpão de ordenha.

O Abate Continua

Uma das razões pelas quais não gosto muito dos fundos de investimento é que eles me lembram piquetes de engorda, o lugar em que o gado fica engordando antes de entrar no abatedouro. A diferença é que os piquetes dos fundos mútuos estão povoados de pequenos investidores, que engordam enquanto o valor das suas carteiras diversificadas aumenta. Então chegam os vaqueiros e os levam ao matadouro.

Para Ser Justo e Equilibrado

Muitas pessoas pensam que sou contrário aos fundos de investimento e ao mercado de ações. Não é verdade. Sou contrário à ignorância, à ganância excessiva e à estupidez. A engorda do pequeno investidor ocorre em todo e qualquer mercado. Vejo isso todos os dias no mercado de imóveis. Com as execuções hipotecárias aumentando, muitas pessoas estão perdendo as suas casas, e os investidores, as propriedades pelas quais já pagaram. Quando as taxas de juros sobem, os maiores tolos do mercado imobiliário são levados para o abate.

Não querer ir para o matadouro é o que me fez responder "E daí?" ao famoso âncora da rede nacional. Não quero ser tragado por um mercado só porque os preços das ações ou dos imóveis estão em alta, ou as taxas de juros estão caindo.

As Notícias

Eu ouvi comentários sobre o mercado de ações como esses:

Primeiro dia: "Hoje as bolsas estão subindo. As perspectivas são boas."

Dia seguinte: "As bolsas caíram hoje. Parece que os investidores estão realizando os lucros da alta de ontem."

Dia seguinte: "O mercado de ações está em alta. Parece que a recuperação que esperávamos está em progresso."

Dia seguinte: "O mercado caiu em decorrência de informações de que grandes investidores estão vendendo."

Dia seguinte: "O mercado voltou a subir em função do anúncio de grandes lucros."

Dia seguinte: "O mercado está em queda devido a boatos de que o Fed[1] aumentará as taxas de juros."

A Realidade

O que essas notícias realmente diziam é que os investidores desatentos continuam aplicando (ou "estacionando") o seu dinheiro no mercado, na esperança de que os preços subam. Cada vez que os preços sobem, os investidores expertos tiram o seu dinheiro do mercado.

Investir Visando Ganhos de Capital É um Jogo

Uma aposta está sendo feita sempre que se investe esperando que algo ocorra no futuro. Quem investe para obter ganhos de capital faz exatamente isso. Não esta-

[1] O *Federal Reserve* (Fed) é o sistema de reserva federal norte-americano; ou seja, equivale a um Banco Central, nos Estados Unidos. (N. E.)

mos dizendo que seja errado. O importante é estarmos cientes de nossos objetivos de investimento e não nos iludirmos.

A Aposta no Super Bowl

Investir visando ganhos de capital é como apostar em qual será a equipe vencedora do *Super Bowl* no início da temporada de futebol americano. Na verdade, seria menos arriscado fazer essa aposta do que investir visando ganhos de capital. Por quê? Porque só alguns times participam do campeonato nacional. E há milhares de ações ou de fundos mútuos dentre os quais escolher.

Uma Questão de Prioridade

Dito tudo isto, eu também invisto visando ganhos de capital. Ocasionalmente, eu jogo e, eventualmente, invisto em uma dica quente. A diferença são as prioridades. Neste livro, você vai descobrir que o método do pai rico de investir seguiu esta ordem de prioridades:

1. Fluxo de caixa
2. Alavancagem
3. Vantagens tributárias
4. Ganhos de capital

A maioria dos investidores só busca ganhos de capital. Em suas contas, há pouca ou nenhuma alavancagem, poucas vantagens tributárias e o seu dinheiro permanece no piquete, sendo engordado. Quando os humores do mercado mudam, chegam os vaqueiros, os investidores sagazes caem fora e os que estavam poupando para a aposentadoria sofrem os grandes prejuízos.

Até o Príncipe de Gales Acordou Cedo

Algum tempo atrás, o *Sydney Morning Herald* publicou a seguinte matéria:

O Príncipe Provoca uma Morte Silenciosa no Mercado de Imóveis

De novo, você pode notar a palavra morte e também a palavra silenciosa, o que indica que ele não disse nada a ninguém até ter concretizado o negócio.

O artigo continua, dizendo:

Londres: O príncipe de Gales revelará lucros recordes em sua propriedade de 700 anos depois de ter oportunamente saído do mercado de ações para entrar no de imóveis.

O novo status do príncipe, agora "rei dos imóveis", ficará claro quando for anunciado que o Ducado da Cornualha, a propriedade de onde o herdeiro do trono extrai sua renda, registrou lucros recordes de quase US$25 milhões no último exercício.

Isso representa um aumento de cerca de 25% em relação ao ano anterior, e chega a um momento em que muitas empresas estão às voltas com quedas em seus lucros anuais, em decorrência da retração da economia.

O artigo ilustra mais uma razão pela qual os ricos ficam cada vez mais ricos. Enquanto os ricos movimentam sem estardalhaço suas aplicações, o pessoal do piquete de engorda fica à espera da hora do abate.

Não há nada de errado com a engorda. Mas é preciso lembrar-se de sair antes que os vaqueiros cheguem.

Este Livro É sobre o Poder do Fluxo de Caixa

Em vez de me ensinar a abater os meus ativos, o pai rico me ensinou a cuidar deles, recorrendo à geração de fluxo de caixa para aumentar o meu rebanho. Em vez de levar os animais ao mercado, a cada ano, as vacas tinham mais bezerros e o fluxo de caixa crescia.

Em *Independência Financeira*, escrevi sobre a construção de encanamento em vez de ficar enchendo baldes o tempo todo. Nessa metáfora, a construção de encanamento é o investimento em busca da geração do fluxo de caixa. Enquanto os baldes são os investimentos que visam ganhos de capital.

Muitas vezes, me deparo com pessoas que dizem: "Comprei uma casa ótima, a reformei e a revendi. Ganhei US$25 mil." Embora veja que a pessoa está orgulhosa do que fez, tenho a impressão de que se trata de um trabalho árduo. Vejo isso como carregar baldes em vez de construir o encanamento. Por quê? Porque já fiz isso. Agora, se essa pessoa se propusesse a investir buscando ganhos de capital para formar um patrimônio que lhe permitisse investir em geração de fluxo de caixa, então isso seria mais coerente com os ensinamentos do pai rico. (De fato, esse princípio é incorporado ao nosso jogo de tabuleiro *CASHFLOW®*[2].)

Este Livro Trata da Construção de Encanamentos

Este livro trata da construção de encanamentos para que você e seu fluxo de caixa possam encontrar a liberdade. Também trata da expansão desses encanamentos. Quando começo um negócio, muitas vezes o único fluxo de caixa é o que sai da minha carteira. Mais tarde, ele começa a pingar em um cano do diâmetro de uma mangueira de jardim. No correr do tempo, a minha tarefa de homem de negócios é expandir o diâmetro desse cano. Meu trabalho não é abater a empresa, o imóvel ou o ativo financeiro e então procurar outra empresa, outro imóvel ou outro ativo financeiro. Situação que para mim equivale a carregar baldes em vez de construir o encanamento.

À medida que o dinheiro começa a fluir, eu o direciono para outra classe de ativos e então para mais outra. Em vez de comprar e vender, tentando adivinhar o que o mercado fará, minha tarefa é construir o encanamento e continuar expandindo o diâmetro dos canos.

O Exemplo Mais Conhecido

Uma das razões que me levou a destacar o McDonald's em *Pai Rico, Pai Pobre* é que ele se trata de um dos exemplos mais conhecidos desta fórmula dos três ativos com encanamentos interconectados. Há alguns anos, Ray Kroc desenvolveu um plano de negócios pelo qual sua empresa de hambúrgueres compraria alguns dos melhores imóveis do mundo. Depois que o negócio estava operando e de fato adquirindo imóveis em alguns dos melhores pontos comerciais do mundo, esquinas e cruzamentos movimentados, abriu o capital e entrou no mercado de ações. Cada vez que você olhar para um McDonald's em sua localização privilegiada, lembre-se do negócio de hambúrgueres, da compra de imóveis (da esquina movimentada), da venda de milhões de ações (e de outros ativos de papel) em todo o mundo. É assim que os ricos investem.

---

[2] A Editora Alta Books não se responsabiliza pela circulação e conteúdo de jogos indicados pelo autor deste livro.

Em 2003, a mulher de Ray Kroc faleceu. O negócio que tinham espalhado pelo mundo propiciara milhões de empregos e enriquecera muita gente. Mais que por sua riqueza, Joan Kroc era conhecida por sua generosidade. Estima-se que tenha doado bilhões de dólares a causas beneméritas. Quando ouço dizer que os ricos são maus e gananciosos, muitas vezes sugiro aos maledicentes que leiam a história do McDonald's.

Não É um Caminho Fácil

Essa é a forma mais fácil de investir? A resposta é não. Essa é a maneira mais lucrativa de investir? Em minha opinião, sim. Comecei essa jornada a sério aos 25 anos. Como alguns dos leitores sabem, até os 35 fui um fracasso total. Mas, a partir daí, a tarefa de construir encanamentos entre ativos começou a se tornar fácil e até divertida. Hoje, quando estou entrando no quarto tempo do meu jogo do dinheiro, os encanamentos são fortes, ficam cada vez maiores e por eles flui cada vez mais dinheiro. Para mim, isso é investir em longo prazo. Como dizia o pai rico: "Há dois tipos de problema de dinheiro. Um é a falta, o outro é o excesso." Que tipo de problema você prefere?

Warren Buffett diz: "As pessoas preferem a promessa de ganhar na loteria semana que vem a ter uma oportunidade de enriquecer lentamente."

Por que Não Há Mais Pessoas Investindo para Gerar Fluxo de Caixa?

Quando faço palestras, ouço muito a pergunta: "Por que não há mais gente que investe visando gerar fluxo de caixa?" Embora eu tenha certeza de que muitas são as respostas, penso que há uma razão principal. Bons geradores de fluxo de caixa a bons preços são difíceis de encontrar.

Se você perguntar a especialistas em investimentos — independentemente de o foco ser negócios, imóveis ou ativos de papel —, eles dirão que isso é impossível. A razão pela qual muitos dizem que isso não pode ser feito é porque eles provavelmente não podem fazê-lo. Se pudessem, o fariam. Seu trabalho não é investir. Sua tarefa é vender para poder colocar comida na mesa. Quando sua remuneração se baseia na compra e venda de aplicações, eles estão no ramo dos ativos que proporcionam ganhos de capital, não no dos que geram fluxo de caixa. Na verdade, eles recebem sua comissão de vendas mesmo quando o investidor tem uma perda de capital da venda do ativo.

Um dos meus amigos estava conversando recentemente sobre os escândalos dos fundos de investimento, e disse: "O ramo dos fundos de investimento sempre iludiu os aplicadores sem que o investidor mediano percebesse. Estou feliz que tudo esteja vindo à tona." Embora a palavra "iludir" pareça um pouco forte, as taxas de administração são cobradas mesmo que o valor das cotas esteja caindo. Embora as autoridades bancárias exijam que os fundos revelem a sua estrutura de taxas de forma padronizada, quantas pessoas se preocupam em pesquisá-las?

Se você investir através de um corretor, pergunte como ele será pago. Eles podem ser compensados pelos fundos através de encargos de vendas de *front-end* ou encargos de *back-end*, que são acionados se você vender durante um período inicial. O fundo também pode compensar o corretor cobrando-lhe despesas mais elevadas. O corretor também pode obter uma taxa de administração para gerenciar o seu dinheiro, normalmente de 1% a 1,5% do valor da sua conta anual para fundos mútuos. Além disso, você pode pagar taxas de consultoria a um intermediário financeiro, como a uma corretora para manter uma conta, ou a um consultor de investimentos. Essas taxas podem ser adicionais às taxas divulgadas nas tabelas de fundos mútuos.

Taxas de fundos mútuos

Taxas dos acionistas cobradas diretamente a um investidor por transações:

- Encargo máximo das vendas — cobrado por compra
- Encargo máximo de venda diferida — cobrado por ações vendidas ou resgatadas
- Encargo máximo de venda sobre dividendos reinvestidos — cobrado quando os dividendos são reinvestidos na compra de ações adicionais
- Taxas de resgate — cobradas quando o investidor resgata as ações
- Taxa de câmbio — cobrada quando o investidor transfere dinheiro de um fundo para outro do mesmo tipo

Despesas operacionais anuais do fundo deduzidas dos ativos de fundos mútuos *antes* de eles serem distribuídos aos investidores:

- Taxa administrativa — cobrada pelo assessor de investimentos do fundo para geri-lo
- Taxa de distribuição — para pagar profissionais de marketing, publicidade e vendas. Por lei, não pode exceder 1% do patrimônio líquido médio do fundo por ano. Pode incluir uma taxa de serviço de até 25% do patrimônio líquido médio anual a ser paga a vendedores profissionais pela gestão das contas dos investidores
- Outras despesas — como taxas de agentes de transferência, serviços de telefonia, informações do site, manutenção de registros, impressões e mala direta
- Total das despesas operacionais anuais do fundo (Despesas proporcionais) — soma de todos os custos operacionais reais do fundo, em porcentagem referente ao ativo líquido médio

Por que É Tão Fácil Vender Ganhos de Capital?

Esta é outra pergunta que ouço com frequência: "Por que é tão fácil vender ganhos de capital se os investimentos que os propiciam são tão arriscados?" A minha resposta é: "Vender sonhos é muito fácil."

O pai rico gostava de dizer: "O problema dos sonhos é a realidade."

Warren Buffett diz: "A propensão para jogar é sempre aumentada quando há um grande prêmio em troca de uma pequena aposta, por piores que sejam as chances de ganhar. É por isso que os cassinos de Las Vegas anunciam grandes prêmios e as loterias dão destaque aos sorteios quando há prêmios acumulados."

Por que Este Livro É Diferente?

Este livro é diferente porque se concentra principalmente na velocidade do fluxo de caixa. Uma das lições mais importantes que aprendi com o pai rico foi a de não deixar o meu dinheiro parado em um banco ou em um piquete de engorda por muito tempo. A tarefa do meu dinheiro é trabalhar com afinco para mim, adquirindo mais ativos.

A fim de acelerar a velocidade do dinheiro entre as diferentes classes de ativos, a pessoa precisa entender e usar o poder de:

- Dinheiro de outras pessoas (DOP)
- Seleção de estruturas societárias
- Legislação tributária

Esses temas serão abordados no decorrer do livro. São esses poderes que proporcionam velocidade e proteção ao seu dinheiro.

Por que a Velocidade É Importante

Uma das razões pelas quais a velocidade do dinheiro é importante é que, se eu não for rápido, ele poderá ser atacado por impostos predatórios, o que me dá menos chances de alavancagem com o dinheiro de outras pessoas e me torna alvo de ladrões. As pessoas que mantêm seu dinheiro parado em fundos de pensão durante anos têm pouquíssima velocidade. Elas pagam impostos excessivos e seu dinheiro fica vulnerável à ação de ladrões, investidores espertos e outras forças do mercado.

Então, por que este livro é diferente? Porque trata mais da velocidade do seu dinheiro do que dos ativos nos quais você o investe.

Para Entender Melhor a Mensagem Deste Livro

Para entender o restante deste livro, você precisa compreender que investir em fluxo de caixa é diferente de investir em ganhos de capital.

A mentalidade de um investidor que procura ganhos de capital é muito diferente da de um investidor que almeja o fluxo de caixa. O criador de gado de corte e o de gado leiteiro veem os seus rebanhos como ativos. A diferença é que eles os tratam de modos diversos.

A Maioria das Pessoas Investe em Busca de Ganhos de Capital

Outra razão para dedicar tanto tempo à diferença entre os dois tipos de investidor é que a maioria das pessoas investe visando auferir ganhos de capital. É isso que o ramo da assessoria de investimentos leva as massas a fazer e é por isso que a maioria dos investidores pensa que a atividade é arriscada.

Habilidade versus Sorte

Embora muitos dos que investem visando ganhos de capital sejam altamente capacitados, a maioria conta com a sorte, não com a formação. Contudo, quem investe para gerar fluxo de caixa precisa de grande capacitação e conhecimento. No momento em que a pessoa começa a investir buscando geração de fluxo caixa, verificará que a maioria dos investimentos não se presta a essa finalidade, pelo menos ao preço certo. No momento em que a pessoa começa a procurar fluxos de caixa, descobre que a maioria dos investimentos é ruim.

É muito fácil recorrer à assessoria de um planejador financeiro e sair de lá com uma carteira diversificada que custa dinheiro. É realmente fácil comprar um imóvel e perder dinheiro. Não é preciso ser gênio para abrir uma empresa e quebrá-la. A verdadeira habilidade de um investidor é adquirir ativos que gerem fluxo de caixa — bombeando dinheiro para *o seu* bolso, em vez de sugá-lo para o bolso *alheio*.

Para adquirir um ativo que gere fluxo de caixa, é preciso capacitação e um pouquinho de sorte. Embora goste de ter sorte, prefiro contar com a minha capacitação financeira para garantir meu futuro e não depender da sorte.

Melhore a Sua Sorte

A maioria das pessoas acredita que tem sorte até ter azar. As pessoas tendem a acreditar: "Isso acontece com as outras pessoas. Não vai acontecer comigo."

Embora também me sinta feliz por ter esse dom chamado vida, não conto com a sorte quando se trata de minha segurança e liberdade financeiras. Nos demais capítulos da Parte 1, o leitor verá não apenas como aumentar e proteger seu fluxo de caixa, mas também como melhorar sua sorte, tornando-se perspicaz. Começamos a ficar perspicazes quando buscamos o conselho certo dos assessores certos.

O Conselho Certo dos Assessores Certos

Estava assistindo a um programa de televisão em que uma mulher abria seus sentimentos ao público: "Parece que atraio o tipo errado de homem." A apresentadora sorriu ironicamente, e disse: "Atrair homens é bom. Seu problema é que você dá o seu número de telefone ao tipo errado de homem."

O pai rico dizia: "Só porque a pessoa tem um cartão de visita de uma grande instituição financeira e um título pomposo, como vice-presidente, não quer dizer que ela entenda grande coisa de investimentos. Gente demais procura o tipo errado de pessoa e lhe dá o seu número de telefone."

O propósito deste livro não é culpar ninguém por perder o dinheiro de outras pessoas. Em vez de culpar uma pessoa ou um grupo pelas perdas particulares, creio que é melhor assumir uma responsabilidade pessoal pelo que acontece, aprender com os erros e buscar o conselho certo dos conselheiros adequados. E foi isso que o pai rico fez depois que eu apliquei no fundo de investimento. Ele me levou aos assessores certos. E também me ensinou que cada assessor tem o seu próprio ponto de vista. Eu precisava aprender qual era o conselho apropriado para mim.

Uma Palavra de Incentivo

A maioria das pessoas prefere trabalhar arduamente e então pôr o seu dinheiro nas mãos de um gestor, esperando e rezando para que ele seja um investidor perspicaz. Embora reconheça que isso possa ser a coisa certa para muitos investidores que não estejam dispostos a melhorar sua educação financeira, para mim isso não só é arriscado, como também não é nem divertido nem lucrativo.

Antes de prosseguir, gostaria de oferecer algumas palavras de incentivo. Quando comecei a perceber que provavelmente não iria enriquecer rápido e tinha que começar a comprar ou criar ativos, fiquei desanimado. Portanto, entendo como algumas pessoas poderão se sentir frente à ideia de ter que conseguir duas ou três classes de ativos, especialmente se ainda não tiverem nenhum.

Estas são as minhas palavras de incentivo: encare a aquisição de duas ou três classes de ativos como se fosse o tempo necessário para aprender dois ou três jogos diferentes. Por exemplo, pense: "Vou investir dez anos para aprender a jogar tênis, pingue-pongue e golfe." Mesmo que hoje você não saiba jogar esses jogos, em dez anos poderá jogá-los bem. E estará muito melhor que os seus amigos, especialmente se eles nunca praticaram qualquer um desses esportes pelos mesmos dez anos.

É isso que acontece com dinheiro e investimento. Durante anos, passei por dificuldades. Depois de dez anos jogava bastante bem, mesmo que o meu histórico não fosse grande coisa. Depois de vinte anos, eu era melhor nos jogos, e as minhas pontuações provavam isso. Em outras palavras, hoje ganho muito mais dinheiro que alguns dos meus amigos que ganhavam mais do que eu quando éramos jovens.

Para os que pensam que não são muito inteligentes, eu também não sou. Contudo, estudei muito, embora aos poucos, e me cerquei de pessoas inteligentes. Para os que têm medo de começar, eu também tive. Mas, novamente, achei amigos que me ajudaram a começar.

Se você leu o meu livro *Aposentado Jovem e Rico*, sabe que ele começa com meu melhor amigo, Larry, Kim e eu, em uma cabana de troncos coberta de neve, fazendo planos para os próximos dez anos das nossas vidas. Dez anos mais tarde, estávamos financeiramente independentes.

Como dizia o pai rico: "Tudo é possível se você der tempo ao tempo."

O que Faz Sentido para Você

Muitas pessoas já me disseram: "O que você recomenda é arriscado."

Eu respondo: "Não recomendo. Apenas explico como os ricos ficam mais ricos."

Então, elas dizem: "Bom, para a maioria das pessoas o que você escreve é impossível." A minha réplica é: "Não é impossível, é improvável. Há gente que fez o que eu escrevo. Eu fiz, e muitas outras pessoas muito ricas o fizeram. Acredito que cada pessoa deve decidir se é impossível. Sei que eu pensava que era impossível quando comecei e durante anos tive dificuldades. Mas hoje ganho mais dinheiro em um dia do que muitas pessoas em toda a vida. É uma questão de opção pessoal. Vivemos em um país livre."

O que faz sentido para você? Percebo que o que faço e sobre o que escrevo não são um caminho fácil. Escolhi o caminho difícil porque o fácil não fazia sentido para mim. Para mim, não faz sentido:

- Ter um emprego e ser empregado, trabalhando muito por alguma coisa que nunca possuirei e que nunca poderei vender. Se eu parasse de trabalhar, o fluxo de caixa se estagnaria.

- Começar, aos 25 anos, a pôr dinheiro em um plano de pensão, deixando-o parado, para só voltar a vê-lo aos 65 anos. Quero meu dinheiro de volta em menos de cinco anos e quero ficar com o ativo. Não quero abater o ativo para recuperar o meu dinheiro.
- Deixar o meu dinheiro na engorda durante quarenta anos, exposto ao ataque de vaqueiros e escroques, assim como às oscilações do mercado. Esquecendo vaqueiros, escroques e oscilações, a maioria dos fundos cobra em média uma taxa de administração de 1,5% ao ano, mesmo quando dizem que não o fazem. Em quarenta anos, somado a juros compostos, isso resulta em um bocado de dinheiro, independentemente se você recebe um retorno do fundo ou não.

O que faz sentido para você muitas vezes determina as suas escolhas na vida. O que fazia sentido para mim era procurar o conselho certo dos assessores certos, em vez de ouvir meros vendedores e começar a criar meus ativos e meus encanamentos entre os ativos, expandir o montante do fluxo de caixa e aumentar a velocidade do meu dinheiro.

O resto deste livro trata do que fazia sentido para mim aos 25 anos de idade. Escrevi o livro na esperança de que alguns de meus leitores escrevam sobre o que faz sentido para eles e para o seu futuro.

Capítulo 3

PERGUNTE AO GERENTE DO SEU BANCO

"A maioria das pessoas só usa o banco para ficar mais pobre. Você precisa aprender a fazer com que o seu banco o ajude a ficar mais rico."
— Pai rico

Eu estava buscando uma resposta para a pergunta: "Qual é a diferença entre conversa de vendedor e educação financeira?" Em uma das minhas visitas à ilha, nas férias, o pai rico me convidou para conhecer o gerente do seu banco. Sentado frente ao gerente, segui o roteiro que o pai rico havia me proposto. Perguntei se poderia fazer um empréstimo no banco para aplicar o dinheiro em um fundo de investimento, porque estava querendo juntar dinheiro para a minha aposentadoria.

O gerente sorriu ao ouvir a pergunta. "O senhor está querendo ensinar alguma coisa a este jovem, não está?", perguntou ele, sorrindo para o pai rico.

O pai rico assentiu, dizendo: "Sim, seria mais útil se ele ouvisse as respostas diretamente da fonte."

Jim, o gerente, se voltou sorrindo para mim, e perguntou: "O que você vai fazer com a sua aplicação?"

Ainda dentro do roteiro, falei: "Vou investir em longo prazo — comprar, esperar e diversificar as minhas aplicações."

O gerente sorriu. "Parabéns por estar preocupado em começar os seus investimentos cedo."

"Então, o senhor irá me emprestar o dinheiro?", perguntei.

"Sinceramente, não", disse Jim gentilmente. "Conforme nossa política interna, raramente emprestamos dinheiro para esta finalidade. Se o senhor já fosse cliente e tivesse um ótimo cadastro, poderíamos conceder um empréstimo pessoal, que o senhor utilizaria para o que quisesse, até para investir em fundos de investimento."

"Se eu quisesse investir em imóveis, o senhor examinaria o meu pedido?", perguntei.

"Sem dúvida, seria possível. Mas teríamos que analisar o seu cadastro. O banco sempre precisa avaliar a situação de um tomador de empréstimos, qualquer que seja a finalidade do pedido."

"Por que é mais fácil obter empréstimos para imóveis do que para fundos mútuos?"

"Há várias razões", falou Jim.

"É porque o risco dos fundos é maior do que o dos imóveis?", perguntei.

"Sem dúvida, essa é uma das razões", disse Jim calmamente. "Mas, como já disse, é preciso levar em consideração vários fatores."

"Se o banco não empresta dinheiro para aplicação em fundos de investimento, por que tanta gente investe nos fundos?", perguntei.

"Boa pergunta", disse Jim, sorrindo. "Eu também deveria me perguntar isso, pois aplico em fundos mútuos."

"E o senhor investe em imóveis?", indaguei.

"Não, só tenho a minha casa, mas ainda não acabei de pagar o financiamento. E não invisto em outros imóveis."

"Mas por quê?", perguntei, intrigado. "Se o seu banco empresta dinheiro para a compra de imóveis, mas não para aplicar em fundos de investimento, não seria melhor usar o dinheiro do banco para investir em imóveis?"

Jim já estava ficando meio irritado. Via-se que não estava acostumado a ser alvo de perguntas pessoais. "Desculpe", disse cortesmente. "Há outros clientes esperando." Apontando para o pai rico, observou: "O seu amigo faz grandes investimentos em imóveis. Talvez ele seja a pessoa mais indicada para responder às suas perguntas."

"Sem dúvida", falei, concordando. "Vou perguntar para ele."

O pai rico e eu saímos em silêncio do banco. Sentia que tinham começado as lições que me tornariam um investidor melhor. "Ele não é um investidor de verdade, não é?", comentei com o pai rico, enquanto fechava a porta do carro.

"Não, ele é um gerente de banco profissional. E provavelmente continuará sendo pelo resto da vida. Mas, mesmo não sendo um investidor ativo, um gerente de banco tem um papel importante na sua formação como investidor", disse o pai rico enquanto virava a chave na ignição e saía do estacionamento. "Se você deseja enriquecer e ser um investidor bem-sucedido, a sua educação começa pelo entendimento do mundo dos investimentos sob a ótica dos bancos. Os bancos sempre têm cautela ao emprestar dinheiro. Viu como ele quis saber quem você era antes de considerar se lhe faria um empréstimo? Eles não emprestam dinheiro a desconhecidos e você também não deve fazê-lo."

Sem Almoço Grátis

Fomos em silêncio até um pequeno café. Àquela hora, o lugar estava vazio. Depois de pedir sanduíches, o pai rico e eu sentamos em uma mesa pequena e continuamos cuidando da minha educação. Pegando um bloco e uma caneta, o pai rico começou perguntando: "Como já lhe disse várias vezes, há três tipos de formação que são importantes para o nosso sucesso no mundo real. Quais são eles?"

"Os três tipos são acadêmica, profissional e financeira."

"Muito bem", disse o pai rico, enquanto as listava no bloco.

1. Acadêmica
2. Profissional
3. Financeira

"No momento, qual é o tipo de educação que você está adquirindo?", perguntou.

"Formação profissional", respondi de pronto. "Quando concluir os quatro anos da academia, obterei meu diploma de bacharel em ciências náuticas e, como imediato da Marinha Mercante, poderei trabalhar para as grandes empresas de navegação do mundo."

"Eles ensinam bem sobre finanças ou investimentos?", perguntou o pai rico.

"Não exatamente", respondi.

"O que eles falam para você sobre planos de aposentadoria?"

"Até agora, o pensamento geral é que, quando formados, trabalharemos para grandes companhias marítimas, como a *State Lines*, a *US Lines* ou *Matson Navigation*, e essas companhias vão oferecer os fundos de pensão para a nossa aposentadoria."

"A velha mentalidade do homem da organização", disse baixinho o pai rico, com seu risinho irônico.

"O que o senhor falou?", perguntei, pois não tinha ouvido direito as suas palavras.

"Não importa", sorriu o pai rico. "Você vai entender algum dia. É apenas a minha atitude contra essa mentalidade do tipo 'cuidar de mim' que muitas pessoas têm atualmente. Muitas pessoas esperam que a empresa ou o governo cuide delas depois que pararem de trabalhar. É uma mentalidade de estado assistencialista ou de bem-estar social. Essas pessoas costumam dizer: 'Se eu trabalho para você, então você tem que cuidar do meu *bem-estar* em longo prazo.' Mas, em vez de chamar isso de assistencialismo, elas chamam de *direitos ou benefícios*. Eu prevejo que quando você chegar à minha idade, o problema do excesso de pessoas esperando para ser cuidada vai prejudicar financeiramente muitas empresas e o governo, pois estão fazendo promessas que talvez não consigam cumprir no futuro."

"Como esse problema começou?", perguntei.

"Quando eu era jovem, em meados da década de 1930", disse o pai rico, "foi implementado um programa federal chamado de Previdência Social. Mesmo que na época estivéssemos na Grande Depressão, muita gente pensou que a ideia de aposentadoria garantida pelo governo era boa, e outros achavam o contrário. Infelizmente, como você sabe, a Previdência Social é um dos programas de governo mais populares, mesmo que no futuro prejudique muito a economia. Mas, apesar dos protestos dos que achavam que era uma ideia ruim, ela foi implantada. Hoje, a Previdência Social e um novo programa, o Medicare, estão se transformando em monstros do assistencialismo, conhecidos como direitos ou benefícios."

Nota do Autor: O Presidente Franklin D. Roosevelt sancionou a Lei da Previdência Social em 13 de agosto de 1935. Além de várias providências de ordem mais geral, a lei criou o programa de seguro social, destinado a pagar a aposentadoria das pessoas com mais de 65 anos. A lei que instituiu o Medicare foi sancionada pelo presidente Lyndon B. Johnson, como parte de uma emenda à legislação da seguridade social em 1965.

"Por que o senhor está destacando tanto a diferença nos nomes? Qual a grande diferença entre assistencialismo, direitos adquiridos e benefícios sociais?"

"Porque, quando os programas foram apresentados como assistencialismo, a maioria das pessoas imbuídas de autoestima rejeitou o programa. Para elas, assistencialismo é algo para pobres ou excluídos. Mas, quando esses mesmos programas passaram a ser apresentados como direitos adquiridos ou benefícios sociais, as pessoas passaram a aceitá-los com mais facilidade. É o poder das palavras. Não deixa de ser uma forma de assistencialismo, mas com um nome diferente."

"De modo que o assistencialismo é para pessoas pobres, mas benefícios sociais e direitos adquiridos se aplicam à classe média."

O pai rico concordou, dizendo: "E também para os ricos. De fato, muitos ricos têm outra forma de assistencialismo, que é o proporcionado pelas empresas."

Balancei a cabeça, indicando que a conversa estava fora do meu alcance. Procurando colocá-la em um nível que eu pudesse entender, perguntei: "Então o senhor acha que a Previdência Social não é boa ideia?"

"Na década de 1930, muita gente achava que ela era uma má ideia." Essas pessoas diziam: "A Previdência Social irá criar uma nação de esbanjadores."

"E criou?", indaguei.

"Penso que sim", respondeu o pai rico. "Muitas pessoas da minha geração, ao voltar da Segunda Guerra Mundial, não se preocupavam muito com a aposentadoria. Afinal, agora tínhamos uma pensão do governo, a Previdência Social e, muitos de nós, o plano de pensão da empresa. Então, em vez de aprendermos a investir, preparando-nos para ser autossuficientes após a aposentadoria, começamos a gastar como se não houvesse amanhã. Sob certos aspectos, foi bom porque a economia se expandiu a taxas altíssimas. Mas acabamos nos tornando uma nação de esbanjadores e as pessoas cada vez gastam mais. Porém, um país com uma cultura assistencialista não é o maior problema decorrente do assistencialismo, dos direitos adquiridos e dos benefícios sociais."

"O que é pior do que a cultura assistencialista?", perguntei.

"É a formação de um país com um grande contingente de pessoas esperando que os outros tomem conta delas."

"Isso é ruim?"

"Tudo tem um lado bom e outro ruim. Sempre haverá os que querem almoçar de graça e esperam que os outros paguem a conta. Infelizmente, o número dos que dependem do almoço grátis está aumentando. Algum dia, repito, ainda durante a sua vida, a sua geração terá que pagar a conta de todos os almoços grátis que a minha geração está oferecendo hoje. Não gostaria de me candidatar à presidência depois de 2020."

"Por que 2020?"

"Porque é quando a sua geração começará a se aposentar, e espera poder coletar o dinheiro com que você contribuiu para o sistema por anos."

"O que tem de errado nisso?", perguntei.

"O dinheiro terá acabado. Tudo o que haverá no Tesouro dos EUA serão títulos a pagar. Por estarmos virando um país de esbanjadores, passaremos do país mais rico para o mais endividado do mundo. Desconfio que a sua geração descobrirá que todo o dinheiro de suas contribuições sumiu. Vocês têm realmente direito a esses recursos, mas alguém já os terá gastado. Como o governo vai explicar o dinheiro faltando para vocês, a primeira geração a contribuir integralmente para o sistema de Previdência Social, será um grande problema."

"Então, como resolver o problema?"

"Como eu disse", falou ironicamente o pai rico, "esse é um desafio para a sua geração, não para a minha."

Assim que os nossos sanduíches foram entregues à nossa mesa, a conversa sobre bem-estar, dívida e um problema financeiro crescente terminou.

O Ponto de Vista do Banco

Enquanto mastigávamos nossos sanduíches, o pai rico começou a explanar as suas ideias sobre a formação de um investidor. "Vou lhe mostrar algumas das diferenças entre o pensamento de um banqueiro e o de um corretor de fundos de investimento."

"Ótimo", respondi.

"Primeiro, vou explicar o que está envolvido na educação financeira."

Inclinando o bloco de notas em minha direção, ele começou a escrever:

1. Ganhos/Aquisição
2. Gestão
3. Alavancagem
4. Proteção
5. Saída

Levantando os olhos para mim, o pai rico continuou: "A maioria das pessoas vai à escola para aprender a ganhar ou produzir dinheiro. O problema é que, nesse ponto, a educação da maioria para."

Então, ele voltou ao bloco e escreveu o seguinte:

Educação acadêmica & profissional	**Educação financeira**
1. Ganhos/Aquisição	1. Ganhos/Aquisição
	2. Gestão
	3. Alavancagem
	4. Proteção
	5. Saída

Apontando para a linha "Ganhos/Aquisição", o pai rico acrescentou: "Atualmente, você está cuidando da sua formação profissional. Está aprendendo a ser um oficial da Marinha Mercante, uma ocupação muito bem-remunerada."

Concordando, respondi: "Uma das que paga os melhores salários atualmente. O problema é que há cada vez menos empregos disponíveis."

Continuando, o pai rico observou: "Se você quiser ser rico e se preparar para as tempestades com que a sua geração se deparará no oceano das finanças, terá que aprender alguns aspectos importantes da educação financeira."

Apontando para o item "Gestão", prosseguiu: "A maioria das pessoas ganha dinheiro trabalhando; porém, por mais que ganhem, enfrentam dificuldades financeiras, simplesmente porque nunca aprenderam a gerenciar de maneira adequada o dinheiro delas. Muitas pessoas são inteligentes ao ganhar dinheiro, mas são insensatas na hora de gastá-lo. Entendeu?”

“Sim”, respondi, estendendo a mão para o bloco de anotações do pai rico. “É por isso que o senhor gasta tanto tempo ensinando a Mike e a mim como interpretar as demonstrações financeiras e as diferenças entre ativos, passivos, receita e despesa.” Enquanto falava, tracei o diagrama a seguir:

DEMONSTRAÇÃO FINANCEIRA

BALANÇO PATRIMONIAL

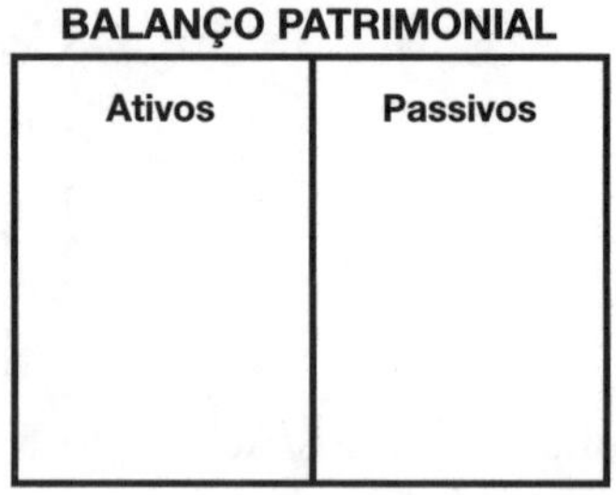

“Lembro que, quando eu estava cursando o ensino médio, o senhor falou: ‘O gerente do meu banco nunca pediu que lhe mostrasse meu boletim escolar. Ele quer ver a minha demonstração financeira. Um gerente de banco não se preocupa com minha média ou com a escola que frequentei. Ele só quer saber até que ponto tenho competência para gerenciar o meu dinheiro.’”

O Poder da Alavancagem

“Muito bem”, disse o pai rico, retomando o bloco de papel. Apontando o item seguinte, a palavra “Alavancagem”, disse: “O próximo passo da sua educação financeira, depois de gerenciar seu dinheiro, é aprender a alavancá-lo.”

"Quer dizer que preciso aprender a ganhar dinheiro com o meu dinheiro, fazê-lo trabalhar mais do que eu."

"Não só o seu dinheiro. Também é bom que o dinheiro do banco trabalhe arduamente para você."

"Quer dizer investir com o dinheiro do meu banco?"

Fazendo que sim com a cabeça, o pai rico explicou: "Há muita gente que gerencia bem o próprio dinheiro, mas não enriquece, simplesmente porque nunca aprendeu a dominar o poder da alavancagem financeira. A maioria das pessoas tenta alavancar o dinheiro delas acumulando poupança ou liquidando dívidas. Embora essas sejam formas simples de alavancagem, nenhuma das duas é realmente uma alavancagem potencializada."

"É por isso que o senhor me levou para falar com o gerente do banco, porque o banco é uma fonte de alavancagem potencializada?"

Concordando mais uma vez, o pai rico continuou: "Quando você investiu no fundo de investimento, que dinheiro você usou?"

"Investi o meu dinheiro."

"Se você entender realmente o que é investir com alavancagem, terá que aprender como investir com o dinheiro dos outros, como o de seu banco."

"Mas o gerente me disse que não emprestaria dinheiro para eu aplicar em fundos de investimento."

"É por isso que eu queria que você falasse com ele. Se quer se tornar um bom investidor, você precisa ver o mundo pelos olhos do banco. Você chegou a perguntar a essa pessoa que o convenceu a aplicar no fundo de investimento se ela lhe emprestaria dinheiro para investir no fundo?"

"Não perguntei."

"Os investidores profissionais estão sempre buscando alguma forma de alavancagem. Uma delas é o uso do dinheiro de outras pessoas, o DOP. É por isso que eu quero que você aprenda a ver o mundo pelos olhos do banco. Um banco pode ser uma rica fonte de informações em termos de avaliação dos riscos e retornos do investimento. A maioria das pessoas só vai ao banco para depositar na poupança ou fazer empréstimos para a casa própria ou para algum bem de consumo. Poucas pessoas perguntam ao gerente de que maneira usar o dinheiro do banco como alavanca, explorando a alavancagem para enriquecer."

"É por isso que o senhor diz que eu preciso conhecer a diferença entre dívidas boas e ruins. A maioria das pessoas só procura o banco para contrair dívidas ruins, aquelas que as tornam mais pobres."

"Você está entendendo a lição sobre a importância da alavancagem e do investimento?", perguntou o pai rico.

Sacudi a cabeça afirmativamente, respirei fundo e voltei os olhos para a lista do bloco. No decorrer dos anos, já tinha ouvido muitas dessas coisas e já havia observado o meu pai rico lidando com seus bancos, levantando às vezes altas somas. Agora, que eu já tinha mais idade, as lições exerciam mais impacto, adquiriam novo sentido para mim. "Então, a principal razão das dificuldades financeiras das pessoas é que elas gerenciam mal o dinheiro. A segunda é que não alavancam o dinheiro."

Concordando, o pai rico retomou a palavra: "Apenas evitando esses dois erros, os ricos ficam cada vez mais ricos, enquanto o resto trabalha arduamente, sempre às voltas com dificuldades financeiras. É por isso que quero que você continue aprendendo mais sobre gerenciamento e alavancagem do dinheiro. Cada um desses aspectos é toda uma área de estudo."

"Como posso continuar aprendendo mais sobre esses dois aspectos?", perguntei.

"Procurando o gerente do seu banco, desde que ele esteja disposto a ajudá-lo", disse o pai rico. "Com quem você pensa que aprendi? Tenha como hábito falar com o seu gerente. Convide-o para almoçar. Explore os seus conhecimentos. Descubra como ele pensa, o que acha importante, por que diz sim para certas pessoas e não para outras. Tudo isso só lhe custará um almoço de vez em quando. Um almoço esporádico é muito mais barato que um curso universitário."

Proteção

Concordar era tudo o que eu podia fazer no momento. Durante anos tinha visto meu pai rico convidar para o almoço o gerente do seu banco e outros assessores. Lembro-me dele fazendo perguntas e via como os convidados estavam dispostos a dividir os seus conhecimentos com ele durante esses almoços. Embora o pai rico não tivesse muita instrução formal, ele nunca parou de buscar conhecimentos. Sempre estava cercado de pessoas inteligentes de várias áreas profissionais e ouvia mais do que falava. Muitas vezes discutia abertamente com elas seus problemas ou desafios financeiros e lhes pedia opiniões quanto ao que fazer para resolvê-los. Era assim que ele aprendia, ganhava conhecimentos e progredia financeiramente. Na hora do almoço, aprendia e enriquecia. Voltei à lição mais uma vez.

"Quanto à proteção?", perguntei, apontando para a palavra "Proteção" escrita no bloco.

"Esse é um tema bem complexo", disse o pai rico. "Mas vou tentar simplificar. Você dirigiria um automóvel que não estivesse no seguro?"

Balançando a cabeça, falei: "Claro que não!"

"Deixaria a sua casa sem seguro?"

Agitando a cabeça mais uma vez, falei: "Fora de cogitação, isso seria uma tolice."

"Então, por que tanta gente investe sem seguro?", perguntou o pai rico.

"Não sei", retruquei. "Nem sabia que se pode fazer seguro para investimentos."

"Sim, é possível", disse ele. "Os investidores profissionais investem com seguro, só os amadores não o fazem. É por isso que para eles, investir é arriscado. O corretor do seu fundo de investimento lhe ofereceu um seguro para a sua aplicação?"

"Não, ele não ofereceu", respondi.

"Além de lhe dizer para 'comprar, guardar e diversificar', contou que o mercado de papéis sobe, mas também cai?"

"Não. Só disse que em média o mercado rende 9% ao ano."

"Ele estava disposto a garantir esse porcentual para você?"

"Não sei. Não perguntei. Será que ele me garantiria um retorno de 9% ao ano?"

Com uma expressão de desaprovação, o pai rico continuou. "Agora está entendendo por que eu disse que você tomou sua decisão de aplicar no fundo de investimento com base em conversa de vendedor, em vez de em informação financeira sólida?"

"Estou começando a entender", respondi baixinho. Depois de pensar alguns instantes, perguntei: "O senhor está dizendo que os investidores profissionais aplicam com seguro?"

"Você deveria fazer essa pergunta ao Jim, o gerente do meu banco", disse o pai rico. "Pergunte se ele lhe emprestaria dinheiro sem uma garantia, como um financiamento, um seguro contra incêndio etc."

É por isso que você deve ver o mundo dos investimentos com olhos de banqueiro. Os gerentes de banco tendem a ser excessivamente cautelosos, é o dever deles. Afinal, eles têm a obrigação de proteger o dinheiro do banco. É por isso que pedem demonstrações financeiras, cadastros, comprovantes de emprego, contracheques.

Eles não põem o dinheiro nas mãos de desconhecidos, como você fez. Querem saber quem você é e avaliar a sua competência financeira. Eles não estão preocupados com as suas notas escolares ou com as escolas que frequentou. Eles querem as suas demonstrações financeiras, ou seja, o seu boletim financeiro. Eles querem saber se você é financeiramente confiável. Você deve fazer o mesmo. É por isso que precisa manter registros financeiros exatos e organizados. A maioria das pessoas não se preocupa com isso, e essa é outra das razões das suas dificuldades financeiras.

Por mais que tenham confiança em você, eles ainda exigem um seguro ou uma proteção contra o risco. Você precisa fazer o mesmo se quiser se tornar um investidor profissional. É por isso que comecei por levá-lo a falar com o gerente do banco. O gerente é um dos melhores professores no que diz respeito ao jogo do dinheiro e dos investimentos no mundo real. Não é um assessor financeiro que só indica fundos de investimento, fundos para os quais o banco não empresta dinheiro."

O pai rico tinha dito o que devia. Então, ficou me observando em silêncio.

"Ok", falei finalmente. "Estou começando a entender."

Sorrindo maliciosamente, o pai rico observou: "Uma das razões pelas quais tanta gente acredita que investir é arriscado é porque não conhece quase nada sobre proteção de ativos. Os investidores profissionais precisam aprender a proteger seus investimentos dos impostos predatórios, dos processos predatórios, dos altos e baixos do mercado, dos desastres e dos ciclos econômicos."

"Quer dizer que não basta comprar, esperar e rezar", acrescentei em tom sarcástico.

"Não", disse o pai rico sorrindo. "Para um investidor profissional, seguro e proteção são temas muito importantes. Se você não puder proteger o ativo, será melhor não o adquirir. Como eu já disse, não se dirige um carro nem se compra uma casa sem seguro. Nunca se deve investir sem um seguro."

Frustrado com o que ainda me faltava aprender sobre cada um dos tópicos, falei: "Vamos passar ao próximo item."

Saída

"Além de comprar, esperar e rezar, qual é a sua estratégia de saída?", perguntou meu pai rico. "Por que você aplicou mesmo nesse fundo mútuo? Você tinha em mente alguma estratégia de saída?"

"Não, na verdade, não", respondi encabulado. "Só queria assinar a papelada e voltar a estudar."

"Entendo", disse o pai rico. "Para os investidores profissionais, a saída é uma área de estudos muito importante. A maioria dos investidores amadores compra, mas não pensa na saída. Como eles não entendem muito disso, as palavras 'investir em longo prazo' são reconfortantes. Adiam a necessidade de pensar no futuro, o que é difícil para a maioria das pessoas. As pessoas tendem a viver somente para o momento, pensam no hoje, não no amanhã. De repente, acordam, percebem que já estão com mais de cinquenta anos e começam a sentir que não lhes resta muito tempo. É quando as ouvimos dizer: 'Se tivesse pensado nisso antes.'"

Percebendo que o tempo tinha passado e que o lanche tinha acabado, eu precisava perguntar algo urgente. "Qual seria um exemplo de saída?"

"Muito bem", disse o pai rico. "Se eu me desfizer de um investimento de determinada maneira, pago impostos. Se me desfizer dele de outra maneira, não pago impostos. Este é um dos muitos exemplos de saída. Quem o convenceu a aplicar no fundo de investimento lhe mostrou diferentes estratégias de saída?"

"Não. Só disse que eu deveria continuar aplicando no fundo e acompanhando o aumento do valor dessas aplicações."

"Quer dizer que ele pegou o seu cheque e nunca falou de saída, proteção, alavancagem ou gerenciamento?"

"Se falou, esqueci."

A Diferença

Com isso, o pai rico procurou sua carteira e pagou a conta. Antes de levantar, pegou o bloco e escreveu as seguintes palavras:

Vendedor	**Investidor/Gerente de banco**
Ganhos/Aquisição	Ganhos/Aquisição
	Gestão
	Alavancagem
	Proteção
	Saída

"Quando você procura um vendedor para se aconselhar sobre investimentos, a maioria só estará interessada em saber quanto você tem para aplicar. Isso vale para fundos de investimento, imóveis ou carro novo. É por isso que não escrevi nada além do tópico *Ganhos/Aquisição* na coluna do vendedor. Mas um investidor profissional e alguém como um gerente de banco precisam saber mais. É por isso que escrevi *Gestão, Alavancagem, Proteção* e *Saída* além de *Ganhos/Aquisição*, na coluna do investidor/gerente de banco. Um investidor profissional e um gerente de banco estarão preocupados com os seus conhecimentos sobre a gestão do dinheiro, o grau de alavancagem que está usando, quais são a sua estratégia de proteção e a sua saída. Tudo o que o seu vendedor de fundos de investimento disse é: 'Compre, espere e diversifique.' Em longo prazo, mesmo fazendo isso durante anos, o quanto você terá aprendido?"

"Nesse processo, que tipo de investidor você se torna se tudo o que faz é entregar o seu dinheiro para estranhos e, em seguida, fazer o que dizem — comprar, esperar, rezar e ponto-final — por anos?"

Eu não precisava responder nada. Apenas fiquei quieto, refletindo.

Duas Profissões

O pai rico levantou-se e foi para o estacionamento. Virando-se para mim, disse: "Se quiser ser bem-sucedido no mundo real, você e a sua geração precisarão mais do que apenas educação acadêmica e profissional. Tempos difíceis estão se aproximando para a sua geração, talvez até piores do que a depressão pela qual a minha passou. Você verá que a prestigiada academia militar que está cursando não lhe proporcionará educação financeira. Você terá que adquiri-la por conta própria. Ela começa quando você passa a ver o mundo do dinheiro com olhos de gerente de banco. Eles não são necessariamente bons investidores, mas sem dúvida sabem distinguir quem gerencia bem o dinheiro de quem o gerencia mal, e sempre exigem garantias e seguro. Você deve fazer o mesmo."

"Então, preciso saber um pouco de várias profissões", observei, acompanhando as passadas do pai rico.

"Não, você não precisa aprender essas profissões", disse o pai rico, "mas precisa de amigos que sejam profissionais dessas áreas. É por isso que seus amigos e as pessoas com quem almoça são tão importantes. A maioria das pessoas só convive com outras da mesma profissão, farinha do mesmo saco. Você já deve ter notado que eu almoço com o gerente do meu banco, com o meu contador, com o meu advogado, com o meu planejador financeiro, com os meus corretores de seguros, de imóveis e de ações. Tudo o que fiz foi pagar o almoço e adquiri a melhor educação financeira do mundo. Foi uma formação para o mundo financeiro real, não para o mundo financeiro acadêmico."

Chegamos ao carro do pai rico. Dando a partida, ele continuou: "Sua geração e as seguintes terão que ter pelo menos duas profissões, uma para elas como pessoas e outra para o dinheiro delas. Quando ficar mais velho, vai querer que o seu dinheiro trabalhe mais do que você. Minha profissão é a de empresário. A do meu dinheiro é a de investidor em imóveis. É aí que guardo e alavanco o meu dinheiro — com segurança. Meu dinheiro e o do meu banco estão muito seguros, porque sou eu que cuido deles, não um desconhecido."

"Duas profissões?", perguntei intrigado. E pensei: "Para ter uma só já tenho tanto trabalho."

Concordando com a cabeça enquanto ligava o carro, o pai rico prosseguiu: "A minha geração adotou a ideia do assistencialismo, que hoje é conhecida como *benefícios* e *direitos*. Muitas pessoas, na verdade, acreditam na metáfora do almoço grátis e que alguém será responsável por seu bem-estar quando não tiverem mais idade para trabalhar. O problema é que há milhões de pessoas pensando assim neste país e o número delas cresce. Sua geração é a que está começando a pagar a conta de um almoço que não é realmente grátis. É por isso que o aconselho a não seguir os passos da minha geração. Não espere que alguém tome conta de você, com emprego garantido, aposentadoria, plano de saúde, Previdência Social e o Medicare. Esses direitos e benefícios são caros demais."

"Logo, as empresas e os governos não poderão sustentá-los. Portanto, aprenda a cuidar de você mesmo. Acredito que a economia dos Estados Unidos chegará ao limite mais ou menos na época em que a sua geração começar a se aposentar. Se e quando isso acontecer, as pessoas da sua geração se perguntarão: '*Quem Mexeu no Meu Dinheiro*?' É por isso que você precisa ter duas profissões — uma para você e outra para o seu dinheiro."

Torne-se um Investidor Melhor

O pai rico apertou a minha mão e se afastou. Dei um adeus e fui para o meu carro. A ideia de cuidar de mim em vez de ficar na dependência de uma empresa ou do governo era fácil de aceitar. Eu não queria depender de forma alguma de alguém ou de uma organização. O que eu estava começando a assimilar era que investir tinha pouco a ver com investimentos. O pai rico não era contra ou a favor de qualquer ativo, fossem fundos de investimento, ações, empresas, ativos de papel ou imóveis. Mas era intransigente quanto à necessidade de aprender a ser melhor investidor. Para ele, isso era bem mais importante do que o ativo em que se aplicasse o dinheiro.

Eu estava começando a perceber que o melhor investimento de todos seria aprender a me tornar melhor investidor, e que a formação começava pelo banco. Por que pelo banco? Porque, se eu fosse recorrer ao dinheiro do banco para investir, eu precisaria estudar a gestão do dinheiro, a alavancagem, a proteção e as saídas — os fundamentos de uma sólida educação financeira.

Capítulo 4

PERGUNTE AO SEU CORRETOR DE SEGUROS

"Muitas pessoas pensam que investir é um tiro no escuro. Não é o investimento em si que é perigoso. O que é arriscado e tortuoso é investir sem um seguro."

— Pai rico

As férias do verão de 1996 estavam chegando ao fim. Havia quase duas semanas que eu não via o pai rico e, como eu queria continuar minha formação financeira, telefonei para ele.

"Tudo bem", disse. "Encontre-se comigo na cidade. Vou levar você para almoçar com o meu corretor de seguros. Eu ia falar mesmo com ele, então você pode me acompanhar."

Desta vez, o encontro foi em um elegante restaurante do centro de Honolulu, o tipo de restaurante frequentado por empresários, o lugar em que negócios são fechados ou perdidos. O pai rico já estava lá. Ele chegara antes para tratar de negócios com o seu corretor de seguros e agora podíamos almoçar. Meu pai rico levantou-se, apertou a minha mão e disse: "Quero que conheça o Dan. É ele que cuida de todos os seguros dos meus imóveis."

Dan era alto, se vestia com elegância e era um pouco mais velho que o pai rico. "Prazer em conhecê-lo", disse, levantando-se e apertando a minha mão.

"Robert estuda em Nova York e veio de férias. Eu estou ajudando-o em sua educação financeira", explicou o pai rico.

"Ótimo", disse Dan. "Quanto mais cedo aprendermos sobre o dinheiro, melhor. O que o senhor está lhe ensinando?"

"Bom, hoje não serei eu quem irá ensinar. É o senhor", disse o pai rico sorrindo. "É por isso que convidei os dois para almoçar."

"O que posso ensinar-lhe?", perguntou Dan.

"Bem, para começar, qual é a primeira regra em seguro?"

Dan sorriu. "Ok, vamos começar." Depois de uma pequena pausa para organizar as ideias, disse: "A primeira regra em seguro é: 'Não se pode fazer seguro no momento em que se precisa dele.'"

"Então, quando é que se faz seguro?", perguntei ingenuamente.

"Antes de se precisar dele", responderam os dois, com uma sonora gargalhada.

Dan tomou a palavra: "Na verdade, eu não devia rir, porque é uma tragédia. Você imagina quantas pessoas me procuram depois que precisam de mim? Por exemplo, gente que quer fazer seguro do carro depois de uma batida. Gente que quer fazer seguro da casa depois que o imóvel pegou fogo. O triste é que, mesmo que a pessoa precise do seguro, eu não posso fazer nada por ela."

"Portanto, devemos fazer o seguro antes de precisar dele?"

"Sim", disse Dan. "Antes que seja necessário."

O pai rico então entrou na conversa: "Para ser um bom investidor, independentemente do investimento que faz, você precisa entender de seguros, ou de proteção contra perdas. Investir é muito menos arriscado quando você tem um seguro."

"Ou seja, muita gente que tanto fala em investimentos arriscados não tem seguro?", perguntei.

"Sim", continuou o pai rico. "Como já dissemos antes, muitas pessoas põem o seu dinheiro nas mãos de desconhecidos, acreditando, como você, em conversa de vendedor: 'Invista em longo prazo, compre, espere, reze e diversifique.' Quando ocorre uma catástrofe, e sempre haverá catástrofes, as pessoas perdem o dinheiro e então pensam no seguro. Isso não apenas é arriscado, é ridículo."

Dan assentia. Agora, não estava sorrindo. Na verdade, estava bastante preocupado.

"O senhor faz seguro de fundos de investimento?", perguntei.

"Não", disse Dan.

"E de ações e ativos de papel?"

"Também não."

"Que seguros o senhor faz?"

"No mundo dos negócios e dos investimentos, eu faço seguros de pessoas. Pessoas-chave, como o seu pai rico."

"O que é uma pessoa-chave?", perguntei.

"Alguém de importância fundamental na equipe que gerencia a empresa. Se alguma coisa lhe acontecer, a empresa terá recursos para contratar alguém que o substitua. Mas há muitos outros tipos de seguro pessoal, além do conhecido como seguro de pessoas-chave. Basicamente, são tipos de seguro de vida ou de incapacidade — seguros pessoais."

"Que mais pode ser segurado?"

"Fazemos seguro de imóveis e de outras propriedades, como automóveis, embarcações, aviões e equipamentos."

"Mas o senhor não faz seguro de aplicações em fundos de investimento ou em ações?"

"Não", disse Dan. "Talvez exista alguém que faça, mas eu não conheço. Muita gente pede esse tipo de seguro, mas sempre lhe dizemos o que estou dizendo a você agora."

"Por que o senhor não faz seguro de aplicações em fundos de investimento?", insisti.

"Porque são muito arriscados", disse Dan. "Mas, como já disse, alguém talvez faça seguro para cobrir perdas no mercado de ações, ativos de papel e fundos de investimento. Eu não conheço ninguém. Há seguro para tudo, desde que se esteja disposto a pagar o preço."

"Então o senhor não faz seguro para aposentadorias?"

"Não. Mas, se você quiser, posso me informar. Talvez alguma seguradora o faça. Mas desconfio que seria muito caro."

Voltando-me para o pai rico, perguntei: "Então suas empresas e imóveis têm seguro contra perdas catastróficas?"

"Sim", respondeu.

"Mas o meu fundo de investimento não."

Dan e o pai rico confirmaram com a cabeça.

"Então, um investidor sagaz precisa pensar em seguro ou proteção contra perdas antes que elas ocorram. Essa é a lição?", perguntei. Novamente, Dan e o pai rico concordaram.

Uma das Mãos na Frente e a Outra Atrás

Então por que milhões de investidores perderam trilhões de dólares? Simplificando, a maioria dos investidores não tinha qualquer seguro contra perdas catastróficas. O prejuízo foi avaliado em trilhões de dólares. Esse é o preço de se ouvir conselhos de vendedores de investimento em vez de investidores reais.

Será que havia investidores com seguro? Sem dúvida. No mundo dos investidores usa-se a expressão *cobertura*. Quando um investidor diz que sua posição está coberta ou que tem hedge, ele está querendo dizer que conta com proteção contra as condições de mercado. Se não estiverem cobertos nem tiverem um seguro, eles estariam *descobertos*. Um investidor profissional fica muito atento quando não tem cobertura. Assim como um banqueiro exige dos tomadores de empréstimo vários tipos de seguro para aquisição de imóveis, os investidores profissionais que atuam no mercado de ações insistem em fazer seguro, mas de uma espécie diferente. A lição a se tirar é que os investidores profissionais estão cobertos e os amadores, descobertos.

Começa a Caça às Bruxas

Como disse Dan, o corretor de seguros do pai rico: "Você não pode fazer um seguro quando está precisando dele." Depois do colapso das bolsas, quando muitos investidores perceberam que não tinham cobertura, em vez de dizer: "Deveria ter feito seguro", eles começaram a procurar alguém em quem pôr a culpa.

Historicamente, depois de um colapso do mercado, alguns dos bodes expiatórios mais óbvios vêm à tona, e os investidores, enfurecidos, partem para a caça às bruxas, em busca de culpados. No final da década de 1980, os investidores foram atrás de Ivan Boesky e de Michael Milken, o rei dos títulos de alto risco do Drexel Burnham Lambert. Eles também perseguiram os incorporadores imobiliários como Charles Keating, quando as instituições de poupança e empréstimo começaram a quebrar.

Anos mais tarde, em vez de caçar as bruxas que lidavam com ativos de papel e imóveis, as pessoas caçavam as que negociavam ações e fundos mútuos, além de executivos da Enron, da WorldCom, da Global Crossing e de outras corporações acusadas de manipular seus relatórios contábeis com a ajuda de firmas de contabilidade, como Arthur Andersen. As maiores corretoras do mundo — empresas como Merrill Lynch, Solomon Smith Barney, Goldman Sachs, Credit Suisse, Deutsche Bank, Morgan Stanley, JP Morgan Chase, Lehman Brothers, UBS Warburg e Bear

Stearns — aceitaram fazer acordos individuais com os órgãos que regulamentam o mercado de títulos, em um total de US$1,4 bilhão. Muitos indivíduos foram enviados para a prisão, como Sam Waksal, o CEO da ImClone Systems. Outros perderam os seus cargos nas empresas, como Kenneth Lay e Bernie Ebbers.

Os fundos de investimento continuam sob rigorosa investigação por fraudes. As negociações privilegiadas em algumas das maiores empresas continuam sendo investigadas pelas autoridades. Os investidores enfurecidos ainda estão em busca de culpados.

Para entender a prática das negociações privilegiadas, aconselho a leitura do livro de Arthur Levitt, *Take on the Street* ("Siga a rua", em tradução livre). Para os que não sabem quem é o autor, ele foi chefe da *Securities and Exchange Commission* (SEC)[1] durante os oito anos do governo Clinton. Em seu livro, Levitt explica como a *Wall Street* realmente funciona, e por que o pequeno investidor tem poucas chances de ganhar nas bolsas. Ele explica em pormenores:

- O funcionamento dos negócios legais e ilegais com informações privilegiadas.
- Sua luta para impedir o uso de informações privilegiadas — e quem se opôs a isso.
- Os nomes dos que estavam contra ele, como importantes políticos, muitos deles democratas; banqueiros, as corretoras de hedge; as grandes instituições financeiras, como fundos de investimento e de pensão; os grandes escritórios de contabilidade. Penso que ele foi muito corajoso ao citar os nomes das pessoas que ainda operam nos bastidores, ganharam rios de dinheiro e que nunca serão acusadas de qualquer crime.
- As mentiras ditas pelas companhias de fundos de investimento. Ele as chama de *their dirty little lies* ("suas mentirinhas sujas", em tradução livre).
- Como o pequeno investidor ainda pode vencer os grandes, que controlam internamente o jogo.

[1] No Brasil, o equivalente mais próximo da SEC é a CVM, ou Comissão de Valores Mobiliários. A CVM, porém, tem poderes mais limitados que os de sua congênere americana. Por exemplo, os fundos de renda fixa no Brasil são de responsabilidade do Banco Central, enquanto a SEC tem controle sobre todos os fundos mútuos do mercado americano. Os critérios utilizados pela CVM para definir pessoas físicas como investidores qualificados são os seguintes: investidores individuais que possuam carteiras de valores mobiliários e/ou quotas de fundos de investimento de valor superior a R$250 mil ou pessoas físicas com patrimônio superior a R$5 milhões comprovados através da declaração de bens apresentada por ocasião da última declaração de Imposto de Renda. (N. E.)

O importante é que, se você quer investir em ações e fundos, o livro de Levitt é leitura obrigatória. Entregar ingenuamente o seu dinheiro nas mãos de alguns desses desconhecidos muito ricos e não saber o que eles fazem com ele é tolice. No filme *Wall Street*, Michael Douglas representa o personagem Gordon Gekko, cujas palavras merecem destaque. O trecho é: "Se você não está por dentro, está por fora." O livro de Levitt nos permite ver o que se passa no lado de dentro — o lado escuro do mercado.

Para mim, a parte mais interessante do livro de Levitt é a que ele, como ex-presidente da SEC, descreve a sua batalha para incorporar à legislação as normas de divulgação de informações, ou a *Regulation Fair Disclosure* (Reg FD — "Regulação da Divulgação Justa", em tradução livre). Basicamente, a Reg FD como é chamada, procura impedir os negócios embasados em informações privilegiadas por parte dos ricos e poderosos. Achei interessante saber quantas pessoas já ricas, bem-sucedidas e influentes não desejam que o público saiba como o mercado de ações funciona por dentro. Simplificando, muitos dos ricos e famosos tinham informações privilegiadas muito antes do pequeno investidor. Em outras palavras, não houve divulgação justa, o que significa que o uso de informações privilegiadas era legal para os ricos e poderosos. O pequeno investidor realmente não tinha chance de ganhar dinheiro. Só o conseguia depois que os ricos e poderosos já o tivessem feito.

Quando o mercado despencou, os grandes investidores saíram do mercado, enquanto diziam aos pequenos investidores, por meio da sua rede de assessores e jornalistas financeiros, para investir em longo prazo e comprar mais. Em outras palavras, os pequenos investidores eram orientados a comprar as ações que os ricos e os poderosos estavam vendendo. Mesmo que não seja necessariamente ilegal, considero essa prática enganadora, pouco ética e imoral.

Depois de grandes lutas, a lei que regulamenta a divulgação de informações foi sancionada em 23 de outubro de 2000. O leitor pode observar que a data coincide com o início da derrocada do mercado, março de 2000. A bolha estourou por muitas razões. Uma das menos conhecidas é que certas pessoas não podiam mais obter e ocultar informações do pequeno investidor. Portanto, os grandes investidores venderam em massa ao mesmo tempo em que diziam ao pequeno investidor para comprar, guardar e diversificar.

Quem Realmente Detém as Informações Privilegiadas?

Fui convidado a assistir a uma palestra do ex-presidente da SEC, Arthur Levitt, no Phoenix Country Club, em Phoenix, Arizona. Havia cerca de duzentos convidados que também receberam um exemplar autografado do livro. Talvez porque eu já o tivesse lido, ouvi-lo pessoalmente teve um grande impacto. Ao ouvi-lo, comecei a pensar que muitos dos que detêm as informações privilegiadas que favorecem os ricos não são os personagens ostentosos como o Gordon Gekko do filme *Wall Street*. Muitos são pessoas obscuras, com profissões nas quais tendemos a confiar, sem imaginar que possam estar trabalhando principalmente para atender aos desejos dos ricos e poderosos.

Durante sua palestra, Levitt disse: "São os grandes escritórios de contabilidade que continuam combatendo a mudança das regras que tornam o mercado mais justo para o pequeno investidor." Em outras palavras, os grandes escritórios de contabilidade estão trabalhando para as grandes empresas, não para o pequeno investidor. Muitas pessoas pensam que os advogados são pouco éticos, não os contadores.

Na minha opinião, Levitt foi muito corajoso por divulgar no seu livro muitos nomes, incluindo políticos democratas e republicanos, bem como ex-amigos e antigos parceiros de negócios. Ele afirma claramente quem acreditava que estava do lado dos ricos e quem estava do lado das pessoas comuns.

Em resumo, às vezes no mundo real dos investimentos faz-se necessária a proteção de um seguro contra as pessoas que pensamos estarem do nosso lado.

Mais de um Tipo de Seguro

Há mais de um tipo de seguro quando falamos de investimentos. Há seguros para pessoas e imóveis. Também há seguros contra os ciclos de mercado. E também há seguros contra erros, omissões e processos. A lição que o pai rico queria que eu tirasse era que os investidores profissionais estão sempre preocupados com a proteção. Quando colocamos o nosso dinheiro nas mãos de um especialista em finanças, a pergunta importante é: "Até que ponto meu dinheiro está seguro?" Os investidores profissionais não se contentam com "investir em longo prazo, comprar, esperar, diversificar e rezar."

O pai rico também utilizava as estruturas societárias como uma forma de seguro. Meu pai pobre se orgulhava muito do fato de a casa em que morava, o automóvel e outros bens estarem em seu nome pessoal. Já o meu pai rico tinha a maioria dos seus ativos valiosos em nome de pessoas jurídicas, como empresas, fundos fiduciários e sociedades por quotas de responsabilidade limitada. Como a sociedade norte-americana é muito litigiosa, ele preferia ter no seu próprio nome o mínimo possível de bens. Para o meu pai rico, as pessoas jurídicas eram uma forma de seguro. Hoje em dia, há ainda mais formas societárias disponíveis, e pessoas jurídicas diferentes se ajustam a diferentes tipos de ativo.

Dois Tipos de Seguro

Na segunda parte deste livro, vou tratar de diferentes tipos de seguro a que o investidor pode recorrer. Por enquanto, basta dizer que o seguro pode ser divido em duas categorias distintas. São elas:

1. **Seguros que podem ser adquiridos**

   Quando compro um imóvel comercial, é fácil fazer seguro. Basta pagar a apólice. O mesmo ocorre no caso de meu automóvel ou de minha vida. Não preciso fazer muito mais do que achar um bom corretor e fazer o tipo adequado de seguro.

2. **Seguros que você precisa conhecer antes de adquirir**

   Escolher o tipo adequado de pessoa jurídica é muito importante para os investidores profissionais. Eles procuram a orientação de especialistas como advogados e consultores tributários para ter certeza de que estão obtendo o máximo de proteção para seus investimentos.

O problema com esta segunda forma de seguro é que você tem que realmente investir o seu tempo para aprender a usá-lo, ou encontrar as pessoas certas na sua equipe com esse tipo de experiência.

Eu também recorro à propriedade intelectual como outra forma de seguro. Ela protege o que escrevo e desenvolvo, não permitindo que outros o usem sem minha autorização. Temos muitos *copyrights*, marcas registradas e patentes para proteger os nossos ativos intelectuais.

Quando invisto nas bolsas de valores, preciso, ainda, saber como encontrar um seguro. Por exemplo, recorro a opções de compra ou de venda. As opções não são apenas uma forma de seguro, elas também são uma forma de alavancagem.

Como a maioria das pessoas não está disposta a aprender como negociar com opções, contratos futuros ou outras formas de cobertura nas bolsas de valores, a maioria das pessoas está mais segura investindo em imóveis, pelo menos em termos da proteção propiciada pelos seguros.

A Construção de um Negócio no Quadrante D

Menos pessoas ainda querem investir seu tempo para construir um negócio do quadrante D. No entanto, se você fizer isso e for bem-sucedido, construir e possuir um negócio do quadrante D, da instituição certa, pode lhe dar mais alavancagem e proteção no mundo dos negócios. Se você está interessado em começar o seu próprio negócio no quadrante D, sugiro que você mantenha o seu trabalho formal e se dedique ao seu novo negócio em tempo parcial. Se isso é algo que você gostaria de fazer, recomendo que procure um negócio de marketing de rede. A razão pela qual eu o recomendo é porque muitas empresas de marketing de rede, nem todas, têm excelentes programas de treinamento que o preparam para ser um empreendedor do quadrante D.

Temos também um livro intitulado *O Negócio do Século XXI*. Este pequeno livro pode lhe dar algumas ideias sobre alguns dos benefícios da construção de um negócio de marketing de rede no quadrante D.

E Se Eu Não Quiser Aprender ou Abrir uma Empresa?

Quem não quer aprender as técnicas de hedge, usadas por investidores profissionais, nem abrir uma empresa do quadrante D, não precisa se preocupar. Continue lendo e verá o que pode fazer e quais os investimentos são os mais adequados para seu caso. Há muitas formas de aplicar e muitos investimentos. Eu comecei com o mais alavancado e protegido modo de investimento que conheço.

Investir o tempo necessário para abrir uma empresa no quadrante D foi o melhor investimento que eu fiz. Não o recomendo a todos; contudo, para quem tiver inclinação, pode ser a melhor opção.

A Boa Notícia

Seja qual for a sua decisão, a lição deste capítulo é que os investidores profissionais são pró-ativos quando se trata da proteção de seus ativos. Lembre sempre, a primeira regra no ramo dos seguros é: "Você não pode fazer seguro quando está precisando dele." Os milhões de investidores que perderam trilhões de dólares precisavam de um, mas não o tinham.

Capítulo 5

PERGUNTE AO LEÃO

"A legislação tributária foi feita para donos de empresa e para investidores."

— Pai rico

Depois de ganhar ou gerar a renda, um dos elementos mais importantes da gestão, alavancagem e proteção do seu dinheiro é a compreensão da legislação tributária, para tirar partido das deduções e diferimentos de impostos disponíveis. Essas vantagens tributárias funcionam como aceleradores da sua renda e o ajudam a movimentar e aumentar a geração do fluxo de caixa.

Não fomos feitos à imagem e semelhança perante a legislação tributária. Os impostos são um dos maiores itens de nossas despesas, e os assalariados fazem jus a poucas deduções legais. Talvez você já tenha ouvido falar no *Tax Freedom Day* ("Dia da Liberdade de Impostos", em tradução livre), que acontece anualmente em meados de maio. Isso significa que você vai pagar impostos sobre todo o dinheiro recebido a partir de primeiro de janeiro até meados de maio — *antes* de começar a voltar a renda para você mesmo. Como os empresários criam empregos, o governo oferece muitos incentivos tributários para as empresas, mas não para os colaboradores. Quando você analisa o quadrante CASHFLOW, essa diferença no tratamento tributário se torna ainda mais clara.

Se você ainda não está familiarizado com o quadrante CASHFLOW, ele foi apresentado no livro *Independência Financeira*, um livro importante para quem quer fazer mudanças financeiras em sua vida. O E representa o empregado; o A simboliza o autônomo, uma pessoa que trabalha em uma pequena empresa ou um especialista; o D indica o dono de grandes negócios e o I, o investidor. O livro destaca as diferenças mentais, emocionais e técnicas entre as pessoas que se enquadram em cada um dos quadrantes.

A diferença entre os lados esquerdo E–A e direito D–I do quadrante CASHFLOW é que o lado esquerdo representa os indivíduos que trabalham arduamente por dinheiro; o lado direito, o D representa trabalho em equipe, e o I onde seu dinheiro trabalha por você. O objetivo é gerar o máximo de renda possível do lado direito do quadrante, em que o dinheiro trabalha por você.

Aqui estão mais algumas das diferenças entre os lados esquerdo e direito do quadrante:

Lado E–A	**Lado D–I**
Indivíduo	Equipe
A segurança é importante	A liberdade é importante
A escola ensina a você	A experiência ensina a você
Seu esforço	O trabalho e o tempo de outras pessoas
Seu trabalho	Os sistemas trabalham para você
O sucesso o deixa mais ocupado	O sucesso lhe dá mais tempo livre
Os benefícios são importantes	Os retornos são importantes
Renda limitada	Renda infinita
Poucas vantagens tributárias	Muitas vantagens tributárias

Uma pergunta frequente se refere à diferença entre um empresário do quadrante A e um do D. As diferenças são muitas e significativas. Por um lado, se um empresário do quadrante A parar de trabalhar, a sua renda muitas vezes para. Por exemplo, se um encanador parar de trabalhar, o dinheiro para de entrar. Um negócio do quadrante D é o tipo de empresa definida pela revista *Forbes* como aquela que tem mais de quinhentos funcionários.

Outra diferença é que os negócios do quadrante D podem operar simultaneamente em várias localidades. Um exemplo seria o do McDonald's em comparação com a pequena lanchonete familiar em que os donos têm que trabalhar em tempo integral.

Aconselhamos aos que estão empregados que comecem com um negócio em tempo parcial que lhes permita aproveitar as vantagens tributárias da empresa. Começar uma empresa no quadrante A muitas vezes é o primeiro passo para se abrir uma empresa do quadrante D.

Leis Tributárias Diferentes para Quadrantes Diferentes

As normas tributárias são muito diferentes em cada quadrante. Elas têm substancial impacto sobre o lado esquerdo do quadrante. Até os empregados mais bem pagos e os autônomos são prejudicados em função de sua fonte de renda.

Em 1943, o governo dos EUA aprovou a *Current Tax Payment Act* ("Lei de Pagamento de Imposto", em tradução livre), que introduziu a retenção do imposto de renda para os assalariados. O resultado é que os impostos sobre o rendimento do empregado são retidos pelo empregador e remetidos diretamente ao governo. Muitas vezes o empregado se surpreende com a diferença entre seu salário bruto e o que é creditado na sua conta bancária. O empregado recebe apenas o salário líquido, o que sobra depois de descontados os impostos e as contribuições. O governo garante que ele seja o primeiro a tirar a sua fatia.

O empregado só pode investir ou gastar o que lhe resta depois de pagos os impostos, o que limita bastante suas opções. Hoje há apenas umas poucas opções de planejamento tributário abertas aos empregados. Além de determinadas deduções específicas, que incluem as contribuições previdenciárias e as despesas com saúde e educação, sujeitas a um teto. O empregado tem poucas deduções fiscais disponíveis.

O governo aprovou a Lei de Reforma Tributária, de 1986, que retirou vantagens e deduções fiscais anteriormente permitidas. A limitação na dedução de taxas de investimentos passivos impactou severamente profissionais altamente remunerados, como médicos, advogados, contadores, arquitetos e outros indivíduos do quadrante A. Além disso, esses indivíduos frequentemente têm mais deduções padrões devido a esse aumento pouco divulgado das deduções. À medida que a sua renda aumenta, você começa a perder uma porcentagem dela devido às suas deduções específicas.

Como resultado, hoje existem poucas oportunidades de planejamento tributário disponíveis para os quadrantes E e A. No entanto, o código tributário oferece muitas vantagens aos indivíduos que operam nos quadrantes D e I. É por isso que aconselho as pessoas manterem os seus empregos formais ou as suas atividades como autônomo, mas que comecem seu negócio, em tempo parcial, no outro lado do quadrante, para tirar partido das vantagens tributárias que os donos de empresas e os investidores têm.

Uma revisão fiscal importante chamada *Jobs and Growth Tax Relief Reconciliation Act* ("Lei de Reconciliação do Auxílio Fiscal ao Emprego e Crescimento", em tradução livre), foi decretada em 2003, impactando todos os quatro quadrantes, reduzindo as taxas de imposto de renda. No entanto, muitas pessoas afirmam que a melhor parte dos incentivos fiscais foi para os quadrantes D e I — os dos muito ricos. Isso faz sentido, já que são nos quadrantes D e I onde os novos empregos são gerados e o crescimento econômico acontece.

Enquanto todos os contribuintes receberem reduções nas alíquotas de impostos e outros benefícios, a minha preocupação é que, sem uma educação financeira adequada, essas vantagens sejam gastas em despesas diárias e não na aquisição e construção de ativos.

Para Quem os Incentivos Fiscais Se Destinam

O corte de impostos foi anunciado como um grande incentivo para os investidores porque, além das reduções nas taxas de imposto de renda, ele também reduziu a alíquota de imposto para os ganhos de capital e dividendos, a renda gerada a partir do quadrante I.

A redução das alíquotas de imposto sobre os dividendos visava solucionar o problema da dupla tributação sobre os lucros das empresas e os dividendos dos acionistas. A dupla tributação resulta do fato de os rendimentos serem tributados primeiro a nível de pessoa jurídica, e, novamente, a nível de pessoa física, quando os dividendos são pagos. Muitos negócios do quadrante D, estruturados como sociedades anônimas, tiveram que monitorar cuidadosamente e planejar os seus ganhos anuais para reduzir ou eliminar essa dupla tributação.

Aqueles que leram os meus outros livros devem se lembrar de que costumo usar sociedades anônimas para fazer negócios. Muitos contadores me criticam por isso, afirmando que a utilização de uma sociedade anônima gera a dupla tributação, que é como se você não soubesse o que está fazendo nem fosse capaz de realizar o planejamento tributário adequado com um ano de antecedência. Esses mesmos contadores ainda estão recomendando que os seus clientes usem empresas individuais e parcerias em geral para os seus negócios e imóveis.

Selecionar a entidade apropriada para o seu negócio ou imóvel é essencial para proteger o seu investimento.

> ***Sugestão:*** *Se não entende muito bem o uso de entidades corporativas, você pode ler o livro de Garrett Sutton,* Own Your Own Corporation *("Tenha o Seu Próprio Negócio", em tradução livre), um livro do conselheiro da* Rich Dad. *Este livro mostra a diferença entre sociedades de parceria, sociedades de responsabilidade limitada e sociedades anônimas, e quando cada uma delas é apropriada. O livro de Garrett também explica por que as empresas individuais e as parcerias gerais são maneiras muito arriscadas de cuidar dos seus investimentos, pois garantem a menor proteção para você. Ele pode lhe poupar muito tempo, muito dinheiro e ajudá-lo a fazer as perguntas certas aos seus contadores e advogados.*

Leis Tributárias Diferentes para Ativos Diferentes

Você pode obter vantagens da legislação fiscal conforme cada uma dessas classes de ativo: negócios, imóveis e ativos de papel.

Ativo	**Vantagem**
Negócios	Dedução de despesas Dedução de prejuízos
Imóveis	Desvalorização Perdas passivas Câmbio
Ativos de papel	Aplicações isentas Alíquotas sobre ganhos de capital Alíquotas sobre dividendos

Pense em um Negócio de Tempo Parcial para Treiná-lo

Uma das razões pelas quais recomendo começar com um negócio de marketing de rede, embora eu não atue nessa área, é porque ele permite à pessoa comum iniciar um negócio no quadrante D. Muitas empresas de marketing de rede dão a oportunidade a qualquer pessoa de aplicar um sistema que tem potencial de expansão ilimitada. Pode-se começar com um negócio no quadrante A, mas com os sistemas dessas empresas e sua orientação pode-se fazê-lo no quadrante D. Como já mencionado, uma empresa do quadrante D tem mais de quinhentos empregados. Se a empresa de marketing de rede for boa, a pessoa não apenas recebe apoio moral, mas treinamento em competências empresariais que não são ensinadas em escolas, mas são indispensáveis para o sucesso no mundo real. Portanto, recomendo o marketing de rede a quem deseja obter sucesso e independência financeira.

É por isso que muitas vezes digo que o melhor investimento que podemos fazer é um negócio do quadrante D. Ele nos oferece a maior proteção neste mundo incerto. É arriscado abrir uma empresa do quadrante D? A resposta é afirmativa. Mas quem deseja certeza verá que o certo é que as pessoas que se encontram nos quadrantes E e A têm pouquíssima proteção. Suas perdas não são incertas. Elas são garantidas.

Perdas Boas e Ruins

Uma das razões pelas quais tanta gente tem receio de investir é o medo de perder dinheiro. Contudo, nem todas as perdas são iguais. Da mesma forma que há as dívidas boas e as ruins, a renda boa e a ruim, também há as perdas boas e as ruins.

Eu tenho um amigo que é médico, e perdeu mais de US$1 milhão no mercado de ações. Embora se sentisse terrível com a perda, ele pensou que poderia encontrar alguma forma de compensá-la com a baixa nos impostos que ela acarretaria. Em outras palavras, ele pensou que poderia transformar essa perda em algum tipo de vantagem.

Voltando do seu contador, ele me chamou, dizendo: "Você sabia que o máximo que posso deduzir a cada ano referente às perdas são US$3 mil? A essa taxa, levarei trezentos anos para compensar os milhões de dólares que perdi." Para o meu amigo, as suas perdas no mercado de ações foram ruins. Ele perdeu dinheiro, e o leão dos impostos não lhe permitiu abater as taxas na mesma proporção.

A Maior de Todas as Perdas

Dentre todas as perdas para o investidor mediano, as mais tristes são as que atingem os seus planos de aposentadoria. Estas perdas não podem ser deduzidas para fins tributários. O meu amigo médico pôde pelo menos dar uma baixa contábil em US$3 mil. As pessoas que perdem dinheiro em seus planos de pensão não fazem jus à complacência do leão.

Os contadores argumentaram para mim que não há vantagem tributária no caso dessas perdas, porque, nos Estados Unidos, os depósitos em planos de pensão não são tributados a princípio. Isso acontece porque as contribuições para o plano são dedutíveis na apuração do imposto de renda devido. Contudo, as perdas são reais para quem vê a sua aposentadoria reduzida pelas baixas do mercado.

As Perdas em Imóveis e Empresas São Boas

É interessante observar que quem investe em negócios ou em imóveis por meio de pessoas jurídicas pode tirar proveito de certas perdas. Por exemplo, digamos que um empresário perca vários milhões de dólares em seu negócio. Ele pode deduzir essas perdas para outros rendimentos. Se a empresa com uma perda operacional líquida (POL) estiver em uma sociedade anônima, o empresário pode vender essa empresa para um outro negócio, que seja rentável, e utilizar a diferença. Claro, existem regras estritas que precisam ser seguidas.

Muitas vezes, ouço as pessoas dizerem que construir um negócio é arriscado. No entanto, se você olhar para o ativo do ponto de vista do leão, investir em ações e fundos mútuos é muito mais arriscado. Se eu perder muito dinheiro construindo um negócio, posso me beneficiar dessa perda porque o prejuízo é dedutível. Se eu perder muito dinheiro em ativos de papel, na maioria dos casos essas perdas são reais, ou seja, não são dedutíveis no cálculo do imposto de renda devido pela pessoa física.

Para os investidores imobiliários, o leão oferece um incentivo fiscal conhecido pelos investidores como *desvalorização*. A desvalorização é como uma perda nas demonstrações financeiras de muitos investidores, mas ela não é realmente uma perda. Ela cria uma dedução fantasma, que pode resultar em uma perda de ativos de papel. Um bom investimento imobiliário pode estar gerando um fluxo de caixa positivo, e você pode salvaguardar a renda proveniente dele com a dedução da desvalorização e, assim, não pagar impostos sobre ela. Além disso, você pode compensar outras receitas com a perda passiva dos seus imóveis, em torno de US$25 mil ou mais, se você ou o seu cônjuge for considerado um profissional do setor imobiliário. (Uma vantagem adicional é que o imóvel pode realmente estar se valorizando, ainda que o leão permita que o investidor reivindique a dedução da desvalorização ou de um declínio no valor.)

Quando eu estava começando a investir, esse incentivo do leão fez pouquíssimo sentido para mim. Ainda hoje, eu me vejo quebrando a cabeça na tentativa de entender esse conceito. Uma das razões pelas quais eu posso ter um maior retorno sobre o meu dinheiro investido é porque o leão me dá um incentivo na dedução, conhecido como desvalorização.

Estratégias Tributárias para Ativos de Papel

A legislação tributária trata favoravelmente os investimentos de longo prazo para a maioria dos ativos de papel, com taxas de imposto reduzidas para os ganhos de capital paulatinos e a renda dos dividendos. Uma das poucas deduções fiscais disponíveis para os empregados refere-se às contribuições para os planos de aposentadoria. Mais uma vez, o pai rico se referiu a isso como poupança, não como investimento — o que representa estacionar o dinheiro em vez de acelerá-lo.

Além das taxas de imposto reduzidas para os ganhos de capital e os dividendos, existem outras estratégias referentes a ativos de papel. O plano do meu pai rico era construir negócios, investir em imóveis e, depois, em ativos de papel. A estratégia global incluiu considerações de fluxo de caixa e impostos, bem como sua proteção.

As pessoas que investem em ações muitas vezes falam em EBITDA, sigla em inglês que representa o lucro antes de serem descontados os juros, os impostos, a desvalorização e a amortização, ou o índice P/L (índice preço lucro). Embora essas expressões tenham se popularizado, será que elas realmente podem lhe dizer o que precisa ser feito para tomar uma decisão de investimento bem informada?

Resumo

Aqui estão alguns pontos importantes sobre impostos:

- Maximize a proteção dos ativos e minimize os impostos a serem pagos por meio da escolha adequada da pessoa jurídica em cujo nome estarão os seus ativos.
- Reduza os impostos a serem pagos por meio de um bom planejamento societário e tributário.
- Reúna-se com o seu assessor sempre que houver uma mudança na legislação tributária para analisar o impacto sobre você e os seus investimentos.
- Considere criar uma empresa, administrável em tempo parcial, se ainda não tiver uma.
- Reavalie as suas despesas pessoais para enquadrar algumas entre os gastos empresariais legítimos.
- Aprenda o vocabulário dos investimentos para poder se entender melhor com os seus assessores.
- Maximize o seu fluxo de caixa planejando adequadamente a sua estratégia de investimento e minimizando os seus impostos.
- Reinvista o que economizou em impostos criando mais ativos.

Capítulo 6

PERGUNTE A UM JORNALISTA

"Proteja os portões da sua mente."

— Pai rico

A Licença para Mentir

Algumas das matérias estudadas, nos quatro anos que passei na academia, foram direito marítimo, comercial e internacional. Embora não estivéssemos nos preparando para sermos advogados, como oficiais de navios que transportavam cargas entre diversos portos do mundo, precisávamos ter uma noção das diferentes legislações vigentes para o nosso treinamento profissional.

Meu professor de direito internacional era um fanático pela Constituição dos EUA. Sempre que se apresentava a oportunidade, se referia a ela, principalmente quando comparava as leis norte-americanas com as de outros países. Ele admirava sobretudo a Primeira Emenda, que protege a liberdade de expressão e a liberdade de imprensa. Segundo ele, eram esses direitos assegurados que tornavam os Estados Unidos um grande país. Muitas vezes, ele dizia: "Em outros países do mundo, a imprensa não é livre, a palavra não é livre. Na América, o direito de falar o que se quer está garantido. Isso é o que a torna grandiosa."

Sendo jovem, ingênuo e idealista, eu me enchia de admiração quando o professor falava do brilho dos nossos antepassados, que tinham redigido a Constituição, a Lei Magna do país. O professor se esforçava para que percebêssemos como eram revolucionários os ideais que nortearam a Constituição. Somente depois de formado fui entender que os ideais que a Constituição garante no papel são muitas vezes menos do que os ideais para o mundo real. Sendo jovem e ingênuo, imaginava que a liberdade de expressão significava que tínhamos que falar a verdade. Levei alguns anos para perceber finalmente que a liberdade de expressão protegia o direito de mentir e outras formas menos desejáveis de comunicação.

Os Políticos Mentem?

Na história recente e no meu tempo de vida, pelo menos três presidentes dos Estados Unidos serão lembrados por afirmações singulares:

- "Eu não sou um bandido." (Presidente Richard Nixon)
- "Leia os meus lábios. Nada de novos impostos." (Presidente George H. W. Bush)
- "Eu não fiz sexo com aquela mulher." (Presidente Bill Clinton)

Um Projeto de Pesquisa sobre as Mentiras

Um cientista político da universidade britânica de Strathclyde conduziu um projeto de pesquisa no qual concluiu que "os políticos mentem". Glen Newey, o cientista político, cujos estudos foram publicados pelo Conselho de Pesquisas Econômicas e Sociais, instituição financiada pelo governo, afirma: "Os políticos precisam ser honestos quanto à mentira."

Como contribuinte norte-americano, para mim é reconfortante saber que o governo inglês também gasta o dinheiro dos seus contribuintes para promover pesquisas tão valiosas e informativas. É bom conhecer finalmente a verdade dos políticos. Sempre me indaguei se os políticos mentiam ou diziam a verdade. Agora eu sei.

A Liberdade de Mentir, Enganar e Prejudicar

Agora que estou mais velho e um pouco mais sábio, comecei a entender o quanto são grandes e amplos os ideais de liberdade de expressão e de imprensa. Nos momentos de tranquilidade, muitas vezes fico sentado, procurando expandir a minha consciência para compreender a ousadia e grandeza dos nossos antepassados ao assegurar esse ideal a toda a nação. Também entendo melhor os aspectos positivos e os negativos dessa liberdade, e por que precisamos estar cada vez mais atentos ao que lemos, vemos e ouvimos.

Hoje, com a internet, nós, como povo e como comunidade global, enfrentamos desafios ainda maiores com um mundo sem fronteiras e sem regras, ou regras sem quem as faça valer. A internet levou a liberdade de expressão e de imprensa a novas dimensões. Se existiu uma época de maior responsabilidade pessoal, respeito às diferentes leis, ética, moralidade e bondade, ela é agora. Embora sempre haja quem prefira mentir, enganar e prejudicar, seja pessoal ou digitalmente, é ainda mais importante procurar não ser como essas pessoas, mesmo que eventualmente desejemos ser.

Gestão da Informação

No mundo da criação de riquezas, a palavra *Gestão* é a número dois da lista:

1. Ganhos/Aquisição
2. Gestão
3. Alavancagem
4. Proteção
5. Saída

Ao dar palestras, as pessoas pensam que quando falo de gestão só estou me referindo à gestão do dinheiro. Na verdade, *Gestão* é uma palavra abrangente, que inclui o gerenciamento do dinheiro, do tempo, das pessoas, dos recursos e, especialmente, da informação. Na minha opinião, um dos ativos mais importantes que o investidor precisa gerenciar é o fluxo das informações, em especial as financeiras.

Uma das razões pelas quais milhões de investidores perderam trilhões de dólares é porque receberam informações financeiras de má qualidade, defasadas, muitas vezes distorcidas, e às vezes desonestas. Um exemplo é o conselho de "investir em longo prazo, comprar, esperar e diversificar". Em termos de orientação financeira, ele é análogo ao conselho de "almoce no Zé". Embora almoçar no Zé possa ser bom para ele, não é necessariamente bom para você. Comida de má qualidade afeta a nossa saúde como uma informação financeira ruim afeta a nossa riqueza.

A Verdade e o Dinheiro

Quando se trata de dinheiro, a liberdade de expressão nos permite falar qualquer coisa que quisermos, mesmo que não seja verdade.

Algumas outras coisas que a liberdade de expressão permite:

- Podemos fazer promessas que não serão cumpridas.
- Podemos espalhar boatos e arruinar a reputação de alguém.
- Podemos fingir ser especialistas falando de assuntos que desconhecemos totalmente.
- Podemos criticar.
- Podemos enganar.
- Podemos prejudicar.
- Podemos ter segundas intenções e não as revelar.
- Podemos exagerar.
- Podemos dizer "eu te amo" ou "me desculpe" sem sentir amor ou arrependimento.
- Podemos ater-nos aos fatos e, ainda assim, mentir.

Essa liberdade não é concedida apenas aos indivíduos. Também vale para a imprensa.

Você Não Tem que Dizer: "Desculpe-me"

Houve muitos jornalistas econômicos — de jornais, revistas, internet, rádio e televisão — que deram conselhos financeiros muito ruins, e fizeram com que milhões de pessoas perdessem trilhões de dólares. Muitos desses jornalistas profissionais continuam a distribuir conselhos financeiros atualmente. Nunca ouvi nenhum desses jornalistas dizer: "Desculpe-me. Eu estava errado." Não ter que dizer: "Desculpe-me", ou admitir que eles não tinham nem ideia do que estavam falando é um outro direito concedido pela liberdade de expressão.

Um artigo de Michael Lewis, intitulado "Em defesa do boom", publicado em 27 de outubro de 2002 na revista *New York Times*, falava também dos jornalistas:

Como qualquer outro jornal, o Wall Street Journal estava principalmente interessado em alcançar um sucesso extraordinário, e contribuiu para alavancar o boom da internet. Agora, como qualquer outro jornal, está mais interessado no seu fracasso. O fracasso, mesmo no Vale do Silício, de repente se tornou uma forma de corrupção. Isso é uma pena. Porque a atitude anterior gerou alguns resultados reais, retornos mensuráveis.

O poder da imprensa não pode ser subestimado. É por isso que precisamos estar atentos ao gerenciamento das informações financeiras que aceitamos como vindas de uma fonte competente.

Sommelier *em Uma Hora*

Falando de fontes competentes, um amigo meu é dono de uma vinícola no Vale do Napa, na Califórnia, que pertence à sua família há três gerações. Ele me contou várias histórias engraçadas de turistas que entram em sua sala de degustação, dizendo-se especialistas, na tentativa de impressioná-lo com os seus conhecimentos sobre vinho. "Nos dias de hoje, muita gente pensa que também é importante ser especialista em vinho", explicou. "O lado bom é que, quanto mais relevante a pessoa considera a necessidade de conhecer vinhos, mais fácil fica vender-lhe vinhos caros, mesmo que a diferença de sabor entre o vinho caro e aqueles mais em conta não seja grande."

Quando perguntei sobre o grau de diferença entre esses vinhos, ele respondeu: "Há diferenças verdadeiras, mas a maioria das pessoas não as percebe. Quando se trata de vinho, muitas pessoas fingem, dizem que entendem alguma coisa, se fazem passar por conhecedores. Nossa vinícola ganha muito dinheiro atendendo essas pessoas, entrando em seu jogo de pseudossofisticação. Isso as faz sentirem-se inteligentes e sofisticadas, e assim elas tendem a comprar mais vinhos caros, mesmo se não houver realmente muita diferença entre as safras. Quanto mais massageamos seus egos, mais vinhos caros vendemos. Sabemos que a principal motivação de muitos *sommeliers* amadores não é se tornar especialistas de verdade, mas sim impressionar os seus amigos quando forem jantar com eles."

"Como você distingue um bom vinho de um ruim?", perguntei.

"A melhor forma de comprar vinho é provar. Se você gostar e o preço for conveniente, compre", respondeu. "Não finjo ser especialista em vinhos, apesar de estar no ramo toda a minha vida. Quando se trata de vinhos, há pouquíssimos grandes especialistas, mas há muita gente que finge ser conhecedor vendendo a pessoas que também fingem entender de vinho."

"Isso parece o mundo dos investimentos", retruquei.

Pessoas Pobres que Querem Ensiná-lo a Enriquecer

O pai rico gostava de dizer: "Quando se trata de dinheiro, há muitas pessoas pobres dizendo como enriquecer."

Em uma viagem à Austrália, fui entrevistado pelo responsável por uma coluna econômica de um jornal local. "Obviamente, livrar-se das dívidas é o melhor investimento", disse.

Retraindo-me um pouco, respondi da maneira mais cordial possível: "Bem, às vezes saldar as dívidas faz sentido, em outras ocasiões, as dívidas podem ser boas, até vantajosas."

"O senhor é louco", berrou. "O senhor não sabe do que está falando. Toda dívida é ruim. É por isso que digo aos meus leitores para livrar-se das dívidas. Depois de saldar todas as suas dívidas, eles devem investir em uma carteira diversificada de fundos administrados."

"Tudo bem", respondeu. "O senhor escreve o que acha certo."

"É o que faço."

"Mas o senhor não pensa que os seus leitores deveriam conhecer a diferença entre dívidas boas e más?", perguntei.

"Isso não existe. O que o senhor fala é uma besteira. Para ficar rico, a primeira coisa a fazer é pagar todas as contas, livrar-se das dívidas e então começar a poupar."

Então, perguntei ao jornalista: "O senhor ganha dinheiro escrevendo para o jornal ou investindo?"

"Isso não é problema seu", disse o jornalista. A entrevista estava encerrada e a minha opinião sobre a contribuição do endividamento para o enriquecimento nunca foi publicada.

A Definição de Inteligência

O pai rico dizia frequentemente: "A definição de inteligência é 'se você concorda comigo, então é inteligente. Se discorda, obviamente você é um idiota'."

Pergunte ao Seu Consultor Financeiro

Uma forma de gerenciar as suas fontes de informação financeira é fazer a um consultor financeiro uma pergunta parecida com a que fiz ao jornalista australiano. A pergunta que faço é: "Você ganha seu dinheiro como consultor financeiro ou como investidor?" Sempre fico surpreso com a quantidade de consultores financeiros que respondem exatamente como o jornalista.

O problema com os jornalistas econômicos é que os leitores não podem lhes fazer essa pergunta. Se fosse possível, será que eles responderiam a verdade?

Em Quanto Tempo Se Torna um Consultor Profissional?

Uma das razões pelas quais há tanta informação financeira ruim é porque não se precisa de muita formação ou treinamento para se tornar uma autoridade financeira. De fato, em muitos lugares, é mais demorado se tornar um massoterapeuta formado do que um consultor financeiro.

Você Garante?

Durante uma turnê de lançamento de um dos meus livros, me vi no meio de um acalorado debate com um consultor financeiro que apresentava um programa de rádio próprio. Para aqueles que entendem de marketing, essa é uma forma ótima de conseguir novos clientes. O consultor disse: "O seu livro está errado. O mercado de ações não entrará em colapso."

"Por que o senhor acha isso?", perguntei.

"Bom, o pessoal do *baby boom*[1] não vai tirar o seu dinheiro do mercado de ações quando se aposentar, como o senhor afirma, porque logo estarão herdando milhões deixados pelos seus pais. Os chineses em breve começarão a investir nas

[1] Depois da Segunda Guerra Mundial, a Europa (especialmente a Grã-Bretanha e a França), os Estados Unidos, o Canadá e a Austrália tiveram um aumento de natalidade repentino, que ficou conhecido como *baby boom*; daí pessoas nascidas nesses países, entre 1946 e 1964, serem chamadas de *baby boomers*. (N. E.)

bolsas de valores norte-americanas e isso irá expandir o mercado, e não o retrair, como pensa."

"Sim, seria muito bom se isso acontecesse, mas o senhor garante?"

"Garantir?" O consultor financeiro começou a gaguejar e a se agitar, passando uma impressão pouco inteligente para muitos de seus ouvintes.

"Claro que não. Como alguém pode garantir uma coisa dessas? Não, não garanto."

Eu Garantiria?

Finalmente, o consultor recuperou a compostura. Minha pergunta: "O senhor garante?" o pegara de surpresa e deixara clara a sua falta de base. Então, ele se virou para mim e perguntou: "O senhor seria capaz de garantir as suas afirmações? O senhor garantiria que haverá um colapso das bolsas?"

"Sem dúvida!", retruquei.

"O senhor garante mesmo?", insistiu.

"Claro."

"Como o senhor pode fazer isso?"

"Fácil", respondi. "Qualquer investidor sabe que os mercados sobem e descem. Garantir um colapso do mercado é o mesmo que garantir que nevará no Alasca no próximo inverno. Um investidor profissional sabe que sempre há alterações no ciclo do mercado, assim como o tempo sempre muda. É bobagem acreditar que os investidores chineses ou os pais do pessoal do *baby boom* poderão impedir um colapso do mercado — ou os ciclos do mercado. Há certas coisas que sempre ocorrem no mundo dos investimentos, e os colapsos do mercado são uma delas. Isso eu garanto. É por isso que sei que as premissas do meu livro estão certas. A data precisa desse colapso pode ser inexata, mas, acredite em mim, vem outro colapso por aí. Os colapsos do mercado sempre seguem as grandes altas. Nenhum mercado pode subir indefinidamente. Essa é uma ideia que vai de encontro à natureza. Como investidor, eu prefiro apostar nas leis da natureza a apostar em investidores chineses ou no pessoal do *baby boom* aplicando suas heranças no mercado de ações."

"Então, você aconselha investir em imóveis?", perguntou o especialista em finanças, tentando mudar o assunto.

"Não", respondi. "Há também ciclos no mercado de imóveis. Meu conselho para os seus ouvintes é que aumentem a sua inteligência financeira, pois os investidores astutos sabem que sempre haverá ciclos de mercado. É por isso que aposto nos ciclos do mercado e não em investidores chineses ou em herdeiros que evitarão um colapso das bolsas."

"O nosso tempo acabou. Muito obrigado pela sua participação", disse o especialista em finanças.

Uma das coisas de que gosto nas entrevistas ao vivo no rádio ou na televisão é que é difícil alterar o que digo. O público ouve minhas palavras e pode julgar por si mesmo se gosta ou não do que digo. Contudo, os jornalistas da imprensa escrita — os que trabalham em jornais, revistas ou na internet — podem pegar o que eu digo e alterá-lo, distorcê-lo ou até inventar algo totalmente diferente. Embora a imprensa tenha sido favorável a mim em 95% dos casos, sempre há 5% desfavorável. Mesmo que eu já seja crescido e entenda que temos que aceitar as coisas boas e as ruins, sempre tenho mais receio das matérias jornalísticas. Dos 5% da imprensa desfavorável, a maioria é composta por jornalistas que são escritores e têm o poder de dizer que falamos alguma coisa, mesmo que não a tenhamos falado.

As Quatro Palavras Mágicas

Uma das coisas que o pai rico me ensinou foi a usar as quatro palavras mágicas: "Você vai garantir isso?", sempre que ouvir alguém falar com autoridade absoluta. Os leitores ficariam surpresos ao saber quantas vezes usei essas palavras mágicas e peguei os exageros de algum especialista ou até suas mentiras.

Meu pai rico dizia: "A diferença sutil entre mentir e não dizer a verdade é a responsabilidade pessoal." Quando perguntamos a alguém se ele garante as suas afirmações, começamos a descobrir de que lado eles estão — do seu ou do deles.

Isso Soa Contraditório

Anteriormente, eu disse que é necessário estar atento quando alguém parece ter verdades absolutas, dando a impressão de ter todas as respostas. Estou consciente de que, quando garanti o colapso do mercado, eu parecia ter certezas demais e ser alguém de quem o leitor precisaria se acautelar — o que deve fazer se for o caso.

Contudo, há uma lição a tirar dessa óbvia contradição. A lição é que um investidor deve saber quando alguém tem certeza sobre:

- Fatos
- Opiniões
- Princípios

Quando o consultor financeiro que tinha o programa no rádio assegurou aos seus ouvintes que o mercado não entraria em colapso porque os chineses e o pessoal do *baby boom* os salvariam, ele tinha certeza de uma opinião.

Quando eu disse: "O mercado entrará em colapso", eu tinha certeza de um princípio.

O pai rico dizia: "Ao gerenciar informações, é necessário conhecer a diferença entre fatos, opiniões e princípios." Quando examinamos as razões pelas quais milhões de investidores perderam trilhões de dólares, um dos motivos que se destaca é o grande número dos que tomaram as suas decisões de investimento apoiados em opiniões — não em fatos e princípios.

Pergunte-se: "A ladainha 'invista em longo prazo, compre, guarde e diversifique' é um fato, uma opinião ou um princípio?"

A minha resposta é que se trata de uma opinião, sem base em fatos, e definitivamente não é princípio. Qualquer investidor que investe baseado apenas em opiniões, confundindo-as com fatos ou princípios, está se iludindo e, muitas vezes, perde o seu dinheiro.

Aumente o Seu Sucesso Financeiro

Eu enfatizo muitas vezes uma passagem do Novo Testamento: "E o Verbo se fez carne." Em outras palavras: "As suas palavras têm poder." Depois do meu investimento em fundos mútuos, o pai rico insistiu para que eu conhecesse a diferença entre opiniões, fatos e princípios. Minhas definições para esses termos são:

- **Fato:** aquilo que pode ser comprovado mediante algum tipo de evidência.
- **Opinião:** o que pode ou não ser baseado em fatos.

As palavras-chave aqui são *podem* ou *não podem*. Isto significa que algo pode ser um fato, mas que até ser verificado continua sendo uma opinião. Por exemplo, se alguém diz: "Eu tenho dez filhotes de cachorro", essa declaração para mim é uma opinião até que eu possa verificá-la. Pode-se observar que os banqueiros adotam esta pepita de sabedoria. Se, ao solicitar um empréstimo, colocarmos em nossa ficha de cadastro que temos $25 mil aplicados na poupança, o banco verificará se essa declaração é verdadeira, mesmo que nos considere honestos.

- **Princípio:** algo que é verdadeiro em todos os casos — sem exceção. Um exemplo seria o da *precessão.* Um exemplo de precessão é que quando jogamos uma pedra na água, sempre se formarão ondulações. A razão pela qual posso prever com certeza um colapso se deve à minha certeza sobre o princípio da precessão.

O que quero destacar é que, quando alguém está certo de uma opinião, devemos prestar muita atenção. É preciso lembrar sempre que milhões de pessoas perderam trilhões de dólares porque ouviram opiniões pensando que fossem fatos ou princípios. Devemos sempre nos recordar das quatro palavras mágicas do pai rico. Ao desconfiar de que alguém está emitindo uma opinião em vez de apresentar um fato ou um princípio, devemos usar as quatro palavras mágicas: "Você vai garantir isso?"

Outro dia, eu estava olhando um apartamento caro no Havaí. Quando eu disse: "Penso que o preço está um pouco alto", o vendedor respondeu: "Sim, mas quando o novo campo de golfe estiver pronto, este apartamento valerá o dobro." Tudo o que eu disse em resposta foi: "Você vai garantir isso?". "Claro que não! Não posso fazer isso", disse ele. Embora esse pequeno diálogo pareça inocente, ele acontece milhões de vezes por dia. Todo dia, milhões de pessoas compram com base em opiniões, mais do que em fatos e princípios. O uso dessas quatro palavras mágicas pode ajudar-nos a descobrir com o que e com quem estamos lidando.

Pergunte a um Jornalista

Este capítulo recebeu o título "Pergunte a um Jornalista" porque quem decide tornar-se um investidor profissional precisa estar atento às publicações das mídias, e escolher cuidadosamente de onde tirará as informações.

Estava almoçando com o meu gerente de financiamentos imobiliários, Scott, que trabalha em um dos maiores bancos de financiamento imobiliário dos Estados Unidos, emprestando vários bilhões por ano. De repente, ele pergunta: "Por que será que essas revistas de negócios incrementadas não falam de investimentos em imóveis?" A maioria dessas revistas só trata de ações, ativos de papel e fundos de investimento. Quando se referem a imóveis é só para falar de reformas, da compra de uma casa de veraneio ou da aplicação em ativos de papel de fundos imobiliários. Isso não é investimento em imóveis."

Concordando, respondi: "Porque elas precisam fazer a felicidade dos seus anunciantes."

Para Quem o Jornalista Escreve?

Uma forma de verificar a validade das informações sobre investimento é observar quem são os anunciantes das publicações que lemos. Muitas das publicações que insistem na ideia do investimento em longo prazo em fundos de investimento têm esses fundos entre seus principais anunciantes. É por isso que — antes, durante e depois do colapso — essas publicações continuavam falando das vantagens dos fundos de investimento.

Embora as revistas afirmem que os seus departamentos editoriais são separados e independentes dos de publicidade para manter a integridade das informações, seria suicídio financeiro para essas publicações financeiras estampar manchetes como: "Os fundos mútuos são péssimos investimentos", ou "Tire o dinheiro dos fundos de investimento, agora". Então, elas continuam publicando ano após ano, número após número, as mesmas matérias: "Quais os melhores fundos de investimento?", "Os fundos que tiveram o melhor desempenho este ano", "Chegou o momento dos fundos de aplicação em ativos de papel?", ou "Quais os fundos setoriais que renderão mais?". A questão é: essas publicações podem de fato ser isentas e equilibradas? Podem fornecer-lhe informações financeiras sofisticadas? Estarão escrevendo para o leitor ou para seus anunciantes? Qual é a sofisticação financeira dos seus leitores? Deixo para você a resposta dessas perguntas.

Em seu livro, *The Future of Money* ("O Futuro do Dinheiro", em tradução livre), Bernard Lietaer examina o declínio da confiança dos norte-americanos na mídia. Ele se refere à afirmação de Noam Chomsky, para quem: "O propósito da mídia hegemônica não é tanto informar ou relatar o que acontece, mas, antes, moldar a opinião pública de acordo com as pautas das grandes organizações empresariais dominantes." Lietaer prossegue, dizendo: "Já se tornou uma prática muitas publicações submeterem matérias a um exame prévio dos anunciantes. O *Los Angeles*

Times até reorganizou a sua estrutura gerencial para maximizar a cooperação entre os anunciantes e os editores."

Gestão da Informação Financeira

Escrevi este capítulo porque a qualidade das informações financeiras que recebemos é de importância vital, sobretudo quando se trata do seu dinheiro.

Uma tarefa que dou às pessoas é ligar para um jornalista, especialmente da imprensa escrita, para lhe fazer duas perguntas.

A primeira é: "Tudo o que aparece na mídia é verdadeiro, fatual, não tendencioso, objetivo e livre de considerações comerciais?"

As pessoas que cumpriram essa tarefa me dizem que quase todos os jornalistas zombam da ideia de que a mídia é honesta. A maioria dos jornalistas admite que a mídia não está muito preocupada com a verdade. O que interessa é o entretenimento e a venda de espaço publicitário.

A segunda pergunta é: "*Você* é verdadeiro, fatual, não tendencioso, objetivo e livre de considerações comerciais?"

Na maioria dos casos, a resposta é muito diferente. A maioria dos jornalistas responde afirmativamente à pergunta, mesmo que acredite que muitos dos seus colegas não tenham essas qualidades.

Um amigo meu que é terapeuta chama isso de "ilusão seletiva". Ele também chama de "descortesia profissional". E explica: "Todos os profissionais tendem a pensar que os que trabalham na sua profissão são charlatães, mas eles não. A maioria acredita sinceramente que carrega a bandeira da verdade e da honra de sua profissão — mesmo que muitos de seus pares pensem que eles carreguem uma bandeira com a imagem de um pato. Esse é um exemplo de ilusão seletiva. Todos os profissionais são culpados disso."

Um Mercado Repleto de Patos

Um dia, visitando a China, me deparei com um camponês levando os seus patos ao mercado. Enquanto esperava, sentado no carro, que ele e os seus patos atravessassem a estrada, fiquei pensando no terapeuta e suas ideias sobre a ilusão seletiva. Voltando-me para um amigo que viajava comigo, disse: "Parece uma convenção de especialistas em finanças atravessando a estrada."

Com uma gargalhada, ele observou: "Veja que os patos estão grasnando e seguindo os outros patos em lugar de grasnar para o camponês, perguntando-lhe para onde estão indo."

Pato Iludido

No mundo dos assessores financeiros, eu também sou culpado de ilusão seletiva. Também sou um pato. Honestamente, no fundo da consciência, também acredito sinceramente que carrego a bandeira financeira da verdade e da honra. E também estou consciente de que muitos dos meus pares pensam que na minha bandeira está a imagem de um pato. Quando se trata dos meus conselhos financeiros, sei que também sou um pato iludido.

Independentemente do que eu grasne ou do que meus colegas patos grasnem, estou mais preocupado é com o camponês, essa figura silenciosa que parece estar levando boa parte do mundo ao mercado. Também me preocupa que muitos patos financeiros estejam na verdade trabalhando para o camponês, não para os demais patos. Muitos dos patos que trabalham para o camponês estão disfarçados, como os jornalistas, os consultores financeiros, os banqueiros, os corretores de seguros e os funcionários do governo. Se um dos patos independentes de repente parar de grasnar para os outros patos e disser: "Espere aí, para onde o camponês está nos levando?", os patos que trabalham para o camponês começam a grasnar mais alto, chamando o pato independente de "charlatão" — que é o que são muitos dos patos, incluindo muitos dos que trabalham para o camponês. Apesar disso, quando os patos começam a grasnar entre si, todos param de fazer perguntas sobre o camponês.

Para Quem o Pato Está Trabalhando?

Tentar rotular os patos que trabalham para o camponês não é realista nem prático. Eles são demais e muitos deles atendem a um propósito útil. Contudo, não é irrealista perguntar-se a cada vez que aparece um pato financeiro: "Para quem este pato está trabalhando — para mim ou para o camponês?" "Este pato está tentando conduzir-me à independência financeira ou ao abatedouro?"

Informações Confiáveis

Depois de minha experiência com o corretor de fundos de investimento, em 1965, o pai rico me disse: "Investidores melhores procuram informações melhores." E acrescentou: "Não é fácil conseguir melhores informações financeiras. É preciso buscá-las."

Hoje, estou constantemente atento à qualidade das publicações financeiras que leio. Dou uma espiada nas manchetes das publicações de negócios penduradas nas bancas de jornal. Às vezes, pego uma e folheio. De vez em quando, compro e leio alguma matéria que chamou a minha atenção. Mesmo que a matéria seja interessante, não esqueço que a maioria dos jornalistas pode ter boa formação, mas não é necessariamente bem-sucedida financeiramente. Também observo qual é o público visado pela publicação e quem a financia. Muitas publicações de negócios com boa vendagem estão voltadas a profissionais instruídos e de alta renda, que têm pouquíssima formação financeira formal e que, portanto, investem em fundos de investimento. Para muitos dos seus leitores, esse nível de publicação financeira é o mais alto a que chegam. Os camponeses adoram esse tipo de investidor, e é por isso que muitas vezes têm publicações próprias. Muitas publicações financeiras são as ferramentas que o camponês usa para descobrir patos novos.

O importante é que quem deseja obter maior sucesso financeiro precisa sair em busca de suas informações financeiras, porque muitas das melhores publicações financeiras não são vendidas nas bancas e nem mesmo nas livrarias.

Cuidado com o que Entra na Sua Mente

A lição que aprendi em 1965 foi que eu tinha que ter muito cuidado com o que deixo entrar em minha mente. O pai rico dizia: "Temos trancas na porta por algum motivo. Você deveria ter uma tranca no cérebro pela mesma razão."

Hoje, embora leia jornais, revistas de negócios e assista aos canais de informação econômica da televisão, a informação que deixo chegar à parte mais profunda do meu cérebro é a vida de investidores ricos e bem-sucedidos, mais do que a de jornalistas que são empregados, cujos ganhos provêm sobretudo do salário. Mesmo que minha tendência seja investir pesadamente em imóveis e empresas, gosto de ler sobre investidores que não atuam nessa área e de aprender com eles.

Os que eu convido para integrar a minha mente são pessoas como Warren Buffett, Jim Rogers, entre outros. Eu leio o *Wall Street Journal* porque ele é mais frequentemente *bullish*, e leio o Barron's porque tende a ser *bearish*.[2] Eu também gosto de ler o *Economist*, o *Business Week* e a *Forbes*, para me manter atualizado sobre as tendências das grandes empresas.

Quanto às notícias sobre o mercado imobiliário, recorro aos relatórios de mercado publicados por muitas das empresas do setor. Muitos desses relatórios são gratuitos e contêm grande número de informações sobre as tendências e os desafios com que se depara o investidor profissional em imóveis.

Para informações mais radicais e específicas, assino vários boletins de investimentos. Embora alguns deles sejam escritos por charlatães, eu ainda aprendo algo com os seus pontos de vista pouco ortodoxos e as suas informações obscuras.

De forma alguma estou recomendando que o leitor leia o mesmo que eu. O que quero é incentivá-lo a buscar ativamente informações financeiras de melhor qualidade. Nosso principal ativo é o nosso cérebro, e precisamos mantê-lo trancado.

Resumo da Informação Financeira

Ao examinar o tipo de informações financeiras que aceitamos em nossa mente, é conveniente lembrar-nos do quadrante CASHFLOW.

- *Há publicações e programas escritos por pessoas dos quadrantes E e A para outras pessoas de E e A.*

[2] *Bullish* e *bearish* são termos usados para indicar o mercado em alta e em baixa, respectivamente. Eles derivam de *bull* e *bear*, que significam touro e urso, em inglês. O uso da metáfora do touro e do urso diz respeito à forma como esses animais atacam as suas presas. O touro joga as suas vítimas para o alto com seus chifres, o que se relaciona à ascensão dos preços das ações. Já o urso as sufoca com as patas na direção do solo; assim, este movimento representa o preço decadente das ações. (N. E.)

As revistas de negócios mais populares caem nessa categoria, bem como a maioria dos especialistas que tem os seus programas no rádio ou na televisão. Nessa categoria também se incluem os artigos sobre negócios e investimentos dos jornais. Às vezes, um jornal não especializado pode também se classificar na próxima categoria.

- *Há publicações e programas feitos por pessoas dos quadrantes E e A sobre pessoas dos quadrantes D e I.*

  Publicações como o *Wall Street Journal*, a *Forbes* e a *Barron's* estão nesta categoria.

- *Há publicações feitas por pessoas dos quadrantes D e I para pessoas desses mesmos quadrantes ou que querem entrar neles.*

  Warren Buffett tem um relatório anual que é lido por muitas pessoas. Você pode encontrar excelentes informações imobiliárias de empresas de corretagem de imóveis comerciais — informações que a maioria dos agentes imobiliários residenciais não tem. Há também boletins setoriais altamente especializados escritos por pessoas dos quadrantes D e I. Eu diria que os livros da série *Pai Rico* e *Rich Dad Advisor*, bem como outros produtos da *Rich Dad*, se enquadram nessa categoria.

  Não conheço muitos programas de rádio ou televisão criados por pessoas dos quadrantes D e I para pessoas desses quadrantes, mas deveria existir.

Procure Bons Conselhos

Uma das minhas respostas para quem quer saber em que investir os seus $10 mil é aplicar parte desse dinheiro em publicações financeiras de ótima qualidade e lê-las regularmente. Quem não deseja aprimorar e aumentar sua informação financeira, faz melhor em manter o dinheiro no banco.

Conselhos dos Perdedores

Uma das piores fontes de conselhos financeiros é aquela cuja fonte são os perdedores, e estes podem ser encontrados em qualquer lugar. Por exemplo, uma vez eu estava dando uma aula em um curso sobre investimentos, quando uma pessoa levantou a mão, desejando ter a palavra. A pessoa se pôs de pé, e disse: “Os imóveis são um mau investimento.”

“Por que o senhor diz isso?”, perguntei.

“Um colega de trabalho investiu em um condomínio e só perdeu dinheiro. Não ganhou nada.”

“Como perdeu dinheiro?”, perguntei.

“Bom, primeiro o imóvel era muito caro. Então, ele não tinha muito dinheiro para dar uma entrada. Como as prestações do financiamento eram altas, o aluguel do imóvel não o cobria, fora as outras despesas.”

“Realmente, isso não foi bom”, falei.

“E ficou pior”, disse o ouvinte. “Ele aumentou o aluguel e o inquilino saiu. Aí o novo inquilino estragou o apartamento, não pagou o aluguel e ele teve que despejá-lo. Agora o meu amigo está querendo vender o imóvel, mas ninguém quer pagar o que ele pede porque o apartamento está em más condições. E meu amigo não quer gastar com uma obra nem reduzir o preço. Como ninguém está pagando aluguel, ele está perdendo ainda mais dinheiro. Ele falou que nunca mais vai investir em imóveis. É por isso que eu digo que os imóveis são um mau investimento.”

Um Poder Ainda Maior do que a Imprensa

Este é um exemplo de conselho de um perdedor. Não interessa qual é o tipo de investimento, pode ser ações, imóveis, fundos mútuos, ou empresas, cada um desses investimentos tem perdedores dispostos a dar conselhos. Uma das principais razões pelas quais as pessoas não são bem-sucedidas é que elas seguem os conselhos dos perdedores.

Proteja os Portões da Sua Mente

No início deste capítulo, mencionei a importância das liberdades de expressão e de imprensa. Essas liberdades se estendem aos perdedores e aos que têm medo de perder. Portanto, esses últimos são os que muitas vezes espalham notícias sobre as perdas dos perdedores.

Antes de prosseguir, quero deixar claro que não tenho nada contra os perdedores. Já perdi muitas vezes. Na verdade, muitas vezes incentivo as pessoas a perder para que possam aprender mais. Afinal, todos podemos aprender com nossos erros. O que critico são os perdedores que culpam outras pessoas ou circunstâncias por seus fracassos, em lugar de aprender com eles. Além disso, esses perdedores muitas vezes contaminam os outros com o seu fracasso.

Uma razão importante para vigiar a porta de sua mente é que esses perdedores estão em todo lugar. Quando vejo alguém com dificuldades financeiras, muitas vezes lhe pergunto quem está próximo dele e qual é a atitude dessas pessoas em relação ao dinheiro, ao investimento e ao sucesso. Muitas vezes, a pessoa que tem dificuldades está se aconselhando com alguém que perdeu ou tem grande medo de perder. Em vez de ser honestas e admitir que têm medo e que são responsáveis por suas perdas, essas pessoas costumam ser céticas, críticas, infelizes e espalham as más notícias entre os que lhes dão atenção. Este direito de espalhar notícias ruins, mentir sobre sentimentos verdadeiros, culpar os outros por seus fracassos ou criticar aqueles que são bem-sucedidos é um protegido pela Primeira Emenda.

Um Assunto Familiar

As famílias são fonte de desinformação financeira, de decepções, de dificuldades e de mentiras. Algumas das declarações mais negativas sobre famílias que já ouvi são:

- "Quero começar a investir, mas o meu cônjuge não quer. Ele diz que é arriscado demais."
- "Quero sair do emprego e abrir a minha empresa, mas o meu pai insiste em que eu fique no emprego. Ele diz que um salário baixo é melhor do que nenhum."
- "A minha família pensa que eu fiquei maluco. Para manter a paz familiar, não vou fazer nada."

O Maior Mentiroso de Todos

Aprendi no Vietnã uma das lições mais importantes da minha vida. Já escrevi sobre isto, mas vale a pena repetir, pois é algo que se aplica a muitos aspectos das nossas vidas.

Uma manhã, eu e minha tripulação estávamos sobrevoando o território inimigo. Estávamos em um helicóptero armado que escoltava helicópteros que transportavam pessoal para as áreas de combate. De repente, vislumbramos projéteis luminosos das metralhadoras inimigas vindo em nossa direção. Sendo um de meus primeiros voos de combate, comecei a entrar em pânico. Estava mais preocupado com a ideia de morrer do que com o voo. Quando estava perdendo a batalha na minha mente, o chefe da minha tripulação deu uma pancadinha no meu capacete e então o tirou, para que pudéssemos nos olhar de frente, e disse: "Tenente, sabe qual é o problema deste nosso trabalho?"

"Não", falei, balançando a cabeça.

"O problema é que não há uma segunda chance. Ou *nós* ganhamos ou o atirador que está no solo ganha. Só um dos dois volta para casa hoje."

No calor da batalha e totalmente aterrorizado, ouvi claramente o chefe da minha equipe. Ele já estivera na mesma situação com pilotos iniciantes como eu. Ele sabia que eu estava apavorado. Na minha mente, pensamentos de dúvida, medo e insegurança passavam. Eu pensava em mim e não nos outros quatro jovens que viajavam comigo. "O que eu faço?", perguntei.

"Como eu disse", declarou o chefe da tripulação pausadamente, "o problema é que nesse trabalho não há plano B. É matar ou morrer. Se você está com medo de morrer, todos nós vamos morrer. Concentre-se em sua tarefa, não no que lhe causa medo. Ouça o vencedor que há em você, não o perdedor. Tudo bem se está com medo, mas não pode permitir que o perdedor dentro de você ganhe. Concentre-se em vencer, tenente. Faça o seu trabalho. Leve-nos para casa."

Fazendo sim com a cabeça, me virei para encarar as balas que vinham em nossa direção, me concentrei na vitória e cumpri a minha missão.

Não Deixe que o Perdedor Fale Mais Alto

A lição que aprendi naquele dia é que dentro de cada um de nós há um vencedor e um perdedor. Uma das principais razões pelas quais as pessoas não atingem o seu potencial financeiro é que, quando se trata de dinheiro, a maioria das pessoas permite que o perdedor fale mais alto.

Ainda hoje, depois de anos de altos e baixos, de fracassos e sucessos financeiros, ainda tenho que lutar com o vencedor e o perdedor que estão dentro de mim. Outro dia, estava vendo um terreno de frente para o mar e podia ouvir o perdedor falando: "Você não está querendo esse terreno. É caro. Além disso, pode haver uma reviravolta na economia. E se as taxas de juros subirem? Se subirem, o preço dos imóveis cai. E se tiver dificuldade com os imóveis, então também terá problemas com os seus outros investimentos e empresas."

Não há nada de errado com o perdedor que existe dentro de você. Ele desempenha um papel importante. O problema é que muita gente só ouve a sua voz. Quando se trata de dinheiro, para muita gente o perdedor já ganhou. O perdedor começa a vencer no momento em que a pessoa começa a ouvir alguém que diz: "Seja precavido. Arrume um emprego seguro e não se arrisque. Poupe. Não se endivide. Essa é a coisa mais inteligente que pode fazer." Na minha opinião, essa é a voz do perdedor. Conheço muito bem essa voz, porque eu a ouço todos os dias.

A lição que aprendi no Vietnã foi o motivo pelo qual eu estava lutando. Estava lutando pela liberdade, e uma das liberdades mais importantes é a de expressão. Nesse dia, no Vietnã, eu garanti a liberdade de expressão para o vencedor dentro de mim.

Deixe que o Vencedor e o Perdedor Falem

Então, por que a liberdade de expressão é tão importante? Porque, muitas vezes, as maiores mentiras são as que dizemos para nós mesmos, tais como:

- Não posso arcar com isso.
- Não posso fazer isso.
- Eu nunca serei rico.
- Não sou esperto o bastante.
- É difícil demais.
- Vou investir quando eu tiver dinheiro.
- Vou investir quando eu tiver mais tempo.

Uma das mentiras preferidas de quem faz dieta é: "Vou começar o regime amanhã." Precisamos assegurar ao vencedor que há em nós a liberdade garantida pela Primeira Emenda. Tanto o vencedor quanto o perdedor são importantes. Os dois têm o direito e a necessidade de falar. Para isso que há a liberdade de expressão.

Um exercício

Costumo abordar a questão do vencedor e do perdedor dentro de nós. De muitas maneiras, a batalha entre eles é muitas vezes a principal causa do sucesso ou do fracasso na vida de uma pessoa.

Às vezes, peço às pessoas para escrever sobre um incidente de quando o perdedor dentro delas falou mais alto. Muitas dessas narrativas são perturbadas. Eu acredito que todos nós temos momentos em que perdemos um bom negócio ou uma grande oportunidade porque deixamos o perdedor negociar.

Um exercício interessante é fazer uma descrição detalhada de uma ocasião em que você se convenceu do seu fracasso. Então, dedique um tempo analisando os pensamentos e os medos que o levaram a desacreditar na vitória.

Uma das Minhas Histórias

Tenho muitas histórias de quando o perdedor que há em mim levou a melhor. Uma das que gosto de contar é a da compra de um apartamento na coluna mais barata de um prédio, em 1973. Em vez de comprar um imóvel de US$48 mil com vista para o mar, comprei um apartamento exatamente igual, no mesmo prédio, mas voltado para as montanhas, por US$34 mil. Três anos mais tarde, o mercado de imóveis estava em alta, como eu esperava. Embora todos os apartamentos tivessem se valorizado, aqueles com vista para o mar estavam sendo vendidos a cerca de US$150 mil, enquanto os de fundos valiam US$70 mil. Fazendo as contas, verificamos que em longo prazo os apartamentos voltados para as montanhas saíam mais caros. Além disso, a diferença de US$14 mil no preço de compra teria me custado apenas mais US$1.400 na entrada, já que o banco exigia 10% de recursos próprios iniciais. Por mais US$1.400 eu poderia ter ganhado US$100 mil. Mas eu poupei US$14 mil e perdi US$65 mil, ganhando apenas US$35 mil.

A primeira lição que aprendi dessa minha experiência foi que, primeiro, precisamos olhar para o valor e não para o preço. Hoje, quando tomo decisões financeiras sempre me lembro desse episódio. Sempre me lembro de que o perdedor ganhou porque a pessoa mesquinha que há em mim falou mais alto.

A outra lição que aprendi foi que o perdedor em mim fala mais alto quando tenho medo ou inseguranças. Hoje, sempre que o perdedor começa a falar, preciso me lembrar de deixar que o vencedor também fale. Embora eu não tivesse ganhado tanto dinheiro quanto poderia nesse investimento, as lições que aprendi com ele foram inestimáveis.

Essa é uma das minhas muitas experiências pessoais em que o perdedor ganhou do vencedor. O importante é aprender com os nossos erros. Quando aprendemos com o perdedor, em vez de culpar os outros pelas nossas perdas, nos tornamos mais responsáveis pelo gerenciamento da informação que entra em nosso cérebro. Fazendo isso, o vencedor acaba ganhando.

Capítulo 7

PERGUNTE A UM JOGADOR

"Não conte o seu dinheiro enquanto estiver sentado à mesa."

— Um jogador profissional

O Pior Conselho de Todos

Milhões de pessoas perderam trilhões de dólares porque investiram em longo prazo. Investir em longo prazo pode ser o pior conselho.

Quando o Seu Dinheiro É Seu?

O pai rico dizia: "Os investidores profissionais precisam saber três coisas:

1. Quando entrar no mercado
2. Quando sair dele
3. Como tirar o seu dinheiro da mesa

Como investidor, você precisa estar atento a um sinal do mercado para entrar, ter um plano para sair e quando fazê-lo. Um investidor amador deixa o dinheiro parado na mesa e acaba perdendo tudo."

"Por que eles perdem tudo?", perguntei.

"Porque o mercado acaba por levar a melhor. O mercado dá e depois tira, se você deixar o dinheiro parado."

Quebrar as Regras

Anos atrás, quando eu estava na casa dos vinte anos, fui a Las Vegas. Como não tinha muito dinheiro, comecei com uma pequena aposta na mesa de dados.

Arriscando apenas um dólar e rolando os dados, ganhei algumas vezes e perdi outras. De repente, tive uma sucessão de boas jogadas e ganhei mais de US$300. As pessoas em volta de mim começaram a gritar, animando-me, porque elas também estavam ganhando. Enquanto a minha sorte durava, observei que pessoas perto de mim apostavam centenas de dólares enquanto eu seguia as regras e não me arriscava. De repente, percebi que elas estavam ficando mais ricas que eu — e a maré de sorte era *minha*.

A Ganância Se Instala

A ganância se instalou. Comecei a fazer apostas mais altas, sabendo que estava quebrando todas as regras que o pai rico me ensinara, mas estava empolgado e o pessoal me incentivava. Agindo assim, de repente eu tinha ganhado US$1.500, de modo que novamente quebrei as regras, apostei tudo e voltei a ganhar. Mas, mesmo que a minha consciência me dissesse: "Tire parte do dinheiro da mesa, volte a apostar apenas US$100", não lhe dei atenção. Continuei quebrando as regras. Em vez de seguir as regras e pôr US$2.900 no bolso, apostei os US$3.000. Disse para mim mesmo: "Quando tiver US$6.000 no bolso, volto a pensar na segurança." Essa ideia me deu confiança e rolei o dado com US$3.000 na mesa, e eu perdi tudo. Foi triste perder os US$3.000, mas foi uma lição inestimável para os meus investimentos. Mesmo que o pai rico tivesse dito inúmeras vezes: "Seja disciplinado e siga as regras", foi preciso que eu quebrasse as regras para aprender a lição.

Perdas Ainda Maiores

Muitas pessoas quebraram as regras, deixando o dinheiro de seus planos de aposentadoria sobre a mesa. Milhões de pessoas apostaram todo o seu futuro financeiro na rolagem dos dados. Mesmo depois de perder, muitos desses mesmos milhões de pessoas ainda têm o dinheiro na mesa, esperando que o mercado se recupere e elas possam compensar os seus prejuízos. Elas continuam prontas para repetir os mesmos erros no futuro.

À Caça dos Perdedores

Todo jogador profissional sabe que, quando se aposta dinheiro para recuperar as perdas, está na hora de parar. É hora de sair da mesa, fazer um intervalo e buscar novas opções. Infelizmente, em decorrência das atuais regras dos planos de aposentadoria, milhões de pessoas não podem abandonar a mesa. Muitos investidores estão em planos de aposentadoria que os punem se saem da mesa e aplicam o dinheiro em outros investimentos.

Palavras de Sabedoria de um Jogador

"Não conte o seu dinheiro enquanto estiver sentado à mesa." Essas são palavras de sabedoria de valor inestimável, seguidas pelos jogadores profissionais. De acordo com esse raciocínio, aplicar o dinheiro nos planos de aposentadoria convencionais viola três importantes regras adotadas pelos jogadores e investidores profissionais. São elas:

1. Enquanto o dinheiro estiver sobre a mesa, ele não é seu. Enquanto o dinheiro estiver no jogo, ele pertence ao jogo, não a você.
2. Jogar é mais importante do que contar dinheiro. Quando eu jogava em Las Vegas, ganhei no jogo de dados enquanto me concentrei no jogo. No momento em que comecei a ganhar, deixei de prestar atenção ao jogo e comecei a contar o dinheiro. Quando cheguei aos US$3.000, o dinheiro se tornou mais importante do que o jogo. Essa foi uma das razões que me fizeram perder. Contar dinheiro se tornou mais importante do que jogar.

Quando o mercado de ações subiu e o valor dos fundos de pensão aumentou, muitos investidores amadores pensaram que estavam ricos e começaram a concentrar-se no dinheiro e não no jogo. Muitos abriam os envelopes com o extrato dos seus planos de aposentadoria, viam que o seu patrimônio tinha aumentado e se consideravam ricos. Muitos investidores amadores compraram casas maiores e automóveis melhores ou tiraram o dinheiro da poupança para aplicar cegamente no mercado de ações. Com o aumento do seu patrimônio, muita gente teve uma falsa sensação de riqueza e se concentrou no dinheiro em vez de pensar no jogo.

Uma Falsa Sensação de Riqueza no Mercado Imobiliário

Uma falsa sensação de riqueza também ocorre quando o valor da residência da pessoa aumenta. Muitas vezes ouço pessoas dizerem: "O valor da minha casa aumentou US$40 mil." Nesse ponto, as pessoas se sentem mais seguras e confiantes, e elas podem perder o rumo e deixar de estar atentas ao jogo. Elas contam seu patrimônio e pensam que ganharam o jogo. É nesse ponto que as pessoas começam a ficar para trás do ponto de vista financeiro.

O Verdadeiro Objetivo do Jogo

3. O objetivo do jogo é tirar o dinheiro da mesa e ainda assim continuar jogando. Um jogador profissional ou um investidor profissional deseja em última análise jogar com o dinheiro de outras pessoas (DOP). Esse é o objetivo do jogo. No momento em que deixo meu dinheiro na mesa, perco de vista esse propósito.

Quatro Tipos de Dinheiro

Existem três tipos de renda, definidos pelo serviço fiscal, que um investidor profissional precisa conhecer: *renda auferida*, *de portfólio* e *passiva*.

Um investidor profissional também precisa conhecer os quatro tipos de dinheiro:

1. O seu dinheiro
2. O dinheiro do banco
3. O dinheiro dos impostos
4. O dinheiro dos imóveis

A Velocidade do Dinheiro

Um jogador profissional quer jogar com o dinheiro da *casa* o quanto antes possível. Quando fui a Las Vegas, se eu tivesse posto meu dinheiro de volta no bolso e jogado somente com meus ganhos, isso seria um exemplo de jogo com o dinheiro da casa. No momento em que comecei a apostar tudo, perdi porque deixei de estar atento ao meu objetivo — que é manter-me no jogo, mas jogar com o dinheiro dos outros, não com o *meu* dinheiro.

Como um investidor profissional, eu quero:

- Investir o meu dinheiro em ativos
- Receber o meu dinheiro de volta
- Controlar os ativos
- Transferir o meu dinheiro para novos ativos
- Receber o meu dinheiro de volta
- Repetir o processo

Esse processo é denominado *velocidade do dinheiro*. É uma das razões pelas quais os ricos ficam mais ricos e os investidores medianos se arriscam a perder tudo.

Deixe-me oferecer este exemplo para esclarecer melhor o processo. Digamos que eu compre um imóvel para alugar — um apartamento de dois quartos e dois banheiros, por $100 mil. Coloquei $20 mil do meu dinheiro e os $80 mil restantes eu pago com o dinheiro do meu banco. Neste exemplo, digamos que eu obtenha um retorno de 10% sobre o dinheiro que apliquei. Esses $2 mil são a renda líquida passiva anual. Além desse dinheiro, posso deduzir no cálculo do imposto de renda algumas despesas; caso eu constitua uma pessoa jurídica, a depreciação do imóvel também é dedutível. Esse ganho tributário pode ser considerado uma renda fantasma adicional. Nesse caso, em dez anos terei recuperado o dinheiro que dei de entrada, os aluguéis recebidos ($2 mil x 10 anos = $20 mil), e ainda tenho o ativo, o que significa que ainda estou no jogo.

Mas o meu dinheiro não está mais na mesa. Continuo jogando com o dinheiro do banco, com o dinheiro do leão e com o dinheiro da casa. Com os $20 mil originais que recuperei, posso investir em outro imóvel, em uma empresa ou em ativos de papel, e o processo continuará.

De muitas formas, cumpri o objetivo do jogo; porém, devido à valorização do ativo-objeto, o jogo prossegue. O melhor de tudo é que continuarei recebendo os $20 mil anuais do aluguel, mesmo tendo tirado o dinheiro da mesa (recuperei todo o meu investimento inicial). Pela definição financeira, o meu retorno sobre o investimento (ROI) é infinito.

Retornos Ainda Mais Altos

Para continuar com o exemplo, digamos que o imóvel se valorize, e o seu preço passe para $180 mil. Eu poderia tomar emprestada parte dessa valorização de $80 mil na forma de refinanciamento. Assim, eu auferiria um extra de $70 mil em dinheiro, livre de impostos (a tributação só ocorreria na efetiva realização do ganho de capital), mantendo a propriedade e o controle do ativo. Assim, em dez anos eu recuperaria o investimento original de $20 mil, sob forma de renda passiva, que é dinheiro isento de impostos, devido às deduções da desvalorização, talvez mais $70 mil de valorização patrimonial e ainda manteria a propriedade do imóvel (que continua gerando renda passiva para mim), tudo enquanto levo meu dinheiro para um outro investimento.

Digamos que eu pegue os $20 mil e os $70 mil, ou seja, que eu retire meu dinheiro da mesa de jogo do primeiro ativo, e use os $90 mil para adquirir outro ativo de $450 mil.

Resumindo, dez anos depois, controlo o ativo original de $100 mil, que passou a valer $180 mil. Continuo recebendo uma renda passiva de pelo menos $2 mil, gerada pelo primeiro imóvel. Transferi $90 mil para um segundo ativo, que pode gerar uma renda passiva de aproximadamente $10 mil ao ano. Meu próximo objetivo será repetir o processo com os dois ativos: conseguindo recursos adicionais por meio de refinanciamento e reinvestindo tudo em um terceiro ativo ainda maior.

Neste exemplo, usei uma alavancagem ou financiamento de 80% do banco. Se você fosse mais agressivo, poderia usar uma alavancagem de até 90%, e aumentar a velocidade do seu dinheiro.

Este é um exemplo muito simplificado de como o investidor pode perseguir seu objetivo de manter o dinheiro em movimento. Obviamente, esses números pressupõem um mercado imobiliário em ascensão. Se o mercado estiver estagnado ou em queda, a estratégia não funcionará.

Regule os Freios

Sempre que ouço alguém falando “não tenho dívidas” ou “aplico em um investimento de longo prazo”, isso significa que o investidor colocou o seu dinheiro em um ativo ou em um plano de aposentadoria, puxou o freio e começou a contar o dinheiro. Muitas pessoas ficam felizes por não terem dívidas em seus investimentos ou porque seu patrimônio aumenta. Embora isso possa ser para essas pessoas uma forma segura de investir, para um investidor profissional é uma maneira arriscada e lenta de investimento, com retornos muito mais baixos.

Como Obter Retornos Maiores com Mais Segurança

Quando alguém não tem dívidas ou tem muito dinheiro imobilizado em um investimento, eu sugiro que calcule o retorno sobre o patrimônio. Na maioria dos casos, o retorno é muito baixo. Sem dívidas e com muito capital imobilizado, esses indivíduos não estão tirando partido da alavancagem propiciada pelo uso do dinheiro do banco ou de terceiros. Em outras palavras, *quanto maior for a proporção do seu dinheiro no investimento, mais baixo será o retorno sobre o investimento. Quanto menor for a parcela do seu dinheiro e maior for a parcela do dinheiro de terceiros no investimento, mais alto será o retorno sobre o investimento.*

Não estou dizendo que uma coisa seja melhor do que outra. O maior grau de alavancagem ou financiamento permite acelerar o retorno sobre o investimento e o aumento do seu dinheiro. Contudo, quanto maior for a alavancagem, maior será a necessidade de que o investidor se torne financeiramente proficiente.

Enriqueça Mais Rápido

Entendendo o objetivo do investidor profissional, que é tirar o dinheiro da mesa o mais rapidamente possível para aplicar em outros ativos, a pessoa pode progredir com mais rapidez quando explora a velocidade do dinheiro. Uma das razões que faz com que os ricos fiquem mais ricos é que o seu dinheiro está sempre em movimento, enquanto a maioria deixa o dinheiro estacionado em um imóvel e nos planos de pensão, investindo em longo prazo.

Por que Isso É Mais Seguro?

Por que investir em longo prazo, deixando o dinheiro na mesa, é tão arriscado? Podemos encontrar a resposta nas Leis de Newton. A primeira delas é que "para cada ação, há uma reação igual e no sentido oposto". Deixar o dinheiro na mesa o expõe às mudanças nas forças da natureza. Quando eu estava na maré de ganhos e cheguei aos US$3.000, esqueci das leis da natureza e de que toda maré de ganhos chega ao fim. Como não podemos saber quando a maré de ganhos virará maré de perdas, quanto mais cedo tirarmos o nosso dinheiro da mesa, mais seguros estaremos.

Ocasionalmente convido amigos para conhecer alguns dos imóveis que Kim e eu controlamos por meio de nossas pessoas jurídicas. Enquanto os meus amigos observam a estrutura física, a minha mente percorre a estrutura financeira dessas propriedades. Em geral, esboço um amplo sorriso se controlamos a propriedade e auferimos renda com ela, sem que nosso próprio dinheiro permaneça amarrado no investimento. Para nós, esse é o melhor tipo de propriedade. Sob a nossa perspectiva, a renda daí resultante é basicamente dinheiro de graça, nossos riscos são extremamente baixos, já que temos pouco a perder, e nosso dinheiro está trabalhando em algum outro lugar.

Esta ideia da velocidade do dinheiro pode ser aplicada a todos os tipos de ativo. Inicialmente, investimos US$1 mil para iniciar a *Rich Dad*, e, em poucos anos, gerou milhões de dólares em produtos vendidos em todo o mundo. Nosso crescimento tem sido alimentado usando o dinheiro de outras pessoas. Tivemos vários parceiros estratégicos que financiaram a fabricação e a distribuição dos nossos produtos. Tudo o que fazemos é cobrar os *royalties*. Nossos parceiros de publicação incluem cinquenta editores internacionais que traduzem e distribuem os livros e jogos da *Rich Dad* em seus mercados. Usando os seus contatos e sistemas de distribuição, temos sido muito mais bem-sucedidos em espalhar a mensagem do pai rico do que se tivéssemos tentado fazê-lo por conta própria.

Nos investimentos no mercado de ações, assim que as nossas ações se valorizam, começamos a tirar o dinheiro da mesa, deixando o jogo prosseguir com o dinheiro da casa ou do mercado. Os investidores profissionais podem ficar no jogo durante muito tempo, mas o dinheiro deles fica pouco tempo no mesmo lugar.

Quanto Dura o Longo Prazo?

Sempre que ouço alguém advertir "invista em longo prazo", gosto de perguntar: "Quanto dura esse longo prazo?" Nos negócios de contratos futuros, em longo prazo pode representar trinta segundos. Em alguns investimentos imobiliários e empresariais, em longo prazo se estende por séculos.

Por que é importante saber a duração do investimento? É que todos os mercados se movem de acordo com as leis da natureza, ou seja, sobem e descem. Investir sem levar em conta as altas e baixas do mercado não é uma estratégia sábia.

Na segunda parte deste livro, aprofundarei o exame do ciclo 20–10–5 dos investimentos. Por enquanto, mencionarei brevemente o que é e como afeta o jogo. Embora muitos investidores não acreditem na existência desse ciclo, outros lhe dão atenção. De forma simples, essa teoria afirma que o mercado de ações se mantém favorável durante vinte anos. Ao fim desse período, ele entra em queda e durante os dez anos seguintes as commodities, como o petróleo, o ouro, a prata, os imóveis, a soja e o milho, aumentam de valor. O número cinco do ciclo 20–10–5 indica que, a cada cinco anos, ocorre alguma tragédia, como o colapso do mercado de ações em 1987 ou o massacre do 11 de Setembro, em 2001.

Um Lembrete de que As Coisas Mudam

Embora eu não aposte no rigor desse ciclo, ele serve a um propósito útil — lembrar-nos de que as tendências dos mercados mudam. Também nos adverte da necessidade de procurar oportunidades em diferentes mercados, em vez de continuar voltando a um poço que já secou.

Milhões de investidores perderam dinheiro no mercado de ações porque o ciclo de vinte anos chegou ao fim. Entretanto, muitos investidores continuam esperando sentados, em vez de partir para o mercado de commodities, que se mostrava forte enquanto eu escrevia este livro. Em 1996, Warren Buffett parou de investir ativamente no mercado de ações, deslocando-se com discrição para o mercado de commodities, como a prata. Em 1996, eu também saí do mercado de ações e me concentrei nos mercados de ouro e de petróleo. Por quê? Porque os ciclos do mercado estavam mudando. Tal como as fases da Lua, qualquer mercado muda.

A Espera pelo Longo Prazo

Milhões de investidores, mesmo perdendo muito dinheiro no mercado de ações, ainda esperam que o mercado e o preço de suas ações se recuperem. É uma perda de tempo. Embora algum dia o mercado se recupere, o mercado em que perderam seu dinheiro desapareceu. Quem perdeu o dinheiro da aposentadoria no quarto tempo da vida e se dispõe a esperar dez anos pela recuperação do mercado está perdendo mais do que dinheiro. Em vez de investir em longo prazo, está de fato esperando pelo longo prazo.

Na segunda parte deste livro, também vou examinar com mais profundidade as formas de utilizar este ciclo 20–10–5 para ganhar dinheiro, em vez de ficar atolado na má fase e no mercado errado, com o dinheiro ainda em jogo.

A Garantia do Prejuízo

Para mim não faz sentido investir em longo prazo, sabendo que um dia a Mãe Natureza pode puxar o tapete. Se observarmos o jogo do dinheiro de alguém, digamos que comece a investir aos 25 anos e que espere sair do jogo aos 65 anos, ou seja, quarenta anos mais tarde, isso significa que o dinheiro ficará na mesa durante quarenta anos. Se o ciclo 20–10–5 tiver alguma exatidão, esse plano de investimento é, portanto, uma garantia de prejuízo. Se o mercado de ações sobe e desce em vinte anos, investir às cegas todo esse tempo, durante quarenta anos, é uma missão suicida. É certo que se perderá uma vez, talvez duas, ou ainda mais ao longo desses quarenta anos.

Por que os Pilotos Usam Paraquedas?

Quando me preparava para ser piloto na Escola de Aviação Naval de Pensacola, Flórida, uma das primeiras aulas não era sobre aviação, mas sobre paraquedismo. Tínhamos que aprender a saltar de um avião e cair na água ou na terra. Por que cargas d'água os pilotos aprendiam a pular antes de aprender a voar? A resposta é óbvia.

A maioria dos planos de aposentadoria estipula que quem sacar o dinheiro antes sofrerá punições financeiras. Em vez de fornecer paraquedas, algemam as pessoas ao avião. Durante os colapsos, muitos pequenos investidores não sabiam que os seus pilotos — os gestores dos fundos de investimento, os CEOs das empresas em que trabalhavam e outros detentores de informações privilegiadas — estavam saltando de paraquedas para a segurança do solo, enquanto os pequenos investidores continuavam algemados aos seus assentos.

Uma das razões pelas quais eu não tenho um fundo de aposentadoria é ter sido piloto. Prefiro paraquedas a algemas.

Um Erro Comum

Em vez de sempre movimentar o dinheiro, a maioria das pessoas o estaciona em algum lugar. Deixam o dinheiro no banco, no plano de aposentadoria ou nas mãos do corretor. Meu pai rico ensinou seu filho e a mim a manter o dinheiro em movimento. Se não estivéssemos investindo em nossas empresas, então o aplicávamos em imóveis. Se a fase do mercado de imóveis não fosse favorável, o indicado seria aplicá-lo em um fundo hedge ou de ações com bom desempenho para obter ganhos de curto prazo e garantir a liquidez. O pai rico não gostava de ver o dinheiro ocioso. Ele queria que seu dinheiro trabalhasse com afinco e com a maior segurança possível. Ele sabia que os mercados são instáveis e queria manter o seu dinheiro em movimento. É por isso que dedicava tanto tempo a examinar novos investimentos nos quais aplicar o seu dinheiro, e depois tirá-lo.

Quando ouço alguém dizer: "O meu patrimônio aumentou", ou "O valor do meu imóvel subiu", sei que a pessoa está contando com o dinheiro ainda sobre a mesa. O dinheiro delas continua no jogo. O pai rico dizia: "O dinheiro tem que trabalhar, em vez de ficar parado. Se o dinheiro ficar parado, não recebemos retorno."

Hoje, Kim e eu não sabemos qual é o nosso patrimônio. Quando os repórteres nos perguntam: "Qual é o seu patrimônio?", respondemos que não sabemos. Falamos: "Não sabemos qual é o nosso patrimônio, mas conhecemos a velocidade dos nossos fluxos de caixa."

Ou quando eles nos perguntam:

"Por que o senhor não está interessado em saber o seu patrimônio?", dou duas respostas. A primeira: "É fácil mentir para o senhor e para mim quanto ao patrimônio." A segunda: "Não estou interessado no dinheiro que está parado. O que me interessa é como o dinheiro está trabalhando para mim, com que rapidez gira e para onde vou levá-lo. É por isso que quero saber o máximo possível sobre todas as três classes de ativo e não apenas sobre uma delas. Por exemplo, se no momento os imóveis estão muito caros ou não consigo um bom negócio, ponho o dinheiro em um fundo hedge, recebendo um retorno de 25% até que o mercado de imóveis vire ou surja uma boa oportunidade de negócios. No meu mundo, a velocidade e a segurança do dinheiro são muito mais importantes do que a quantidade."

A lição final deste capítulo é: nunca se esqueça de que o objetivo do jogo é tirar o dinheiro da mesa e continuar no jogo. É isso que todo jogador sabe e que todo investidor profissional procura. Só os amadores põem o seu dinheiro em um plano de aposentadoria e puxam o freio.

Um Exemplo de Como Aumentar a Velocidade do Seu Dinheiro

Suponha que você tenha $20 mil para investir. A seguir estão três escolhas para você:

Escolha 1: Investir $20 mil em um fundo mútuo que rende 5% ao ano. Depois de sete anos, os seus $20 mil devem ter virado $28.142, assumindo que não haja flutuações de mercado.

Escolha 2: Investir $20 mil e pedir emprestado $180 mil do banco para adquirir um imóvel para alugar, no valor de $200 mil, e deixar o capital composto. Suponha que as rendas de aluguel só arquem mesmo com as despesas, e a propriedade se valoriza a uma taxa de 5% ao ano.

Após sete anos, a propriedade valerá $281 mil, e o seu patrimônio então será de $101.420, assumindo que não haja flutuações de mercado.

Escolha 3: Investir $20 mil e pegar emprestados $180 mil do banco para adquirir um imóvel para alugar, no valor de $200 mil. Em vez de deixar o capital composto, você paga o empréstimo a cada dois anos com a valorização e investe em uma nova propriedade 10% abaixo do valor.

Após sete anos, o valor total das suas propriedades será de $2.022.218 e sua renda líquida será de $273.198, desconsiderando as flutuações do mercado.

Resumo de um Investimento de $20 mil

Renda Líquida	Retorno Médio Anual de um Investimento de $20 mil
Escolha 1: $28.142	5,8%
Escolha 2: $101.420	58,2%
Escolha 3: $273.198	180,9%

As escolhas 1 e 2 retratam exemplos de pessoas que deixaram o seu dinheiro estacionado. A escolha 3 é um exemplo de alguém que alavancou a velocidade do seu dinheiro.

Um agradecimento especial a Tom Wheelwright, contador certificado e conselheiro da Rich Dad, *pela sua contribuição técnica para este capítulo e este livro.*

Capítulo 8

PERGUNTE A NEWTON

"Para cada ação, há uma reação igual e no sentido oposto."

— Sir Isaac Newton

Maçãs Sempre Caem das Árvores

Quando estava na escola, minha professora dizia: "Isaac Newton descobriu a lei da gravidade sentando sob uma macieira. Quando uma maçã caiu na sua cabeça, ele percebeu que as maçãs sempre caem no sentido da terra. As maçãs nunca voam para o céu."

Quando os preços de mercado disparavam para o alto, muitas pessoas pareciam acreditar que a Mãe Natureza repelira a lei da gravidade. Sempre que ouço alguém dizer: "Esta é a nova economia", penso que também poderia estar dizendo: "As maçãs já não caem das árvores."

O pai rico gostava de dizer: "Não sei se a história se repete, mas sei que sucessivas gerações de investidores repetem os mesmos erros. Dois desses erros são:

1. Deixar o dinheiro na mesa por muito tempo.
2. Quando o mercado se aquece, ficar ganancioso e esquecer as leis da natureza.

Ambos os erros são onerosos."

Quem Perde Dinheiro

Milhões de pessoas perderam trilhões de dólares por terem violado as leis da natureza. Um dos princípios básicos transgredidos foi a Lei de Newton: "Para cada ação, há uma reação igual e no sentido oposto." Em termos simples, a Lei da Gravidade afirma que: "Tudo o que sobe acaba caindo."

O investidor mediano, ao deixar seu dinheiro na mesa durante muito tempo, em instrumentos como certos fundos de previdência privada, que não lhe permitem sair sem incorrer em graves penalidades, estava preparando-se para perder, ao desrespeitar as leis da natureza.

O investidor profissional, por outro lado, sabe respeitar e explorar as leis da natureza. Quando as infringe, o que muitos fazem, a natureza vence. É por isso que o investidor profissional está atento às leis da natureza, em vez de dar ouvidos aos conselhos dos vendedores de produtos financeiros. Seguir as leis da natureza exige que o investidor profissional preste muita atenção às tendências.

Tendências a Serem Observadas

Uma das razões pelas quais a velocidade do meu dinheiro é importante é que as tendências estão em constante mutação. Em vez de diversificar dentro de uma classe de ativos, como os ativos de papel, o pai rico incentivou seu filho e a mim a movimentar o nosso dinheiro entre os diferentes tipos de ativo. Se eu puder obter um retorno mais alto em minha empresa, é para lá que vai o meu dinheiro. Se aparecerem oportunidades no mercado imobiliário, é para lá que vou. Se tiver excesso de dinheiro em caixa que precise de um abrigo temporário, procurarei papéis, como um fundo hedge ou um ativo de papel que renda pelo menos 7% ao ano. Raramente estaciono meu dinheiro em um banco porque o seu valor seria corroído pelos impostos e pela inflação e não trabalharia muito para mim, o que significa que eu teria que trabalhar arduamente para o meu dinheiro.

Como afirmado no capítulo anterior, tendo a agir como investidor, ou seja, aplico meu dinheiro na compra de um ativo e depois o recupero, mas conservo o ativo. Os operadores, por definição, compram e vendem ativos, por dinheiro. Na maioria dos casos, eu apenas movimento-o.

Sei que muitos especialistas em finanças dizem que esta é uma estratégia arriscada. Contudo, vou explicar por que de fato não é, se a pessoa tiver experiência e conhecimento para investir em três classes diferentes de ativo. Um dos motivos para agir assim é envolver menos riscos, repito, do que a média dos planos de aposentadoria, porque posso retirar o dinheiro com grande rapidez, em vez de deixá-lo na mesa de jogo. Isso significa que, se o mercado despencar ou se eu cometer um grave equívoco, o ativo pode ser prejudicado, mas meu dinheiro já não está mais lá.

O objetivo é adquirir ativos e manter o dinheiro em movimento.

Com que Velocidade o Seu Automóvel Anda?

Em 1996, quando o preço do ouro girava em torno de US$280 por onça e o dólar estava forte, comecei a trocar dólares por moedas de ouro. Quando o ouro atingiu os US$380 em 2003, vendi algumas dessas moedas, recuperei tudo o que tinha aplicado e fiquei com um número considerável de moedas de ouro de uma onça. Se o preço do ouro não tivesse subido, meu dinheiro ainda estaria a salvo em um ativo tangível, porque comprei as moedas quando o preço do ouro estava baixo e o valor do dólar estava alto. Quando a tendência mudou e o preço do dólar subiu e o valor do ouro caiu, os dólares e as moedas de ouro trocaram de lugar.

Se você quiser saber mais sobre a velocidade do dinheiro, simplesmente jogue com regularidade os meus jogos de tabuleiro *CASHFLOW® 101*, *CASHFLOW® 202* ou *CASHFLOW® For Kids*[1], ou nossos jogos online em richdad.com. Logo, você educará a sua mente para entender como acelerar a velocidade do seu dinheiro. Somente os jogos *CASHFLOW®* têm as lições sobre a velocidade do dinheiro projetadas neles. Se o seu dinheiro tem velocidade, você pode movê-lo para fora do caminho do prejuízo e para o próximo mercado, antes que o novo pegue velocidade.

Diversificação versus Tendências

Há alguns dias, vi um anúncio na televisão que dizia: "A estratégia número um dos investidores é a diversificação." Isso pode ser verdade para os investidores amadores, mas nem sempre se aplica aos profissionais. Para mim, a diversificação é apenas parte da conversa de vendedor que visa levar o investidor mediano a comprar mais ações e a aplicar em fundos de investimento. Seria o mesmo que ir a uma revendedora de carros usados e perguntar: "E se o carro tiver problemas?" Naturalmente, o vendedor de carros usados responderia: "Eu o aconselho a diver-

[1] A Editora Alta Books não se responsabiliza pela circulação e conteúdo de jogos indicados pelo autor deste livro. (N. E.)

sificar. Compre seis carros em vez de um. Assim, se um deles tiver problemas, você ainda poderá chegar a tempo aos seus compromissos."

As Tendências Podem Ser Amigas ou Inimigas

Se a diversificação não é a estratégia número um, então qual será? A resposta está nas tendências, porque elas são a manifestação das leis da natureza no mercado. Os investidores profissionais costumam dizer: "A tendência é sua amiga." O pai rico ensinava: "As tendências podem ser amigas ou inimigas." Entre 1980 e 2000, a tendência do mercado de ações foi alta. Era fácil ganhar dinheiro. Bastava aplicar e, como em um passe de mágica, o valor dos ativos aumentava. Mas, de repente, em março de 2000, a direção da tendência se inverteu e os investidores que não estavam atentos às mudanças perderam trilhões de dólares, embora tivessem diversificado com ativos de papel.

Quem Mexeu no Dinheiro Deles?

Há muitas razões que explicam por que tanta gente perdeu tanto dinheiro. Dentre elas, podemos citar:

- Falta de atenção à tendência.
- Deixar o dinheiro na mesa.
- Investimento em planos que acorrentavam o investidor à mesa.
- Maus conselheiros que não orientaram os investidores a saírem do mercado.
- Desconhecimento das alternativas.
- Continuar aplicando na mesma classe de ativos, esperando o retorno da tendência.

As Tendências para Se Observar

Este capítulo intitula-se "Pergunte a Newton" porque todas as tendências seguem as leis da natureza. O pai rico treinou o seu filho e a mim para acompanharmos as tendências. Ele dizia: "Assim como podemos ver uma onda se espalhando em um lago calmo, um investidor profissional pode vê-la se espalhando pelo mercado, e age em função dela. Quando se age com antecedência suficiente, ela pode ser útil. Se ignorada, pode ser danosa."

Hoje, é mais importante do que nunca observar tendências e não violar as leis da natureza. A seguir estão algumas das tendências que acompanho atualmente e uso para tomar algumas das minhas decisões financeiras. Se você assistir a essas tendências, terá uma melhor chance de ganhar dinheiro em vez de perdê-lo.

Tendência #1: Demografia

"Demografia é destino", disse Auguste Comte, filósofo francês do século XIX. Uma das razões pelas quais sou um entusiasta do investimento em imóveis nos Estados Unidos, ainda que esse mercado registre altos e baixos, é o crescimento populacional. Em 2000, ano do censo mais recente, havia 281 milhões de americanos. Os demógrafos estimam que em 2025 a população dos Estados Unidos possa atingir algo entre 350 e 400 milhões.

Para dar ao leitor uma ideia da velocidade do crescimento da população norte-americana, os seguintes números mostram a tendência:

1867	37 milhões
1900	76 milhões
2000	281 milhões
2025	350–400 milhões?

Se as projeções forem corretas, o que acontecerá com o preço dos imóveis em 2025? Se já são considerados caros hoje, aposto que em 2025 o preço estará ainda mais alto.

No Japão, por outro lado, a população está em queda. Um artigo intitulado "Japão: envelhecimento populacional e desafio fiscal", publicado em março de 2001 na revista *Finance & Development*, publicação trimestral do Fundo Monetário Internacional (FMI), revela que em 2025 haverá um idoso para cada duas pessoas em idade de trabalhar.

O artigo também afirma:

No Japão, as mudanças demográficas serão um elemento definidor durante o futuro previsível. A queda constante das taxas de fertilidade é a causa básica do rápido envelhecimento e encolhimento da população, tendência que deverá perdurar durante boa parte do século XXI. Essa mudança demográfica drástica deverá ter profundas implicações sociais e econômicas, inclusive um crescimento mais lento da produção nacional durante algum tempo. A elevada dívida pública e a dinâmica populacional adversa restringirão cada vez mais o espaço de manobra do governo, sugerindo a necessidade de forte ajuste da política econômica para recolocar as finanças públicas em rumo sustentável. As reformas que estão sendo implementadas nos sistemas de previdência e de saúde são um passo na direção certa, mas serão necessárias novas medidas para evitar grande aumento nos tributos que incidem sobre a folha de pagamento e nas transferências governamentais que distorcem os incentivos e dificultam o crescimento.

Se estas tendências se mostrarem verdadeiras, em qual dos dois países os imóveis serão um melhor investimento?

Tendência #2: Dívida

Uma das razões para a explosão da dívida pública e pessoal é que, há anos, o dólar americano era dinheiro de verdade. Quando eu era criança, olhava para as notas de US$1 e lia "Certificado de prata" na sua parte superior. Isso significava que a moeda dos Estados Unidos era dinheiro de verdade, lastreado por prata ou ouro, ativos tangíveis. Em 15 de agosto de 1971, o presidente Nixon anunciou que a moeda dos Estados Unidos não mais seria trocada por ouro. Hoje, as notas de dólares americanos têm as palavras "Federal Reserve Note" ("Nota de Reserva Federal", em tradução livre) no topo. Isso significa que o nosso dólar não é mais dinheiro de verdade, lastreado por ativos. Hoje, o nosso dinheiro é dívida — um passivo, uma garantia contra o governo dos EUA.

Por que os Ricos Enriquecem

Essa mudança no lastro do dólar americano, que passou de prata e ouro para dívida, fez com que o abismo entre os ricos e o restante da população se tornasse mais amplo e mais profundo. Depois da conversão da moeda americana em instrumento de dívida, o governo e as grandes empresas passaram a estimular o endividamento geral. Hoje, se o homem comum não se endividasse, a economia não poderia se expandir. Se ele não se endividasse mais, então a economia se contrairia. É por isso que é tão importante acompanhar as tendências.

A América das décadas de 1950 e 1960 era realmente uma sociedade de classe média. Aproximava-se muito do mundo retratado na popular série de televisão *Leave it to Beaver*. Havia um senso de equidade na sociedade, mesmo que os profissionais liberais com alta escolaridade, os gerentes de nível médio e os professores universitários muitas vezes reclamassem por estar ganhando menos que operários sindicalizados.

Depois de 1971, o mundo da classe média norte-americana começou a desaparecer. Os que puderam aumentar sua renda acima da desvalorização do dólar se saíram bem. Os que trabalhavam em troca de salário perderam poder de compra e recorreram ao endividamento para complementar a renda.

Hoje, enquanto estou escrevendo, milhões de pessoas estão ainda mais endividadas. A reação ao crédito fácil e barato será um aumento substancial das falências, a retomada de imóveis de moradia, e vidas financeiramente arruinadas porque têm fichas sujas na praça. Ainda que a economia cresça, o custo será terrível para os que continuam a trabalhar arduamente para ganhar dinheiro e têm pouca educação financeira.

Duas Carreiras: Uma para Você e Outra para o Seu Dinheiro

Essa é outra das razões pelas quais pergunto: "Não estaria na hora de começar a ensinar princípios de finanças e responsabilidade financeira em nossas escolas?" Atualmente, muitos jovens estão deixando a escola e tomando o caminho financeiro errado no início da vida. Se eles soubessem um pouco sobre o dinheiro, gestão financeira, impostos, crédito e investimento, talvez tivessem maiores chances de ter uma vida melhor.

Atualmente, todos nós precisamos ter duas carreiras — uma para nós e outra para o nosso dinheiro. Por exemplo, enquanto ganho dinheiro como autor, que é a minha carreira, o meu dinheiro trabalha com imóveis. Se as crianças soubessem que a tributação sobre o trabalho físico das pessoas é mais danosa do que a incidente sobre o trabalho financeiro do dinheiro, muitas teriam mais inspiração para fazer o dinheiro trabalhar com mais afinco para elas.

Em minha opinião, essa pouca observada mudança no valor da moeda, em 1971, provocou um dos maiores efeitos de onda financeira no mundo. Uma vez que nosso dólar não teve mais lastro em ativos reais, o hiato entre os ricos e o resto da população se aprofundou. Essa mudança no valor da moeda é uma das principais razões pelas quais os ricos estão se tornando demasiadamente ricos e os pobres e a classe média trabalham cada vez mais por menos dinheiro, se afundam em dívidas e pagam impostos mais altos.

Imprimir Dinheiro em vez de Trabalhar por Ele

O efeito da mudança no lastro da moeda americana teve efeito semelhante ao sentimento de alguém que se sacrifica no trabalho todos os dias, enquanto o vizinho fica em casa imprimindo dinheiro, em vez de trabalhar para ganhá-lo. Trabalha-se cada vez mais porque o dinheiro que o vizinho imprime provoca a desvalorização da moeda, comprometendo o seu poder de compra. Enquanto milhões de pessoas labutam em jornadas cada vez mais longas e pagam impostos cada vez mais exorbitantes, muitos dos que estão no poder têm a capacidade de jogar com o dinheiro, o que piora as coisas para aqueles que seguem as regras.

Para compensar a falta de aumentos salariais e a inflação e não consumir menos do que os vizinhos, milhões de pessoas se endividaram.

Por que a Dívida Aumenta

Depois que os EUA deixaram de lastrear o dólar em ativos reais, a dívida interna começou a crescer. Isto ocorreu porque agora é assim que a economia cresce. Como o dólar não é mais um ativo, mas um instrumento de dívida, a fim de que o sistema monetário atual funcione, as pessoas e as empresas devem se endividar cada vez mais. Se as pessoas e as empresas pararem de tomar empréstimos, todo o sistema monetário para de crescer e começa a implodir.

O gráfico a seguir reflete o aumento do endividamento como porcentual do produto interno bruto (PIB). Como o gráfico mostra:

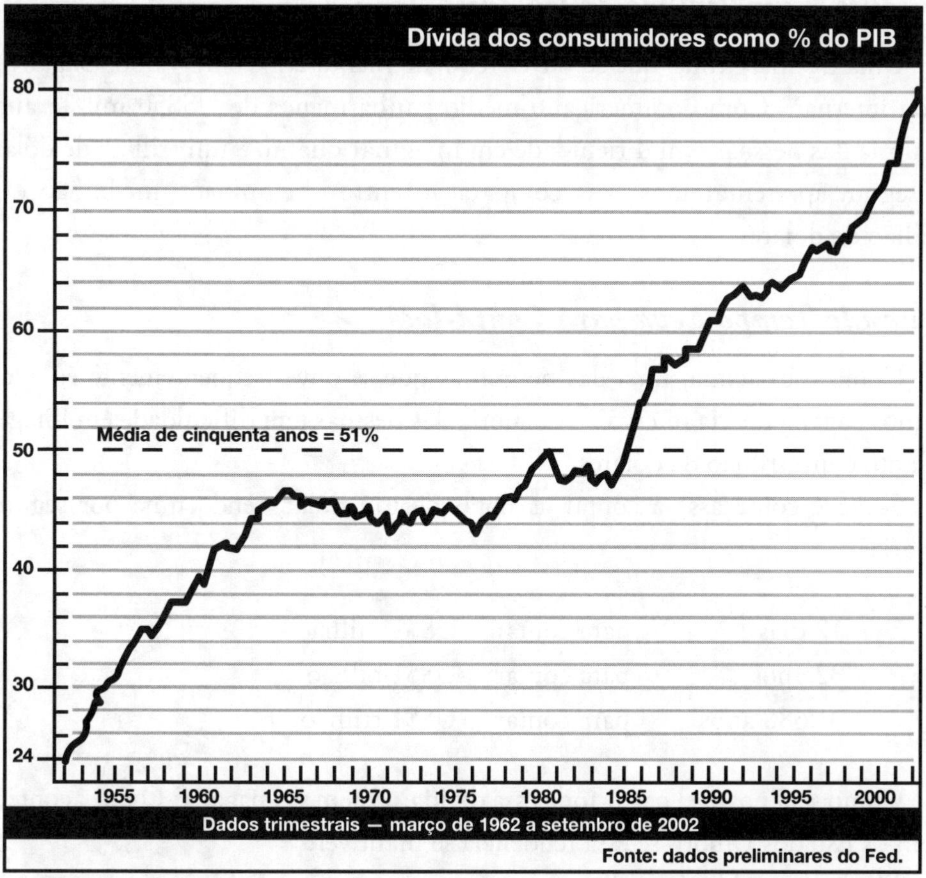

Os americanos estão cada vez mais endividados, as instituições financeiras continuam encontrando novas formas de induzir as pessoas a se endividarem cada vez mais.

A maioria, nos Estados Unidos, já ouviu a revendedora de automóveis anunciar: "Mesmo com o nome sujo na praça, venha. Nós o ajudaremos a resolver os seus problemas de crédito para que você possa sair hoje com um carro novo."

Lembre-se sempre de que, como agora o dinheiro é dívida, a dívida deve aumentar. A pergunta é, se o crescimento da dívida está em ação, qual é a reação igual e no sentido oposto? E o que acontece se as pessoas pararem de se endividar?

Quanto É um Trilhão de Dólares?

Uma das perguntas que se ouve frequentemente é: "Como vamos pagar a dívida interna?" Como o americano médio ganha menos de US$50 mil ao ano, a maioria das pessoas tem dificuldade em imaginar quanto é um trilhão de dólares. A seguir, apresentaremos uma comparação entre um milhão, um bilhão e um trilhão de dólares.

Quando Tempo Leva para Contá-lo?

Como dito acima, uma das perguntas que se ouve frequentemente é: "Como vamos pagar a dívida interna?" A maioria das pessoas tem dificuldade em imaginar quanto é um trilhão de dólares.

Se você começasse a contar as notas de um dólar, sendo uma por segundo, levaria:

12 dias	para contar	US$1 milhão
32 anos	para contar	US$1 bilhão
31.688 anos	para contar	US$1 trilhão

Como será possível pagar toda essa dívida? Quem vai pagá-la? O que acontecerá com os Estados Unidos se essa tendência se mantiver?

Minha bola de cristal diz que a resposta para o endividamento excessivo é a emissão de mais moeda. Uma das razões para fazê-lo é permitir que a dívida do governo seja quitada com dólares mais baratos, desvalorizados. Se isso acontecer, significará que o preço do seu imóvel residencial aumentará, as suas poupanças valerão cada vez menos e muita gente terá que trabalhar ainda mais apenas para acompanhar o custo de vida. Quando os preços aumentam porque a moeda vale cada vez menos, temos a inflação. Quando há inflação, os devedores ganham e os poupadores perdem.

Se a inflação se tornar excessiva, você conseguirá se aposentar? Poderá deixar o dinheiro parado durante muito tempo, esperando que o desempenho do seu fundo de investimento seja melhor do que o do mercado e consiga cobrir a inflação?

E Se a Deflação Vencer?

Mas também é possível que o grande risco não seja a inflação e que se avance no sentido oposto, rumo à deflação. Tenho um amigo que saiu de Buenos Aires, em 2002, apenas com a roupa do corpo. Ele disse: "Um dia eu era rico e no dia seguinte estava pobre. Um dia a minha casa valia US$450 mil e hoje, se eu achar um comprador, não vale mais do que US$45 mil." Suas palavras de despedida foram: "O que me surpreendeu foi a rapidez com que a situação mudou. Não houve qualquer aviso. A mudança ocorreu do dia para a noite." Embora as condições da Argentina sejam diferentes das dos Estados Unidos, as semelhanças são preocupantes.

Dever É Pior do que Ser Pobre

Em 1929, depois do colapso do mercado de ações, o governo estancou a oferta de moeda. Em outras palavras, não havia mais dinheiro e a Grande Depressão se instalou. Na minha opinião, uma das razões pelas quais a oferta de moeda secou foi que estava lastreada em metais preciosos. Ainda vigorava o padrão-ouro. Sempre que há medo, dúvidas ou desconfiança, o dinheiro de verdade se esconde.

Em 2000, quando o mercado de ações despencou, em vez de estancar a oferta de moeda, o banco central inundou o mundo com moeda. Uma das razões pelas quais não ocorreu outra Grande Depressão semelhante à da década de 1930 foi que hoje em dia muitas pessoas têm dinheiro, não são pobres. Porém, ainda mais importante é a maior facilidade de contrair dívidas. Os cartões de crédito não existiam durante a Grande Depressão. O problema é que, como há tanto dinheiro fictício e tanta dívida, muitas pessoas estão em uma situação financeira ainda pior do que a pobreza. Hoje, milhões de pessoas estão afundadas em dívidas, o que significa que temos uma espécie de depressão diferente. É a depressão emocional de ter grande riqueza material, mas com toneladas de dívidas.

Como diz a lei de Newton, "para cada ação há uma reação igual e no sentido oposto". Uma das razões para nos tornarmos melhores investidores com pouco dinheiro próprio sobre a mesa é que assim estaremos preparados para as consequências de toda essa dívida. Quando a reação chegar, o dinheiro estará pronto para começar a movimentar-se em busca de ativos reais. Isso aumentará a velocidade do dinheiro, se soubermos o que estamos fazendo.

Tendência #3: Taxas de Juros

Quando as bolsas de valores começaram a cair, em março de 2000, o banco central reduziu as taxas de juros. Uma reação aos preços declinantes das ações e às taxas de juros em queda foi o aumento nos preços dos imóveis. As menores taxas de juros não apenas incentivaram as pessoas a comprar imóveis, como puniram os poupadores. Ao reduzir as taxas de juros, o governo estava sinalizando aos poupadores para tirarem o dinheiro do banco e irem para o mercado.

Os Bancos Não Gostam de Poupadores

Embora muita gente pense que os poupadores são espertos e bons, na realidade os bancos não gostam deles, preferem quem pega empréstimos. Os bancos preferem um cliente que pegue um empréstimo de $10 milhões àquele que investe o mesmo valor. Por quê? Porque as poupanças dos clientes são um ativo para eles, mas um passivo para os bancos. Isso significa que o banco ganha mais emprestando dinheiro do que remunerando dinheiro. Assim, a taxa de juros mais baixa incentivou um número cada vez maior de pessoas a pegar empréstimos em vez de poupar. A pergunta é: "O que acontecerá quando as taxas de juros voltarem a subir, se elas voltarem a subir?"

Na década de 1970 e durante boa parte dos anos 1980, quando os preços do ouro, da prata e do petróleo subiram, as taxas de juros também subiram 20% antes de voltar a cair. Isso acontecerá de novo? Só o tempo dirá. Se após anos de juros baixos o pêndulo voltar-se para a outra direção, e as taxas de juros novamente aumentarem, devemos esperar grandes mudanças na economia.

Por que penso que as taxas de juros voltarão a subir, embora hoje estejam em níveis extremamente baixos? Uma das razões é, outra vez, a lei de Newton. A minha bola de cristal indica que o governo dos Estados Unidos terá que emitir mais e mais moeda para manter à tona a economia. Se o governo passar a emitir moeda demais, então aqueles que trabalham por dinheiro ficarão em pior situação financeira. Mas do que apenas perdas nas bolsas de valores, um dos maiores prejuízos dos americanos tem sido a desvalorização do dinheiro. Não apenas o preço das ações caiu, o mesmo aconteceu com o valor do dólar. Em relação ao valor de outras moedas, os americanos perderam mais de 20% de sua riqueza. Por isso a importância de dar atenção à inflação, às taxas de juros, ao preço do ouro e à dívida pública.

Tendência #4: Precessão e Retardo

Quando uma pedra cai na água, a única reação não é a de igual intensidade em sentido oposto. Também ocorre outra reação a 90º, que é a ondulação que vemos espraiar-se no entorno. Este é um exemplo de precessão. O intervalo entre o momento em que a pedra atinge a água e aquele em que a ondulação chega à margem oposta é conhecido como retardo. Ambos são princípios universais ou leis da natureza.

Precessão e retardo são importantes porque muitos investidores só observam a ação da pedra e não toda a reação que evolui no tempo. Um exemplo simplificado seria o do motorista que presta atenção ao automóvel que está na frente, mas deixa de ver um trem que vem de encontro a ele na lateral.

Em 1990, pouquíssimos investidores tinham uma linha direta com os mercados financeiros. Os únicos que dispunham de acesso ao mercado eram os bancos e outros grandes operadores institucionais. Hoje, devido à internet, milhões de investidores atuam no mercado em tempo real. Se um preço varia um centavo, muitos investidores reagem quase instantaneamente. Isso quer dizer que é necessário observar o mercado com essa minúcia? A resposta é não. Não se você não quiser.

Uma das razões da importância das leis da precessão e do retardo é que elas permitem ver o mercado em um espaço mais longo, em vez de segundo a segundo. Por exemplo, quando observamos uma tendência demográfica, podemos planejar os investimentos imobiliários de acordo com ela. Em vez de entrar em pânico quando os preços aumentam, podemos esperar com paciência, sabendo que em longo prazo os preços voltarão a cair. Ou podemos comprar um terreno vazio a baixo preço e esperar que a cidade se estenda até chegar lá. Quando Kim e eu mudamos para Phoenix, Arizona, em 1992, o fizemos porque essa era a cidade que mais crescia na América. De lá para cá, ela não se manteve como a cidade que mais cresceu, mas sempre esteve nos primeiros lugares.

Quando se trata de minhas empresas, adoto a mesma visão da tendência. À medida que o pessoal do *baby boom* se aproxima da aposentadoria, e a realidade da falta de dinheiro para parar de trabalhar fica clara, a demanda por educação financeira só irá aumentar. Em vez de investir meu tempo em um ramo de atividade que está lotado e maduro, como o dos automóveis ou da aviação, prefiro investir o meu tempo em uma empresa de um setor cuja demanda só tenda a crescer em longo prazo.

Um Aumento das Pequenas Empresas Pessoais

A combinação de envelhecimento populacional com demissões maciças está levando as pessoas a perceber que a segurança no emprego é um mito e que seus planos de pensão não lhes oferecem segurança financeira em longo prazo. Muitos gerentes médios estão se tornando consultores autônomos quando seus esforços para encontrar um novo emprego não são bem-sucedidos.

Essa tendência levará as pessoas a entrar em novos negócios, como franquias ou participação em atividades de marketing de rede. Falo muitas vezes dessa última atividade porque ela permite que muitas pessoas se estabeleçam a um custo baixo, além de oferecer um valioso treinamento e uma boa orientação. Criar uma empresa bem-sucedida permite às pessoas assumir o controle de sua segurança financeira em longo prazo. Lembre-se, contudo, de que é essencial informar-se bem antes de entrar em um grupo de marketing de rede ou de adquirir uma franquia.

Construir um negócio de sucesso permite que as pessoas assumam o controle da sua segurança financeira em longo prazo.

Tendência #5: Inteligência Financeira

Uma das tendências mais importantes que aprendi a observar é a relação entre o meu dinheiro e a minha inteligência financeira. Quando na casa dos vinte anos ganhei muito dinheiro com a minha empresa e os meus investimentos em imóveis, pensei sinceramente que eu era um gênio financeiro. Pensei que, como a renda aumentava, a minha inteligência financeira também crescia. Novamente, eu estava desrespeitando a lei de Newton. Em vez de crescer com a minha renda, a minha inteligência financeira regredia.

Embora seja uma lição dolorosa, percebi que, quanto maior o meu sucesso financeiro se torna, mais eu preciso controlar o meu ego e a minha arrogância. Em vez de ficar mais arrogante, o que não é inteligente do ponto de vista financeiro, procuro tornar-me mais agradecido e humilde, para poder continuar aprendendo e ganhando mais, para não devolver tudo ao mercado, como já ocorreu. Aprendi, do modo mais difícil, que não só meu dinheiro segue as leis de Newton, mas também a minha inteligência.

Uma Palavra Final

O pai rico dizia: "Obedeça às leis da natureza. Lembre-se sempre de que a Mãe Natureza não quer saber se você é milionário ou pobretão. Se os dois pularem de um prédio alto sem paraquedas, a lei da gravidade os levará para o chão do mesmo jeito."

Capítulo 9

PERGUNTE AO TEMPO

> *"Todo investidor deve saber quando uma flor vai desabrochar e quanto tempo ela vai durar."*
>
> *— Pai rico*

Uma das vantagens singulares de cursar a Academia da Marinha Mercante dos Estados Unidos era o ano que passávamos no mar. Todo estudante navegava durante um ano como oficial, em vários navios que transportavam carga por todo o mundo. Passei muito tempo em navios de carga, petroleiros e navios de passageiros. Teria gostado de trabalhar algum tempo em um rebocador, mas não tive oportunidade.

Durante esse ano no mar, dos dezenove aos vinte anos, viajei para o Japão, Hong-Kong, Tailândia, Vietnã, Taiti, Samoa e outras ilhas do Pacífico. Outros colegas foram para a Europa, Canadá, África, América do Sul e Austrália. Embora eu desejasse conhecer a Europa, África e América do Sul, meu interesse principal era navegar pelas ilhas do Pacífico, o que fiz e gostaria de ter feito mais.

No mar, eu tinha muito tempo para ler. Li não apenas os livros-texto que eram exigidos pelo curso, mas também li obras sobre dinheiro, ouro, grandes exploradores, investimento e comércio internacional. O problema é que logo percebi que estava mais interessado em dinheiro, ouro, investimento, grandes exploradores e comércio internacional do que em navios, navegação e operações de carga.

Depois das muitas lições do pai rico sobre investimento e de ter passado tanto tempo no mar, lendo sobre dinheiro e finanças, senti cada vez mais dificuldade de conviver com meus colegas. Um dia, já de volta a Nova York, comecei a contar a meus colegas o que estava aprendendo sobre o mundo dos investimentos.

"Por que você está perdendo tempo com isso?", perguntou sarcasticamente Jeff. "Investir é arriscado. É um jogo."

"Os investimentos são o meu futuro", respondi na defensiva. "Não pretendo passar a vida trabalhando."

"Bom, eu também não pretendo trabalhar a vida inteira", disse Jeff. "Quero arrumar um emprego em uma grande empresa de navegação, tornar-me capitão e me aposentar com o fundo da empresa. Não vou me preocupar com a aposentadoria. Alguém vai fazer isso por mim."

Um ou dois de meus colegas estavam interessados no que eu aprendera sobre investimentos, mas quase todos demonstravam mais interesse por sua formação profissional do que por sua educação financeira.

Os Tempos Mudam

Fiquei quatro anos na Academia, de 1965 a 1969. Nessa época, as pessoas não pareciam muito preocupadas em investir ou em preparar-se para a aposentadoria. Minha geração ainda vivia sob o abrigo da geração dos meus pais, a geração da Segunda Guerra Mundial. Grande parte dela não estava preocupada com aposentadoria ou com investimentos, já que a maioria esperava trabalhar em alguma grande empresa ou no governo. Também contavam com a Seguridade Social e o Medicare. Como geração, a maioria não dava muita importância à sua formação financeira, aos investimentos e a suas carteiras de investimentos. O sistema de ensino da época refletia essa atitude em relação à aposentadoria. Considerava que a aposentadoria era responsabilidade de terceiros. Ainda hoje muitas escolas refletem essa atitude antiquada em relação ao dinheiro.

Nas décadas de 1960 e 1970, os Beatles, Bob Dylan, a guerra do Vietnã, os protestos estudantis e a renúncia do presidente Nixon ocuparam a mente dos jovens, não os investimentos ou a aposentadoria. Não percebíamos que, como geração, caminhávamos para o período mais volátil da história em termos de economia. Em 1971, o presidente Nixon determinou o fim do padrão-ouro, o que significava que os dólares poderiam ser emitidos à vontade. Isto foi de extrema importância porque, antes da mudança, cada dólar estava lastreado por metais preciosos, como ouro ou prata. Atualmente, o dólar dos Estados Unidos é lastreado pela dívida e pela promessa do país a seus contribuintes de que pagará essa dívida, que é substancial e crescente.

A Maior de Todas as Mudanças

Nas décadas de 1960 e 1970, o presidente Nixon trabalhou para abrir as portas à China. O impacto dessa mudança na política externa só começa a ser sentido atualmente. Hoje, embora muitas coisas boas tenham acontecido devido aos esforços de Nixon em relação à China, também há milhões de pessoas que estão perdendo seus empregos para os chineses. Embora eu apoie o comércio com a China, fico preocupado com a perda de empregos altamente remunerados na indústria e com as pessoas afetadas por isso. Na década de 1960, quando alguns dos meus colegas diziam que não estavam interessados em investir, essas mudanças financeiras ainda não tinham acontecido e seu impacto só foi sentido muitos anos depois.

Então, em 11 de novembro de 2001, os ministros do comércio de todo o mundo aprovaram oficialmente o ingresso da China na Organização Mundial do Comércio (OMC), após quinze anos de negociação. Essa iniciativa incluiu um mercado de 1,3 bilhão de pessoas no sistema de comércio global.

Uma Mudança Muito Grande

Em 1974, o presidente Gerald Ford assinou a *Employee Retirement Income Security Act* (ERISA — "Lei de Segurança da Aposentadoria dos Empregados", em tradução livre). A ERISA alterou os planos de pensão e de aposentadoria, e as mudanças financeiras começaram a se acelerar. A ERISA e a reforma previdenciária que se seguiu são simbólicas, porque deixaram claro para os empregados norte-americanos e o restante do mundo que os empregadores não seriam mais responsáveis pelo bem-estar financeiro dos seus empregados, uma vez que os seus dias de trabalho terminassem.

Em outras palavras, em termos do quadrante CASHFLOW, o quadrante D dizia ao quadrante E: "Vocês, empregados, têm que se tornar investidores do quadrante I." Gostemos ou não, essa mudança nas aposentadorias terá efeitos de longo prazo sobre todos nós.

O Problema É Maior do que Eu Imaginava

Na primavera de 2002, lancei *Profecias do Pai Rico*, livro que recebeu muitos comentários negativos de jornalistas econômicos que trabalhavam para a máquina de Wall Street. Embora eu esperasse críticas, fiquei desapontado ao verificar em primeira mão até que ponto esses jornalistas estavam dispostos a distorcer a verdade e até mentir em seus esforços para desacreditar a mim e a minha mensagem.

O interessante é que *Profecias do Pai Rico*, embora exato, deixava a desejar, pois subestimava a gravidade do problema. À medida que o tempo passava e mais verdades vinham à luz do dia, comecei a perceber que o problema era bem maior do que eu imaginara.

Profecias do Pai Rico trata da mudança dos planos de pensão, da modalidade de benefícios definidos (BD) para o tipo de contribuições definidas (CD). Para os que não leram *Profecias*, o BD é o plano de pensão da geração dos meus pais, a geração da Segunda Guerra Mundial. Em síntese, ele garantia que, depois da aposentadoria, o empregado receberia uma quantia fixa, em dólar, durante toda a vida. Sob muitos aspectos, a Seguridade Social e o Medicare são ainda planos BD governamentais.

O problema é que, com o aumento das despesas e da concorrência global, esses planos se tornaram excessivamente onerosos. Assim, em 1974, as grandes empresas do quadrante D lutaram junto ao governo pela aprovação da ERISA, que propiciou a implementação dos planos com contribuições definidas, em que o empregado se torna responsável pela sua aposentadoria — um plano de pensão de CD.

Os planos de pensão do tipo CD são exatamente o que diz o nome. Os benefícios recebidos pelo empregado após a aposentadoria se limitam às *contribuições* do empregado e do empregador. Se o empregado e o empregador não contribuírem ou se o mercado de ações desmoronar e engolir o valor das contribuições já feitas, o empregado recebe o que sobrou — se sobrar alguma coisa. Se o empregado ficar sem dinheiro aos 92 anos, isso não é problema do empregador, como teria sido no caso dos planos do tipo BD.

Há ainda outra diferença entre os dois tipos de plano. Os empregadores que ofereciam aos empregados fundos de pensão do tipo BD muitas vezes estendiam os planos de saúde da empresa aos aposentados. Isso não ocorre no caso dos planos do tipo CD. Quem acompanha os custos crescentes da saúde e da assistência médica pode avaliar o impacto da mudança implementada em 1974. Portanto, hoje, em todo o mundo, os empregados estão sujeitos aos novos planos de pensão do tipo CD, passíveis de descapitalização. Além disso, a responsabilidade pela assistência médica aos aposentados foi transferida para você-sabe-quem. Sim, os contribuintes!

Por que o Mercado de Ações Vai Quebrar

Profecias do Pai Rico mostra como essa mudança de 1974 na legislação conduzirá ao maior colapso do mercado de ações já visto na história. Esse crash ocorrerá porque em todo o mundo milhões de pessoas se aposentarão mais ou menos ao mesmo tempo. Portanto, não é necessário ser gênio para entender que as bolsas de valores desmoronarão se todos começarem a tirar o seu dinheiro do mercado. Apenas nos Estados Unidos, estima-se que 83 milhões de pessoas da geração *baby boom* começaram a se aposentar por volta de 2012. Nem todas têm dinheiro no mercado de ações, mas muitas têm. Além disso, a legislação norte-americana que posteriormente criou os planos de pensão tem uma falha. Segundo essa lei, os contribuintes desses planos são obrigados a iniciar suas retiradas aos 71 anos e meio.

Por quê? Porque a Receita Federal dos Estados Unidos quer começar a receber os impostos que foram diferidos enquanto os empregados estavam trabalhando.

Em 2016, quando o primeiro representante da geração *baby boom* chegou a essa idade-limite, o castelo de cartas começou a desmoronar, provocando o maior colapso do mercado de ações da história. *Profecias* não se propunha a anunciar o fim do mundo. Ele pretendia mostrar saídas. Na segunda parte, tratava de investimentos alternativos que podem ser feitos fora do mercado de ações.

Agora, os leitores podem entender por que as instituições financeiras incentivaram seus jornalistas a fazer todo o possível para desmoralizar o meu livro e a mim.

Eu Estava Errado

Profecias do Pai Rico foi escrito entre 2000 e 2001. No livro, parti do pressuposto de que os planos de pensão do tipo BD fossem melhores e mais seguros para os empregados. Em 2003, começaram a aparecer informações de que esses planos, os mesmos dos meus pais, estavam também em dificuldades. Em *Profecias*, afirmei que os empregados com planos do tipo BD se encontravam em uma situação melhor do que os que tinham planos CD. Como eu estava equivocado! Muitos dos planos do tipo BD estão em condições financeiras precárias, sem que os empregados tenham ciência disso. E por que eles não sabem? Porque ninguém revela aos empregados as condições dos planos, mesmo que os empregados perguntem.

O que É Bom para a General Motors

Há um velho ditado que diz: “O que é bom para a General Motors é bom para os EUA.” Bem, a General Motors está com problemas há um bom tempo. Que tipo de problemas são esses? A resposta está em uma única palavra — aposentadoria.

Então, é verdade que o que é bom para a GM é bom para os EUA? Está na hora de reduzir as aposentadorias dos empregados ou é época de parar de fazer empréstimos para pagar esses benefícios? Tanto a GM quanto o governo americano se deparam com o mesmo problema simultaneamente.

O Tempo Leva Todas as Coisas

No final da década de 1960, a maioria dos meus colegas não se preocupava em investir. Eles não se preocupavam porque a maioria era esperta e sabia que encontraria empregos que pagavam altos salários nas grandes empresas. O problema é que os tempos mudaram e, com eles, as regras dos empregos. Como você deve ter notado, o presidente Ford assinou a ERISA em 1974, cinco anos depois que a minha turma se formou. Desde então, as mudanças financeiras que atingiram a geração *baby boom* e as que se seguiram foram substanciais. Este capítulo se intitula "Pergunte ao Tempo" porque o tempo leva todas as coisas. Eu me pergunto: "Quantos dos meus colegas de classe e da minha geração seguiram em frente com a marcha do tempo? Quantas pessoas estão esperando por um aumento no mercado de ações que consiga engordar os seus planos de aposentadoria?" Eu gostaria de saber quantos estão trabalhando para grandes corporações que têm planos de pensão BD em apuros financeiros, mas eles não sabem disso.

Adeus, Aposentadorias

Como mencionei anteriormente, eu não tinha ideia de até que ponto eu havia subestimado o problema mostrado em *Profecias do Pai Rico*. Nem percebi o quanto as profecias afetavam todos os planos de pensão — tanto os BD quanto os CD.

A edição de 17 de março de 2003 da revista *Fortune* publicou uma matéria intitulada "Adeus, Aposentadorias". No subtítulo, lia-se: "Em breve, centenas de empresas poderão reduzir à metade as aposentadorias." É um texto importante sobre o fim potencial dos planos de benefícios definidos, os BDs. Devido ao alto custo dos planos de pensão, prossegue a matéria: "Várias empresas irão simplesmente cortar benefícios para sair do impasse." O artigo cita um congressista do estado de Vermont que afirmou: "O que estamos vendo é um assalto maciço aos fundos de pensão de milhões e milhões de trabalhadores."

O assalto já começou. Na matéria da *Fortune*, aparece o exemplo de Larry Cutrone, de 55 anos, ex-empregado da AT&T, que recentemente viu sua aposentadoria reduzida de US$47 mil anuais para US$23 mil. Não é preciso ser um mágico dos números para verificar que isso representa uma redução de 50% nos benefícios. Quem mexeu no dinheiro de Larry Cutrone? Foi a empresa que mudou o plano ou foi o tempo?

Outro exemplo da matéria: "Em um dia frio de fevereiro passado, na Filadélfia, Janice Winston, cinquenta anos, recebeu algo reconfortante: um pagamento de US$400 mil do seu ex-empregador, a Verizon Communications. O dinheiro correspondia aos benefícios acumulados em seu fundo de pensão durante os vinte anos que trabalhara na empresa. A quantia também é cerca de US$215 mil maior do que o que a empresa esperava pagar-lhe."

Sete anos antes, o empregador de Winston, a *Bell Atlantic* (que posteriormente se fundiu com a GTE para formar a Verizon) implementou uma alteração sutil e elegantemente simples no plano de pensão que teria cortado os benefícios da aposentadoria não apenas de Winston, mas de milhares dos seus colegas de empresa.

O que a Bell Atlantic (bem como a IBM e outras trezentas grandes empresas) fez foi transformar o seu antiquado plano de aposentadoria com benefícios definidos em um novo tipo de plano louvado pelos consultores especializados. Até o seu nome lembrava dinheiro: "cash balance" ("saldo de caixa", em tradução livre).

O artigo prossegue, relatando que a diferença entre os planos de "saldo de caixa" e os de contribuições definidas é que o saldo acumulado não pode ser afetado pelo comportamento do mercado de ações. O problema para o empregado está na forma de cálculo do benefício. Como seria de esperar, este é formulado de modo a ser eficaz em relação ao custo para o empregador e não tão generoso para o empregado. No caso apresentado na matéria, Winston recebeu US$400 mil, o que pode parecer muito dinheiro. Mas eu pergunto: "Ela tem condições de gerenciá-lo adequadamente? A quantia será suficiente para sustentá-la pelo resto da vida? E o que acontecerá se perder tudo, como acontece com muita gente que de repente se vê com uma grande quantia nas mãos?"

Pedro Rouba de Paulo

Associações e sindicatos de empregados estão protestando, na tentativa de defender os seus fundos de pensão com benefícios definidos. Eles podem gritar e espernear, mas a dura realidade é que os benefícios para os empregados são caros. Os investidores sabem que esses benefícios são uma despesa não apenas para a empresa, mas também para eles, investidores. Portanto, são eles que frequentemente estão do outro lado, protestando em favor da redução das despesas com benefícios aos empregados. A ironia é que atualmente os empregados são também investidores.

Então, quem mexeu nesse dinheiro? Em muitos casos é um exemplo típico de Pedro roubando de Paulo. De um lado, o empregado quer benefícios, mas, de outro, o empregado que também é investidor quer que a empresa lucre e que o preço das ações aumente. Se os lucros da empresa não aumentarem, por causa das altas despesas com os fundos de pensão, suas aposentadorias irão para o ralo. Então, quem está mexendo no dinheiro dos empregados? Serão os próprios empregados? Serão os empregados aposentados agindo contra os novos empregados?

Quanto um Plano BD Custa?

O artigo da revista *Fortune* encerra-se com esta advertência: "Aos milhões de empregados da geração *baby boom* que têm a felicidade de ainda contar com uma generosa aposentadoria, dizemos: 'Não deem por certo o que têm hoje.'"

Por que os trabalhadores com fundos de pensão deveriam estar preocupados? A seguir, listamos os dez planos de pensão do tipo BD mais descapitalizados, em bilhões de dólares, de 2003:

- General Motors -94,7
- Ford -46,6
- IBM -25,3
- Boeing -17,7
- Exxon -15,5
- DuPont -13,0
- Verizon -13,0

Fonte: relatórios das respectivas empresas

Ao observar a lista, dá para entender por que eu dou uma risadinha quando ouço alguém dizer: "Só invisto em empresas de primeira linha." Quando analiso as empresas de primeira linha como a General Motors e a Ford, fico imaginando quantos automóveis essas duas empresas terão que vender para dar conta do deficit de bilhões de dólares nos seus fundos de aposentadoria.

Quanto os Aposentados Custam?

O artigo "Adeus, Aposentadorias", da *Fortune*, afirma que essas empresas de primeira linha atualmente pagam US$111 bilhões a cada ano para 21 milhões de ex-funcionários que já se aposentaram. Imagine uma despesa anual para uma empresa referente a pessoas que já não estão mais trabalhando! Eu realmente não sei como as ações dessas empresas podem continuar subindo se o número de aposentados só aumenta, enquanto o mercado de ações permanece estagnado.

Um Problema Global

É óbvio que muita gente nunca poderá se aposentar e terá que trabalhar até que não possa mais fazê-lo. Com o envelhecimento da população, os sistemas de seguridade social têm problemas em todo o mundo. Noticia-se que, além do Japão, a França e a Alemanha estão em uma situação mais precária do que os Estados Unidos e o Reino Unido no que tange a dar conta do número crescente de aposentados. Enquanto escrevo, os trabalhadores franceses estão indo às ruas protestar contra as mudanças no sistema de aposentadorias. Quanto tempo se passará antes que os mesmos protestos ocorram nos Estados Unidos e no Reino Unido? Será que os *baby boomers*, que protestaram contra a guerra do Vietnã na década de 1960, irão às ruas protestar contra as reformas no sistema de aposentadoria?

Vencer o Jogo do Dinheiro

Meu pai rico costumava dizer: "A vida é um jogo de tempo e dinheiro." Depois que, já perto dos trinta anos, tive sérios problemas financeiros, ele me apresentou ao seu plano de jogo. Ele disse: "Para a maioria das pessoas, os anos de trabalho vão dos 25 aos 65. Em outras palavras, trabalhamos aproximadamente quarenta anos. Quem olha a vida como um jogo do dinheiro, divide-o em quatro tempos, de dez anos cada. Em outras palavras, um jogo de futebol americano profissional se divide em quatro tempos de quinze minutos, e a vida de trabalho, em quatro de dez anos cada."

Ele, então, pegou o seu bloco de notas e escreveu:

O Jogo do Dinheiro

Idade	Período
25-35	1º tempo
35-45	2º tempo
Intervalo (crise da meia-idade)	
45-55	3º tempo
55-65	4º tempo
Prorrogação (não pode se dar o luxo de se aposentar)	
Tempo esgotado (e agora?)	

O pai rico estava preocupado porque o primeiro tempo da minha vida era uma confusão financeira. Então, continuou ilustrando as suas palavras com outro gráfico:

PRIMEIRO TEMPO 25–35 ANOS

DEMONSTRAÇÃO FINANCEIRA

Renda
Despesas

BALANÇO PATRIMONIAL

Ativos	Passivos
Nenhum	US$700.000

"Você perdeu o primeiro tempo", falou. "Se você não tomar jeito e aprender com seus erros, toda a sua vida será uma mixórdia financeira."

O que ele dizia era verdade. No primeiro tempo da minha vida financeira, perdi a minha primeira empresa, estava afundado em dívidas, desacreditado, e ainda era um mau negociante. Uma das razões que me levaram a sair do Havaí aos 35 anos de idade foi saber que tinha que dar um rumo à minha vida. Entre os 25 e os 35 anos, eu tinha levado a vida pensando em me divertir, surfar, jogar rúgbi, paquerar e tentar enriquecer depressa. Sabia que precisava mudar. Em 1984, aos 37 anos, deixei o Havaí para começar de novo. Queria criar um novo eu.

O meu livro *Aposentado Jovem e Rico* tem como tema o segundo tempo da minha vida. Os que o leram recordarão a decisão tomada nas pistas de esqui canadenses, em dezembro de 1984, de me aposentar em menos de dez anos. Em 1994, Kim e eu nos aposentamos. Eu, com 47 anos e ela, com 37. Tínhamos atingido o nosso objetivo, eu, no segundo tempo, ela, ao final do primeiro.

Ganhamos o jogo do dinheiro quando o dinheiro gerado por nossos investimentos, mais que por nosso trabalho, é maior que nossas despesas. Em 1994, Kim e eu recebíamos cerca de US$10 mil mensais gerados por nossos ativos e gastávamos US$3 mil. Embora não fôssemos ricos, desfrutávamos de independência financeira. Não precisávamos trabalhar. Não necessitávamos de aposentadoria de empresa ou do governo. Tínhamos vencido o jogo do dinheiro, se não houvesse alterações em nossa situação financeira.

Depois de vencer o jogo aos 47 anos, passei os dois anos seguintes refletindo sobre a vida. Nesse período, escrevi uma primeira versão de *Pai Rico, Pai Pobre* e criei o jogo de tabuleiro *CASHFLOW*®[1] *101*. Também nesse período fundei com um grupo várias empresas petrolíferas e de mineração em vários lugares do mundo. Algumas delas tiveram sucesso.

Em maio de 2000, fui convidado para participar do programa da Oprah Winfrey, e o resto é história. *Pai Rico, Pai Pobre* alcançou sucesso mundial e de repente eu era famoso. O terceiro tempo da minha vida, entre os 45 e os 55 anos de idade, foi algo que superou os meus sonhos mais delirantes. Nunca imaginara que passaria uma hora com Oprah, nem que iria ao *Today*, o programa de entrevistas da CNBC, e a programas de rádio e televisão de todo o mundo, e que cinco dos meus livros figurassem na lista dos mais vendidos do *New York Times*. Embora o primeiro tempo da minha vida financeira tenha sido confuso, o segundo e o terceiro foram ótimos.

[1] A Editora Alta Books não se responsabiliza pela circulação e conteúdo de jogos indicados pelo autor deste livro. (N. E.)

SEGUNDO TEMPO 35–45 ANOS

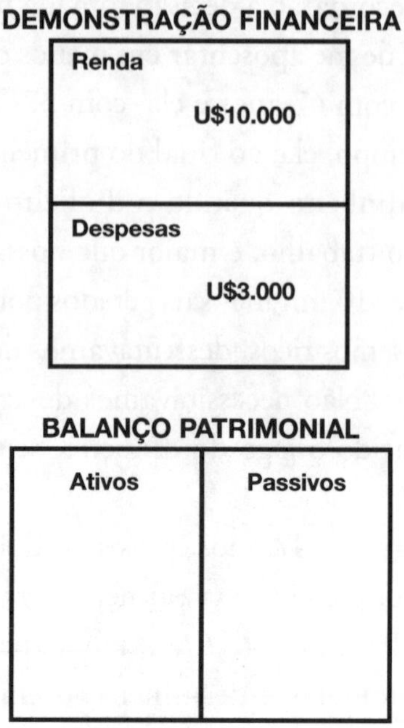

Não estou fazendo nada de diferente no quarto tempo do meu jogo do dinheiro. Ainda sou um empresário, criando empresas no quadrante D, e faço investimentos imobiliários e outros no quadrante I. Em outras palavras, o jogo ainda é o mesmo. Continuo melhorando o meu desempenho a cada tempo. A minha preocupação é que muitos dos representantes da geração *baby boom* estão acordando para a realidade e se dando conta de que lhes restam pouco tempo e dinheiro, mas também percebem que não sabem jogar. A segunda parte deste livro fala de como vencer o jogo do dinheiro, mesmo quando faltam tempo e dinheiro.

Embora eu tenha sido um fracasso nos empreendimentos imobiliários no primeiro tempo, a minha vida mudou quando decidi levar mais a sério o jogo do dinheiro.

Por que Eu Continuo

Uma pergunta que me fazem a toda hora é: "Se o senhor já pode se aposentar, por que continua trabalhando?" São quatro as respostas:

1. Primeira: eu amo o jogo de construir negócios e investir, especialmente em imóveis. Eu provavelmente vou continuar a jogar esse jogo para o resto da minha vida. Quando eu me aposentei depois do segundo tempo, saí do jogo, e comecei a jogar golfe; fiquei muito entediado, e senti que estava desperdiçando a minha vida. Para mim, o dinheiro era apenas a pontuação do jogo, e eu sentia falta de jogar. Depois de dois anos de folga, voltei ao jogo.
2. Segunda: eu estou preocupado com o hiato mundial crescente entre os que têm e os que não têm. Também estou preocupado com o número de pessoas que nunca poderão se aposentar, simplesmente porque perderam o jogo do dinheiro, mesmo que tenham trabalhado durante toda a sua vida. Muitos dos meus companheiros *baby boomers* estão no quarto tempo do jogo e ainda não marcaram os pontos necessários.
3. Terceira: a ganância desmedida dos já ricos me perturba. Muitos dos que roubaram dinheiro das suas empresas já eram muito ricos. Algo que foge ao meu entendimento é como alguém que já fez mais de cem milhões de dólares ainda consegue roubar mais dinheiro de empregados e investidores.
4. Quarta: a ignorância financeira nas nossas instituições acadêmicas está prejudicando o nosso país. Fico realmente angustiado ao ver que o nosso sistema escolar continua ignorando a importância da educação financeira para todos os alunos. Não importa se o aluno for o primeiro ou o último da turma, for rico ou pobre depois de se formar, caso se forme, todos nós vamos ter que lidar com o dinheiro. Aprender a gerenciar e a investir o nosso dinheiro é fundamental para todos. Não me conformo de nas escolas não haver um currículo decente sobre o dinheiro.

Se eu fosse o responsável pela educação financeira em nossas escolas, uma das primeiras coisas que ensinaria à garotada é o código tributário. Explicaria às crianças que a maioria das vantagens é para as empresas e há pouquíssimas para os empregados. Talvez esse fato inspirasse mais jovens a se tornar empreendedores, criando empregos e estimulando a economia global, como Henry Ford, Ray Kroc, Bill Gates, Michael Dell, Rupert Murdoch e Richard Branson.

Você Pode Perder Depois de Ganhar

Uma das razões da importância de saber jogar o jogo do dinheiro é a possibilidade de perder depois de ganhar. Por exemplo, em um jogo de futebol americano, digamos que o segundo tempo se encerre com um placar de 24 a 14. Mesmo que o time perdedor não faça mais gols, ao terminar o jogo ele ainda terá os 14 pontos que tinha no fim do segundo tempo, mesmo que o resultado final seja de 48 a 14.

O jogo do dinheiro é diferente. Continuando com o exemplo do futebol, uma pessoa pode ter um placar de 24 a 14 ao fim do segundo tempo, mas, ao contrário do futebol, ao fim do jogo o placar pode passar para 24 a 0. Em outras palavras, a pessoa pode estar vencendo sob o ponto de vista financeiro no fim do segundo tempo, com um placar favorável, mas pode perder tudo no quarto tempo do jogo.

Antes do colapso do mercado de ações, muitas pessoas estavam ganhando o jogo das finanças. Muitos eram milionários, apenas no papel. Mas, depois da derrocada, eles descobriram, do pior jeito possível, que os pontos acumulados no placar em um dos tempos podem desaparecer no seguinte.

Muitos dos meus contemporâneos, os *baby boomers*, estão agora no quarto tempo das suas vidas sem levar nada referente aos seus anos de trabalho. Muitos deles dão ouvidos aos assessores, que dizem: "Invista em longo prazo." O problema desse conselho é que as pessoas já estão no quarto tempo do seu jogo do dinheiro. O que elas tinham sumiu. Muitos dos que estavam ganhando no segundo tempo estão perdendo no quarto, e o tempo continua a sua marcha. Eu li um relatório que dizia que, atualmente, dois terços das pessoas vivem mais de 65 anos. A expectativa de vida é substancialmente maior do que quando a Previdência Social foi criada, mas a idade para aposentadoria ainda é a mesma, 65 ou 67 anos.

Os Pilotos Estão Perdendo

Depois que me formei em 1969, em vez de comandar navios, me apresentei como voluntário aos Fuzileiros Navais e fui para a escola de aviação de Pensacola, Flórida. Assim, entre 1969 e 1974, fui piloto militar. Muitos dos meus colegas oficiais se tornaram pilotos de empresas aéreas, voando para empresas como United, American, Eastern, Western, TWA, Northwest e U.S. Air. Na década de 1970, ser piloto da aviação comercial era uma profissão glamourosa e muito bem-remunerada. Porém, mais uma vez o tempo agiu, e as coisas mudaram. Hoje, como muitos terão observado, algumas das empresas que listei não mais existem ou estão falidas. Atualmente, muitos desses pilotos não têm aposentadoria ou seu valor caiu muito.

Em 1º de julho de 2003, o *Wall Street Journal* publicou um artigo sob o título: "A maioria dos trabalhadores está no escuro quanto à saúde das suas aposentadorias."

O artigo começa assim:

> *Para milhões de trabalhadores norte-americanos, poucas questões são mais importantes do que a saúde de seus planos de pensão. Porém, as empresas têm empreendido uma bem-sucedida batalha para manter em segredo as informações relativas aos seus fundos de aposentadoria.*
>
> *A luta surge entre um crescente receio quanto ao destino dos fundos de pensão. Alguns empregadores, sobretudo do ramo siderúrgico, puseram fim a planos de pensão que vigoravam há décadas. Muitas outras empresas reduziram os benefícios mediante a reestruturação dos planos. Os empregadores estão agora esperando junto ao Congresso por alterações na fórmula que lhes permitam reduzir as suas contribuições aos fundos e os pagamentos aos que se aposentam.*
>
> *Contudo, os empregados e os aposentados quase não têm meios de verificar até que ponto os seus planos são sólidos, em parte porque as empresas há muito resistem em divulgar informações atualizadas. A consequência é que os empregados têm dificuldade em descobrir se suas aposentadorias estão ameaçadas.*

A matéria continua, explicando que os empregados tinham mais facilidade em verificar a situação dos seus planos. Mas, em 1995, tudo mudou. Nesse ano, o Congresso exigiu que as empresas fornecessem mais pormenores sobre a saúde dos seus planos de pensão à *Pension Benefit Guaranty Corporation* (PBGC — "Seguradora dos Benefícios da Aposentadoria", em tradução livre). A PBGC é uma seguradora estatal que faz o seguro das aposentadorias dos empregados. Em troca do fornecimento dessas informações, as empresas exigiram que a PBGC não revelasse aos cidadãos as informações recebidas. Em outras palavras, desde 1995 os empregados não têm mais condições de verificar a situação de seus planos de pensão.

Empresa Corta Aposentadoria dos Seus Pilotos

O artigo também explica como os pilotos do *US Airways* perderam a sua aposentadoria, porque não conseguiram descobrir nenhuma informação sobre os benefícios do seu plano.

> *Em 31 de março, o* US Airways *extinguiu o plano de aposentadoria de 7.000 pilotos ativos e aposentados.*

Isso significa que 7.000 pilotos perderam de repente as suas aposentadorias e todo o dinheiro que tinham no plano. O *US Airways* embolsou US$387 milhões do fundo de pensão que pertencia aos pilotos. Este não é um caso isolado. Muitas empresas têm utilizado táticas semelhantes para tornar os ricos mais ricos e tirar os empregos dos trabalhadores ou os seus planos de aposentadoria. Então, a questão é: "Quão seguro é o seu plano de aposentadoria? Como você pode descobrir, se o PBGC não tem nenhuma obrigação de lhe dizer?"

O Tempo Não Espera por Ninguém

A matéria do *Wall Street Journal* descreve o que acontecerá com alguns aposentados que perderam o plano de pensão:

> *Os aposentados incapacitados serão os mais prejudicados, pois também perderam os benefícios por invalidez, que estavam ligados à sua aposentadoria. Hugh Greenwood, que se aposentou em 1997, perdeu os US$2 mil mensais que complementavam a sua aposentadoria. Sua esposa voltou a trabalhar e o ex-piloto de 67 anos terá que fazer o mesmo.*

Quando se aplicam os critérios do pai rico referentes ao jogo do dinheiro à vida de Hugh Greenwood, sob vários aspectos ele estava ganhando ao final do quarto tempo. De repente, em decorrência das mudanças na economia mundial, ele terá que recomeçar praticamente a partir do nada, e com pouco tempo pela frente.

Você Vai Trabalhar para Sempre?

Quando me vi às voltas com problemas financeiros no primeiro tempo da vida, perguntei ao pai rico o que acontecia com aqueles que não tinham nada ao fim do quarto tempo. Ele disse, pensativo: "Vão para a prorrogação." Em outras palavras, terão que trabalhar pelo resto da vida, o que pode não ser ruim, desde que se tenham condições para tanto. Na verdade, acredito que o trabalho nos torna mais saudáveis e mais felizes. Sei disso porque me aposentei aos 47 anos e achei deprimente. É por isso que eu continuo trabalhando, mesmo sem precisar.

Ir para a prorrogação não é algo ruim, desde que gostemos do que fazemos. Um dos problemas dos pilotos comerciais é que eles são obrigados a deixar de voar aos sessenta anos.

Uma coisa que sugiro é que quem se vir obrigado a enfrentar uma prorrogação financeira procure fazer alguma coisa de que goste e de que seja capaz, enquanto tiver vontade. Em outras palavras, é bom não seguir o exemplo de alguns de meus ex-colegas que não têm outra profissão além da de piloto. É bom lembrar que, embora hoje nos sintamos fortes e saudáveis, haverá um tempo em que será necessário encerrar o jogo do trabalho e não fazer mais nada. Também cabe recordar que não fazer nada pode sair caro.

Dê Atenção ao Tempo

Como dizia o pai rico: "Todo investidor deve saber quando uma flor vai desabrochar e quanto tempo ela vai durar."

Isso significa que todo investidor deve estar atento ao tempo. Como a minha geração está descobrindo, o que funcionou para a geração de nossos pais pode não funcionar para muitos de nós. Isso significa que um investidor precisa dar atenção aos ciclos. Milhões de representantes da geração *baby boom* perderam trilhões de dólares porque ouviram as conversas de vendedor e deixaram de prestar atenção aos ciclos.

Hoje, todos sabem que os mercados disparam e depois despencam, do mesmo modo que a maioria de nós sabe que ao inverno se segue a primavera e, ao outono, o inverno. Mesmo morando no Havaí, onde o ano inteiro é verão, nós, os surfistas, estávamos conscientes da mudança das estações. Sabíamos que no verão as ondas são grandes nas praias do sul. No inverno, as ondas são grandes nas praias do norte.

Quando *Profecias do Pai Rico* foi lançado, no final de 2002, muitos dos chamados jornalistas especializados em finanças me perguntaram como eu podia prever um colapso do mercado de ações. Respondi: "Porque todo investidor profissional sabe que todos os mercados disparam e todos os mercados despencam. Prever um colapso do mercado é como prever o inverno no Maine." Embora a resposta fosse tão simples assim, muitos jornalistas quiseram discutir comigo, tentando negar a possibilidade de um desmoronamento do mercado ou que qualquer outro colapso estivesse a caminho. Em vez de aceitar naturalmente o ciclo dos mercados, muitos repetiam o que lhes tinha sido inculcado pelos consultores financeiros: "A história mostra que em média o mercado de ações sobe 9% ao ano." Isso é conversa de vendedor para atrair o investidor não sofisticado!

Todo investidor profissional sabe que os mercados disparam e despencam. A minha resposta mais comum a essa afirmação relativa às médias é: "Só o investidor mediano investe em médias." Outra resposta que tenho dado é: "A temperatura média anual do Maine é de 21º celsius. Isso não quer dizer que as pessoas possam passear apenas de suéter no auge do inverno." Em geral, esta segunda resposta é demasiado complexa para eles.

Commodities

Em 1996, quando o mercado de ações começou a subir, passei a investir em commodities, como ouro, prata e petróleo. Um gerente de banco amigo meu, que de repente tinha descoberto a nova religião dos fundos de investimento e do mercado de ações, ficou imaginando por que eu investia em commodities e não em ações. Expliquei: "Porque as commodities operam em um ciclo de vinte anos. Elas caíram em 1980, agora que estamos nos aproximando de 2000, é tempo de começar a comprar, enquanto os preços estão baixos." Ele deu de ombros e continuou comprando papéis de fundos de ações de empresas de tecnologia até meados de 2002, tentando combater a tendência, acreditando nos conselhos de seu corretor. Foi preciso que perdesse quase tudo para entender que estava enfrentando uma virada de ciclos. Já falei da tendência do ciclo 20–10–5, mas retornarei ao assunto com mais complexidade na segunda parte deste livro.

Commodities são coisas como ouro, prata, milho, café, gasolina, óleo combustível, e outros bens tangíveis. Quando passei um ano no mar, comecei a estudar a relação entre os ciclos do mercado de ações e os das commodities. Uma das coisas que aprendi é que, quando o preço das ações está no alto, é hora de procurar outros mercados. Isso é investir respeitando os ciclos do tempo.

Como mostrarei mais adiante, os mercados parecem atuar em ciclos de vinte anos. Em 1973, o mercado de ações começou a cair. Essas quedas duram em geral algo em torno de dez anos. Em 1983, logo depois que o mercado de commodities (ouro e prata) despencou, mais exatamente o ouro e a prata em 1980, o mercado de ações começou a subir, atingindo o recorde histórico em 2000. Com a alta dos preços, muitos investidores perspicazes se voltaram para o mercado de commodities. Por quê? Porque parece ser esse o ciclo que o tempo determinou para os mercados. Então, quem mexeu no dinheiro dos investidores em fundos de investimento? Foram os seus corretores ou o tempo?

A Bola de Cristal

Quem quiser uma bola de cristal, examine a demografia. A geração *baby boom* causou um grande aumento na população. Na década de 1970, quando os seus membros deixaram as escolas e entraram no mercado de trabalho, casaram, tiveram filhos, começaram a adquirir a casa própria. Isso levou à explosão dos preços dos imóveis residenciais. Nos anos de 1990, já com quarenta ou cinquenta anos, entraram com força no mercado de ações, causando uma das maiores bolhas da história. Em 2010, quando começaram a se aposentar, os *baby boomers* voltaram a provocar surtos de altas e baixas em muitos mercados. Em 2010, a pergunta era: "O que está fazendo e para onde estará indo essa geração?" Antecipe-se à resposta e você terá sucesso financeiro. Mas é fácil prever o destino da maioria na década de 2030. Observe novamente a tendência dos vinte anos, dessa vez provocada pela demografia. O aspecto positivo é que poderemos viver muito mais, possivelmente mais de cem anos. Isto provocará outra expansão.

Quem quiser enriquecer precisa prever onde ocorrerão as altas e fugir das baixas. Pode-se dizer que quem está atento à demografia tem uma bola de cristal. Quando escrevi *Profecias do Pai Rico,* eu estava mais concentrado em examinar a bola de cristal conhecida como demografia. O problema é que eu não tinha ideia de como o problema era grave. Não apenas os planos de pensão dos *baby boomers,* mas também muitos fundos de pensão de empresas, estão em situação financeira precária, para não falar no tesouro do Governo Federal dos Estados Unidos, que está atolado em dívidas.

Respeite o Tempo

Para ser um ótimo investidor, é preciso respeitar o tempo e o seu impacto no placar financeiro das pessoas. Alguns dos ciclos e tendências aos quais devemos estar atentos são:

Janelas de Oportunidades

Estava ouvindo um programa de rádio em que o comunicador entrevistava os chamados especialistas em investimentos. Um deles disse: "Warren Buffett está investindo em títulos de alto risco. Por isso, aconselho os meus clientes a fazerem o mesmo."

A resposta do segundo especialista foi: "Warren Buffett *investiu* em títulos de alto risco — no ano passado. Neste ano, deixou de fazê-lo."

Isso é um exemplo de janela de oportunidade. Durante a alta do mercado de ações, muitos investidores começaram a citar Warren Buffett e a aplicar em ações. Como já mencionei no início do livro, Warren Buffett ficou fora do mercado de ações justamente quando milhões de investidores de primeira viagem se atiravam nele de corpo e alma. Como dizem, o tempo não espera ninguém. O mesmo pode-se dizer das oportunidades.

Mudanças na Vida

Uma das razões que torna o conceito do pai rico sobre os tempos do jogo do dinheiro tão importante é que a vida muda. Tenho vários amigos que tiveram grande sucesso financeiro até os 45 anos. Então, foram atingidos pela crise da meia-idade. Alguns largaram o emprego. Outros deveriam ter agido da mesma maneira, mas continuaram no mesmo lugar. Alguns se divorciaram e perderam tudo. Outros poucos se divorciaram e perderam tudo mais de uma vez. Um amigo ficou inválido e não tinha seguro. Atualmente, quando as empresas estão enxugando os seus quadros, muitas pessoas estão recomeçando, quando deveriam estar estabilizadas. A educação financeira é mais importante do que nunca, simplesmente porque as coisas estão mudando mais rápido do que em qualquer outra época.

Anos atrás, o pai rico desenhou o quadrante CASHFLOW e me perguntou: "No final da sua vida, em que quadrante você quer estar?"

Depois de observar o desenho por um tempo, respondi: "Obviamente, quero estar no quadrante I."

Então, o pai rico disse: "Se você planeja estar no quadrante I, por que não começar por aí?" É por isso que ele começou a me ensinar a investir quando eu ainda era garoto, usando para isso o jogo *Banco Imobiliário*. Uma das razões que possibilitaram a minha recuperação financeira, depois de um primeiro tempo desastroso, foi que eu tinha as habilidades do quadrante I. Na segunda parte deste livro, vou transmitir aos leitores algumas dessas ideias, para que possam ganhar experiência sem arriscar muito dinheiro.

Hoje, ouço muitos políticos e jornalistas exigindo mais empregos. Na minha opinião, precisamos mais do que empregos. Precisamos de educação financeira. Um emprego é apenas uma solução de curto prazo para um problema de longo prazo, a questão é a maneira como garantimos nossa sobrevivência financeira, sobretudo quando já paramos de trabalhar, ou não podemos mais trabalhar, ou perdemos tudo e temos que começar de novo.

Um dos grandes problemas dos nossos dias é que as nossas escolas só se concentram nos lados E e A do quadrante CASHFLOW, quando na verdade deveriam focalizar muito mais os lados D e I.

Não Espere Ganhar Sempre que Rolar os Dados

Muitos investidores perdem dinheiro porque tiveram sorte uma vez. Nas fases de alta do mercado de ações, muitos investidores de primeira viagem se dão bem, ganham algum dinheiro, depois perdem e, na expectativa de voltar a ter sorte, investem mais — só para saírem derrotados do jogo.

Uma das lições mais difíceis que precisei aprender foi que ter ganhado dinheiro com um investimento uma vez não significa que voltarei a ganhar dinheiro outra vez, ainda que aplicando no mesmo tipo de investimento.

A lição final é que os mercados mudam com o decorrer do tempo. Investir em longo prazo, comprando, esperando e rezando, é um conselho ridículo, quando o mercado muda de direção ou quando ocorre alguma virada de ciclo, como, por exemplo, nas situações em que a maré favorável passa das ações para as commodities.

Só Porque Você É Sagaz Hoje, Não Significa que Será Amanhã

Nas reuniões da minha empresa, muitas vezes fico observando a minha equipe, cujos membros estão quase todos na casa dos vinte, trinta anos. Não raro lhes digo: “Se eu estivesse procurando um emprego hoje, eu não me contrataria.” O grande problema dos nossos dias não é a idade nem a discriminação racial, é a segregação tecnológica. Em termos simples, não me contratem porque sou tecnologicamente obsoleto. Felizmente, sou o dono da empresa.

A Depressão Retorna

Historicamente, se a pessoa vive até os 75 anos, é provável que enfrente uma depressão e duas recessões econômicas. A última depressão econômica começou em 1930. Como não temos outra há quase setenta anos, a próxima depressão não deve estar longe. Na década de 1930, o governo federal apertou o crédito, o que, segundo muitos economistas aprofundou a depressão. Aprendendo com o erro, depois de 2001, o Tesouro dos Estados Unidos, em vez de apertar o crédito, inundou o mercado com dinheiro e crédito barato. Hoje, na economia norte-americana, ou as pessoas têm muito dinheiro ou não têm nenhum. Atualmente, temos investidores com milhões para aplicar e temos filas de desempregados com fome. Se houver uma depressão, em qual dos grupos você gostaria de estar — no grupo sem dinheiro ou no grupo com dinheiro?

Tempo e Dinheiro

Uma das razões pelas quais os ricos estão ficando mais ricos é que os salários dos trabalhadores não acompanharam o tempo. O *New York Times* publicou uma matéria que comparava o aumento do salário de um trabalhador médio com o de um CEO. O salário anual do trabalhador médio passou de US$32.522, em 1970, para US$35.864 em 1999, um ganho de cerca de 10% em 29 anos (em dólares de 1998, descontada a inflação). Já a remuneração média real dos CEOs das cem maiores empresas (segundo classificação da revista *Fortune*) passou de US$1,3 milhão, em 1979, para US$37,5 milhões, no mesmo período.

Em outras palavras, em quase trinta anos, o pagamento dos trabalhadores aumentou 10% e o dos CEOs, 2.800%. Esta é uma diferença muito grande em tempo e dinheiro.

O Tempo Não Para

Gostemos ou não, o tempo avança e muda. Ignorar as mudanças e os ciclos do tempo — simplesmente comprar, esperar e rezar — é muito perigoso do ponto de vista financeiro. É óbvio que muitos investidores da geração *baby boom* nunca poderão se aposentar, porque não viram a marcha do tempo.

Como dizia o pai rico: "Todo investidor deve saber quando uma flor vai desabrochar e quanto tempo ela vai durar." Na segunda parte deste livro, trataremos de como recuperar o tempo perdido.

Parte 2

PERGUNTE A UM INVESTIDOR

Pergunta: *"Você pode transformar $10 mil em $10 milhões?"*
Resposta: *"Sim, até em mais se você quiser."*

Qualquer um consegue transformar $10 mil em $10 milhões? Obviamente, a resposta é não. Mas muito mais pessoas conseguiriam essa proeza se tivessem vontade e uma orientação melhor. A segunda parte deste livro é o guia. Porém, antes de passar a ele, há quatro pontos muito sutis, embora simples, que preciso examinar antes de ir para o conselho. Trata-se das quatro razões pelas quais muitas pessoas deixam de se tornar superinvestidores.

O capítulo a seguir detalha essas quatro razões.

Capítulo 10

QUATRO RAZÕES PELAS QUAIS ALGUMAS PESSOAS NÃO SE TORNAM SUPERINVESTIDORES

"O dinheiro flui para quem torna a vida simples."

— Pai rico

Antes de apresentar a fórmula do superinvestimento, é importante examinar as quatro razões que impedem algumas pessoas de se tornarem superinvestidores bem-sucedidos. Todas as quatro razões estão relacionadas.

Razão #1: O Poder da Palavra Impossível

Eu estava ainda no ensino médio quando, um dia, ao sair da escola, disse ao pai rico: "O professor de ciências falou hoje que, levando em conta a sua estrutura, a abelha não poderia voar."

"Bom, esperemos que o seu professor de ciências não diga isso à abelha."

Você Não Pode Fazer Isso Aqui

Eu estava passeando de carro pelas ruas da Cidade do Cabo, na África do Sul, uma das cidades mais espetaculares do mundo. Eu tinha ido fazer uma palestra em um dos maiores bancos da região. Passando pelo porto, meu anfitrião, que estava sentado ao meu lado no banco traseiro, observou: "Os seus livros são bons. Gosto da ideia de investir em imóveis e auferir renda passiva. Seria muito bom para nosso país, mas aqui é impossível fazer isso. Nossas taxas de juros são muito altas, de modo que não é possível ganhar dinheiro da forma que o senhor indica. Aqui é impossível gerar fluxo de caixa positivo com renda passiva."

O automóvel agora estava passando perto de um dos empreendimentos imobiliários em grande escala mais brilhantemente projetados que eu já tinha visto. Os projetos comerciais e residenciais eram de primeira classe em termos de planta, inovação e uso do terreno. Depois de refletir um pouco, dei um suspiro e disse com a maior delicadeza possível: "O senhor pode não ser capaz de ganhar dinheiro com imóveis aqui, mas sem dúvida há quem possa."

Uma das razões que permitem à abelha voar é não saber que não pode voar. Um dos motivos pelos quais tantos investidores não podem fazer grandes investimentos que lhes proporcionem muito dinheiro é que eles dizem: "Não posso fazer isso aqui", "Não tenho recursos para tanto", ou "Os preços são altos demais". Ou qualquer outra coisa que sirva para justificar sua incapacidade de fazer o que os outros fazem.

O Preço de Dizer: "Eu Não Consigo"

Diz-se que Henry Ford teria afirmado: "Se você pensa que pode, você pode. Se pensa que não pode, você não pode. De qualquer forma, você está certo."

Enquanto percorríamos as ruas da Cidade do Cabo, o meu anfitrião continuava explicando por que minhas ideias não funcionariam lá. "O preço dos imóveis aumentou demais nestes últimos três anos. Se já é difícil ter casa própria, imagine investir em imóveis alugados! É por isso que digo que as suas ideias sobre investimentos não funcionam nesta cidade."

Enquanto ele terminava seu discurso, eu olhava a paisagem e concluía que a Cidade do Cabo era uma cidade de classe mundial e havia muito dinheiro a ganhar lá. Sem dúvida, a Cidade do Cabo e a África do Sul tinham problemas que afastavam os investidores tímidos; contudo, para mim era óbvio que havia investidores despejando dólares na cidade. Muitas pessoas estavam enriquecendo bastante. Meu anfitrião, por outro lado, tinha deixado que o seu negativismo e as suas limitações o derrotassem. Passamos juntos cerca de cinco horas naquele dia. Nesse período, ele repetiu "eu não consigo" várias vezes — muitas vezes mesmo.

Falando Claramente

Depois que me formei na academia, o pai rico começou a conversar comigo de maneira mais objetiva. Era menos delicado, menos cauteloso. Queria que eu aprendesse rápido, de modo que não media as palavras como quando eu era garoto. Enquanto o meu anfitrião na Cidade do Cabo salientava o quanto era difícil ganhar dinheiro investindo em imóveis, minha imaginação ouvia o pai rico advertindo: "Os pobres e os preguiçosos usam a palavra *impossível* com mais frequência do que os bem-sucedidos. Para eles, essa atitude é mais cômoda do que reconhecer que é possível. Quando se afirma que algo é impossível, não se precisa agir, mesmo que, na verdade, seja possível."

Olhando de volta para o meu anfitrião, que olhava para fora da janela do carro enquanto falava, percebi que ele estava perdendo no jogo de se tornar rico, mas não porque era estúpido ou incompetente. Ele estava perdendo a possibilidade de ficar rico porque era preguiçoso. Era muito mais fácil para ele dizer: "Você não pode fazer isso aqui", embora fosse óbvio que as pessoas estavam fazendo isso bem na frente dos seus próprios olhos.

Os Preguiçosos Trabalham Arduamente

O pai rico costumava dizer: "É fácil trabalhar muito e não ir a lugar algum. É fácil agarrar-se a um emprego e culpar o chefe que não dá um aumento. É fácil dizer 'não dá'. É fácil dizer 'não posso fazer isso'. É fácil culpar um marido ou uma esposa ou os filhos por nossos problemas financeiros." E continuava: "Muitos preguiçosos trabalham muito. Continuam trabalhando muito porque isso é mais fácil do que mudar." Quanto aos investimentos, o pai rico dizia: "Muitas pessoas põem o dinheiro nas mãos de estranhos, e ficam perplexas porque obtêm retornos muito baixos. Outras pensam que deveria ser fácil achar um bom investimento. Parecem achar que os bons investimentos nascem nas árvores ou que alguém deveria dar-lhes de bandeja. A verdade é que é fácil achar maus investimentos. O mundo está cheio de pessoas que lhe oferecem maus investimentos. Se quiser que o dinheiro trabalhe para você, não se dê ao luxo da preguiça. Os preguiçosos aplicam nos investimentos que os ambiciosos rejeitam."

Não É Crueldade

Dizer que quem trabalha arduamente é preguiçoso não é crueldade. Faço essa afirmação para passar uma das mais importantes lições que o pai rico me ensinou — a do poder da palavra *impossível.* Ele dizia: "A palavra *impossível* nos enfraquece, nos deixa cegos mesmo que possamos ver, entristece os felizes, transforma corajosos em covardes, rouba o brilho dos gênios, não deixa que pensemos e limita as realizações da pessoa ótima que está dentro de nós."

Os Milionários Quebram

Eu li uma reportagem sobre uma mulher que passava por dificuldades financeiras. O título da matéria era "Milionária vai à falência". Essa mulher tinha setenta anos, era formada por uma das melhores faculdades de direito e exercera a profissão com grande sucesso. Ao aposentar-se, desfez-se de todos os seus investimentos e deixou o dinheiro no banco. "Depois do colapso das bolsas, me senti muito esperta por não ter perdido dinheiro como muitos dos meus amigos", disse. "Assim, apliquei meu dinheiro, quase US$1 milhão, em um certificado de depósito que rendia quase 5% ao ano em juros. Isso significava que eu podia contar com uma renda anual de quase US$50 mil, mais os US$22 mil da Previdência Social. Pensei que estava tudo resolvido. Oito anos depois de me aposentar, esses certificados de depósito só estão pagando juros de 1% ao ano, de modo que agora minha renda é de US$10 mil. Estou tendo dificuldade em pagar as contas, mesmo que tecnicamente seja milionária. Se as taxas de juros não subirem logo, vou ter que começar a gastar o principal. E isso significa que posso quebrar se tiver a felicidade de viver muito."

Como seria de esperar, a resposta do especialista financeiro foi: "A senhora fez a coisa certa, mas agora é tempo de voltar ao mercado. Investindo com sabedoria, aplicando em uma carteira diversificada, a senhora poderá obter rendimento de 5% ao ano."

Embora seja um conselho acertado para alguém com seus conhecimentos financeiros, o retorno anual de 5% dificilmente pode ser considerado bom. Com um pouco de educação e experiência financeira, ela poderia receber facilmente 15% ou até mais. Então, por que é que ela não obtém esses rendimentos mais altos? Uma resposta seria que a questão depende da formação e do professor. Em outras palavras, muitas pessoas são abelhas que estão sendo ensinadas a não voar por pessoas que também acham que não podem voar.

Quatro Casas, um Hotel

Quando eu tinha nove anos, o pai rico começou a me ensinar os princípios do enriquecimento. Ele começou por coisas simples, e ficava jogando *Banco Imobiliário* comigo durante horas. E repetia: "A fórmula para conseguir uma grande riqueza está neste jogo. O segredo é conseguir quatro casas e trocá-las por um hotel." Então, ele completava a minha formação, levando-me a visitar as propriedades que ele tinha para alugar, e que representavam as suas casas do jogo *Banco Imobiliário.* Quando eu estava na academia, em 1967, o pai rico de fato vendeu suas quatro casas e comprou um dos maiores hotéis da praia de Waikiki. Embora o hotel não fosse o do jogo, aos dezenove anos eu sabia por que as abelhas voavam e por que meu pai rico ficara tão rico em dez anos.

Em julho de 2003, eu estava em Waikiki passeando com o Mike, filho do pai rico, no trecho da praia em que um dia se ergueu o velho hotel. Hoje, em seu lugar, construiu-se outro hotel ainda maior, de propriedade de uma grande seguradora. Embora a família do pai rico já não seja dona do hotel, ela ainda controla a propriedade do terreno em que o hotel foi construído. O aluguel desse terreno é impressionante. Mike observou: "Este terreno praticamente não tem preço. Papai partiu do nada, mas tinha um plano, uma visão e um sonho. Ele começou jogando *Banco Imobiliário* quando era garoto e nunca saiu do jogo. Ninguém lhe disse que não podia jogar *Banco Imobiliário* na vida real."

Quando o Mike parou para conversar com um dos donos das lojas situadas em seu terreno, minha mente voltou no tempo e eu podia ouvir papai e mamãe falando comigo: "Guarde essa bobagem de *Banco Imobiliário.* Vá fazer o dever de casa. Se não tirar notas boas, você não vai conseguir um bom emprego." Quando retomamos o passeio, Mike comentou: "Foi uma sorte que ninguém tenha dito ao papai que o *Banco Imobiliário* era só um brinquedo de criança."

Concordando, disse silenciosamente para mim mesmo: "Ou disse às abelhas que elas não podem voar."

Razão #2: O Poder da Facilidade

"A chave do enriquecimento é facilitar as coisas", disse-me o pai rico um dia, enquanto dava a seu filho e a mim uma aula de negócios. "Uma das razões pelas quais os professores ganham menos do que os empresários é que o sistema escolar foi projetado para pegar o que é simples e torná-lo complexo." Sem entender o que ele queria dizer com isso, pedi que explicasse melhor. Logo, o pai rico tornou as coisas claras: "O sistema escolar pega 1 + 1, simples aritmética, e transforma em cálculo diferencial. É isso que eu quero dizer com a transformação do que é simples em algo complexo."

A escola sempre me apavorou. Vivia em um permanente sobressalto, receando que o ano seguinte fosse ainda mais difícil do que o presente. Lembro que, quando estava no ensino fundamental, as pessoas diziam que o ensino médio seria muito mais árduo. No ensino médio, me diziam que a faculdade seria ainda mais difícil. Assim, me parecia que o sistema escolar era uma forma de dificultar a vida. Sem entender completamente a diferença entre o mundo dos negócios e a escola, perguntei ao pai rico: "Isso quer dizer que as empresas pegam o que é complexo e o tornam simples?"

Assentindo, o pai rico respondeu: "Certo. O propósito de uma empresa é tornar a vida mais fácil, não complicá-la. As empresas que facilitam a vida são as que ganham mais dinheiro."

"O senhor poderia dar um exemplo?", pedi.

"Claro", disse o pai rico. As montadoras ganham tanto porque o automóvel facilita a ida de um lugar para outro."

"Mais fácil do que andar. É isso o que o senhor quer dizer?"

"Exatamente. Como o automóvel torna a vida mais fácil, milhões de pessoas estão dispostas a pagar por ele."

"O mesmo acontece com as empresas de aviação", acrescentei, ao entender a lição.

"E o telefone, o supermercado, a companhia de eletricidade. Todas elas ganham dinheiro porque facilitam a vida", disse o pai rico.

"As escolas tornam a vida mais difícil?", indaguei.

"Sim", retrucou o pai rico. Elas pegam o que é fácil e o deixam cada vez mais complicado. Se você quiser enriquecer, deve aprender a pegar coisas que são difíceis e torná-las simples. Se você se concentrar em facilitar a vida das pessoas, poderá ficar muito rico. Se conseguir simplificar a vida delas, enriquecerá ainda mais."

O Lema do Pai Rico

A sua máxima era: "O dinheiro flui para quem torna a vida simples."

Simplificar o Investimento

Uma das razões pelas quais o mercado de ações se sai bem é que facilita o investimento. As bolsas de valores pegam uma empresa e a fatiam em milhões de ações; assim, as pessoas podem comprar com facilidade pedaços da empresa.

Os fundos de investimento atraem tanto dinheiro porque facilitam a decisão sobre a compra de ações. Tudo o que se precisa fazer é aplicar no fundo mútuo e esperar que seu gestor tenha escolhido um conjunto de ações que se valorizem.

Quem entender a lição do pai rico sobre tornar a vida mais fácil entenderá por que aqueles que dirigem as bolsas de valores ou gerenciam os fundos de investimento são os que enriquecem — não necessariamente as pessoas que investem o dinheiro.

Viabilizar o Investimento

As bolsas e os fundos não só facilitam os investimentos, mas também os viabilizam. Alguém resolve aplicar apenas $50 todo mês. Basta isso. Não precisa levantar recursos para o pagamento da entrada, provar que seu cadastro é bom para conseguir financiamento bancário, como ocorre com os investimentos em imóveis ou empresas. Tudo o que precisa fazer é aplicar o dinheiro. Nada além disso.

Quem Faz Dinheiro até em um Colapso

Nas quebras, os fundos de investimento não deixam de ganhar dinheiro, mesmo que os aplicadores sofram grandes perdas. Durante o colapso, mesmo que os preços das ações e o valor das cotas despenquem, os gestores dos fundos de investimento continuam arrecadando as taxas de administração. Por quê? Porque facilitam o investimento.

Uma Relação Direta

Todas as razões estão relacionadas. As pessoas que costumam falar "é impossível" são muitas vezes as que procuram as técnicas de investimento mais fáceis.

Quando me ensinava a investir, o pai rico disse: "Muitas pessoas parecem pensar que os bons investimentos nascem nas árvores. Elas pensam que investir deveria ser fácil. Muitas acham que basta pôr o dinheiro nas mãos de um mágico para ficarem ricas. Na realidade, investir é um processo contínuo de busca, de negociação, de financiamento e de gestão de pessoas e dinheiro. Quando se trata de investir, quem escolhe o caminho árduo acha a vida fácil. Quem prefere o caminho fácil costuma achar a vida difícil."

Isso nos leva à terceira razão que impede tantas pessoas de se tornarem superinvestidores.

Razão #3: Os Ricos Tornam a Pobreza Fácil

Você já verificou como é fácil obter um cartão de crédito? Já observou a rapidez com que se contrai uma dívida ruim?

Quando Kim e eu estávamos construindo nossa fortuna, enfrentamos problemas com os bancos porque tínhamos imóveis demais. Embora todos eles fossem investimentos que geravam fluxos de caixa positivos, os bancos queriam cortar alguns de nossos empréstimos, porque tínhamos muitas dívidas boas. Ao mesmo tempo, os bancos pareciam interessados em nossa carteira de investimentos multimilionária, mostravam-se ansiosos por nos conceder um novo cartão de crédito e um empréstimo para a compra de um carro novo. Em outras palavras, os bancos estavam preocupados porque tínhamos muitas dívidas boas e ao mesmo tempo queriam nos atulhar de dívidas ruins. Por quê?

No início de 2003, nosso corretor de imóveis ligou perguntando se queríamos mais US$300 mil em dinheiro além de um financiamento sobre a nossa casa. Como as taxas de juros tinham caído muito, Kim e eu poderíamos pegar o dinheiro e ainda pagar a mesma mensalidade sobre o financiamento do nosso imóvel.

Quando quisemos refinanciar um de nossos prédios residenciais, recebendo US$250 mil em dinheiro, o mesmo corretor hesitou. Embora tivéssemos conseguido o dinheiro com outro corretor, achei interessante que aquele primeiro estivesse ansioso por nos conceder um empréstimo para um passivo, a casa em que moramos, mas hesitasse em emprestar dinheiro para um ativo. Por quê?

Outro ponto interessante é que muitas revistas especializadas em gestão de finanças pessoais recomendavam que se comprasse uma segunda casa de veraneio — que custa dinheiro, mas não um imóvel para investimento, que *gera* dinheiro. Por quê? Quando falarmos de superinvestimentos nos próximos capítulos, a questão se tornará ainda mais intrigante, porque a maioria das pessoas ricas ganhou dinheiro com imóveis ou tem sua riqueza em imóveis. O mercado de imóveis também é bem maior do que o de ações. Então, por que a maioria dos especialistas financeiros critica investimentos em imóveis e recomenda investimentos mais fáceis, como em ações, ativos de papel e fundos?

Razão #4: Investir sem Garantias

Por que tantos milhões de investidores estão dispostos a pagar um pouquinho a cada mês sem ter qualquer garantia de que o dinheiro estará à sua disposição no futuro? Por que tantos milhões de investidores estão tão dispostos a perder dinheiro todo mês em vez de ganhá-lo todo mês? Enquanto muitos investidores medianos estão dispostos a jogar, ou a ganhar dinheiro no futuro, o superinvestidor deseja garantias de retornos hoje.

Em um dos próximos capítulos, falo de uma mulher que queria comprar uma ação que custava US$55, porque seu corretor lhe disse que em breve o preço dessa ação chegaria a US$57. A pergunta que faço é: "Como pode haver tanta gente crédula e disposta a investir em mentiras?" A resposta está nesta quarta razão.

Muitas pessoas não se tornam superinvestidores porque são crédulas a ponto de investir em promessas futuras. E tantos investidores agem assim porque não encontram um investimento que dê rendimentos hoje. Como já mencionei, as quatro razões estão relacionadas. Tudo começa quando alguém diz: "Não tenho condições de fazer isso" ou "não acho um bom investimento". Se a pessoa não consegue encontrar um bom investimento que comece a dar retorno hoje, ela passa a procurar uma resposta fácil e se dispõe a receber o retorno amanhã.

Quem deseja ser um superinvestidor não pode permitir-se investir em mentiras. Precisa investir em garantias. Nos capítulos seguintes, veremos como os superinvestidores investem com garantias.

Analise estas quatro razões que impedem as pessoas de se tornarem superinvestidores.

Capítulo 11

A FORÇA DO SUPERINVESTIMENTO

"A verdadeira viagem da descoberta não consiste em buscar novas paisagens, mas em ter olhos novos."

— Marcel Proust

As Quatro Classes de Ativo

As quatro principais classes de ativo são:

1. Negócios
2. Imóveis
3. Ativos de papel
4. Commodities

Muitas pessoas não obtêm resultados satisfatórios com os seus investimentos porque investem apenas em uma dessas classes. O superinvestimento requer que o investidor aplique em duas ou, de preferência, em três ou nas quatro classes de ativo.

No mundo de hoje, além da casa própria ou de uma casa de veraneio, a maioria das pessoas investe em ativos de papel, como ações, fundos de investimento ou certificados de depósito. Por quê? Voltamos aqui à palavra *facilidade*. Os ativos de papel são populares pela facilidade de entrada e de saída. Além disso, quando comparados às empresas ou aos imóveis, os ativos de papel exigem poucas qualificações administrativas do investidor.

A Perda do Controle

O automóvel tem acelerador, freios e volante para que o motorista possa controlá-lo. Ao investir em ativos de papel, o investidor muitas vezes abre mão do controle de suas aplicações e o transfere a estranhos, que espera que sejam melhores motoristas do que ele. Abrir mão do controle é muito arriscado; contudo, muitas vezes, quando não se sabe dirigir, é melhor abrir mão do controle.

Para os investidores profissionais, um dos principais defeitos dos ativos de papel é a renúncia ao controle gerencial sobre o objeto do investimento, quando não se participa diretamente de sua gestão. Por exemplo, sendo acionista minoritário da Microsoft, para mim, seria difícil ligar para o Bill Gates e dizer-lhe que está gastando demais ou que eu quero um retorno maior sobre o meu investimento. Em minhas empresas e em meus imóveis, eu posso fazer isso. E também controlo o dinheiro que posso ganhar, minhas despesas, os impostos e a maneira como usarei minhas receitas. E ainda exerço algum controle sobre as atividades não muito honestas que talvez estejam sendo desenvolvidas na empresa. Outro controle de que abrimos mão ao investir em ativos de papel é sobre as vantagens tributárias, que, no caso dessa classe de ativos, são poucas ou inexistentes. Uma das melhores razões para se ter um negócio ou investir em imóveis é porque o departamento de impostos ama você.

Na minha opinião, empresas e imóveis são investimentos bem melhores para quem tem capacidade de gerenciá-los. Contudo, sem capacidade gerencial o controle fica difícil. Obviamente, para quem não tem capacidade para gerenciar uma empresa ou imóveis, esses investimentos podem virar pesadelos. Se alguém não sabe dirigir nem coordenar o acelerador, os freios e o volante, sair de carro pode ser um perigo.

Se as empresas e os imóveis oferecem mais vantagens, por que será que tanta gente investe em ativos de papel e abre mão do controle? A resposta também pode ser encontrada na palavra *facilidade*. Para milhões de pessoas, é mais fácil abrir mão do controle do que aprender a gerenciar o dinheiro. É por isso que milhões de investidores enchem seus portfólios com fundos de investimento, sem ter qualquer ideia de quem está dirigindo o fundo. Para muitas pessoas ocupadas, isso pode ser mais fácil porque podem continuar trabalhando muito em vez de aprender a gerenciar suas finanças. Para muita gente, os fundos de investimento são o feijão com arroz da vida financeira.

Escolher um fundo de investimento é como ir à seção de congelados de um supermercado. Está tudo preparado, embalado e pronto para levar para casa. Basta escolher o prato preferido, pagar, levar para casa, aquecer e servir. Embora eu invista em ações e em fundos, para mim eles são a sobremesa, não o prato principal. Em geral, aplico em ativos de papel quando preciso ter a flexibilidade para mudar de posição. Eles me interessam muito mais pela *liquidez* do que por seu valor em longo prazo.

A grande desvantagem dos imóveis e das empresas é que entrar e sair deles é, às vezes, um processo longo, tedioso, complicado e turbulento. É por isso que invisto neles pensando em longo prazo.

Comprar Ações É Como Flertar

O pai rico gostava de dizer: "Comprar ações é como flertar. Você sai para jantar e ir ao cinema e se não der certo se despede na porta e não volta a sair. Comprar imóvel é como casar. Antes de casar, em geral, há um longo namoro, a pessoa olha o maior número de imóveis possível. Quando encontra a propriedade dos seus sonhos, há uma cerimônia de casamento no banco e então a gente espera para ver o que acontece. Se você e seu imóvel não se dão bem e o casamento se torna um pesadelo, o divórcio pode ser uma transação enfadonha e estressante."

Quanto às empresas, o pai rico observava: "Construir ou comprar uma empresa é de longe a alternativa mais gratificante, mas também a mais estressante. Se investir em ativos de papel é como flertar e se comprar um imóvel é como casar, investir em uma empresa é como estar casado e ter filhos."

Ver o Mundo com Olhos de Empresário

Quando voltei do Vietnã, em 1973, o pai rico insistiu para que eu aprendesse a vender, a abrir empresas e a investir em imóveis. "Se você quer ser rico e se tornar um grande investidor, é preciso ver o mundo com olhos de dono de empresa e de investidor, não com olhos de empregado que trabalha na empresa."

Sem entender bem o que ele queria dizer, perguntei: "Se eu investir em imóveis, por que preciso ver o mundo com olhos de empresário?"

Sorrindo, ele pegou o seu bloco, desenhou um retângulo, e me ensinou: "Um agricultor pode estar disposto a pagar $10 mil por este terreno. Se ele pagar mais do que isso, o seu negócio será prejudicado porque sua produção de verduras não é bastante lucrativa para pagar o terreno. Em outras palavras, se o agricultor pagar mais do que $10 mil pelo terreno, o imóvel talvez valha mais do que o negócio e, portanto, o negócio não vai pagar o terreno."

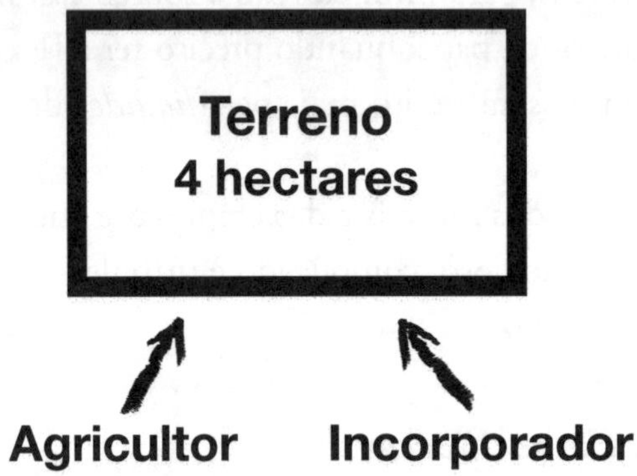

"Mas um incorporador imobiliário poderia pagar mais pelo mesmo terreno", falei, entendendo aonde o pai rico queria chegar com esse exemplo. "O valor do imóvel depende do negócio."

O pai rico continuou a sua aula. "Um incorporador imobiliário pode estar disposto a pagar $100 mil pelo mesmo terreno pelo qual o agricultor só pagaria $10 mil. O terreno é mais valioso porque o negócio do incorporador é mais lucrativo. O incorporador vê o mesmo terreno com olhos diferentes."

Marcel Proust, filósofo e poeta, dizia: "A verdadeira viagem da descoberta não consiste em buscar novas paisagens, mas em ter olhos novos."

Oportunidades Perdidas

No capítulo anterior, escrevi sobre o passeio pelas ruas da Cidade do Cabo, quando o meu anfitrião afirmou que era impossível ganhar dinheiro com imóveis naquela cidade, pelo menos da maneira como eu descrevia nos meus livros. Ele não percebia as mesmas oportunidades que eu porque não víamos o mesmo imóvel com os mesmos olhos.

Cego para as Oportunidades

Durante os anos de 1960 e 1970, o pai rico soube ver as mudanças que se aproximavam das plácidas ilhas tropicais do Havaí. Ele sabia que precisava agir ou ficaria para trás. Meu pai pobre só via que o preço de sua casa estava subindo.

Durante muitos anos, o Havaí era apenas o sonho de muita gente. A viagem de navio era só para os ricos. Levava-se cinco dias para ir da Califórnia ao Havaí. Muitas pessoas não tinham nem dinheiro nem tempo para uma viagem de duas semanas, ida e volta. O pai rico anteviu que os jatos trariam milhões de turistas para as ilhas, tornando-as não só mais próximas, como também mais acessíveis. Ele sabia que os novos aviões de passageiros mudariam tudo.

Assim como para o agricultor o terreno valia $10 mil e para o incorporador, $100 mil, meu pai pobre via as mudanças com olhos de professor, ao passo que meu pai rico as encarava com olhos de empresário e de investidor — olhos diferentes.

Ironicamente, durante as décadas de 1960 e 1970, meu pai pobre ganhava mais do que meu pai rico. Meu pai pobre tinha um emprego público muito bem-remunerado. Na década de 1960, meu pai rico sofria de falta crônica de dinheiro em caixa. Todo dólar que entrava ia para a expansão de seus negócios e para a compra de imóveis. Meu pai rico não tinha salário regular e em certas ocasiões nem qualquer dinheiro, mas persistiu.

Nesse período, meu pai pobre estava na verdade em melhor posição para fazer os investimentos que o pai rico fazia. Com seu alto salário, meu pai pobre teria tido mais facilidade em conseguir do banco empréstimos para comprar imóveis, antes que seus preços disparassem. Meu pai rico tinha que correr de banco em banco, de investidor em investidor, para conseguir dinheiro. Era difícil conquistar a confiança das pessoas, porque ele não tinha muito dinheiro nem um emprego seguro.

Embora meu pai pobre estivesse em melhor posição para enriquecer naquela época, não foi isso que aconteceu. Em vez disso, ele trabalhava com afinco, se ocupava, procurava segurança, comprou uma casa, poupou e se empolgava com a valorização do seu patrimônio, decorrente da subida do preço dos imóveis.

Então, de repente, em 1967, foi o pai rico que, para surpresa geral, comprou um grande hotel na praia de Waikiki. Tudo que meu pai pobre observou foi: “Como é que ele pode comprar um hotel nessa praia? Ele não tem nem mesmo um emprego de verdade.”

O Superinvestimento do Pai Rico: É Possível Ter o que Você Quiser

De 1970 até o início da década de 1990, a riqueza pessoal do pai rico aumentou exponencialmente. No mesmo período, meu pai pobre foi empobrecendo. Em meados dos anos de 1970, o pai rico já não corria atrás de dinheiro. O dinheiro jorrava aos borbotões de seus investimentos. Além de ser dono de um grande hotel na praia de Waikiki, ele agora comprara outros hotéis à beira-mar e imóveis comerciais, com o fluxo de caixa gerado pelo hotel. Em lugar de desperdiçar o dinheiro, ele sempre o reinvestia, o que lhe rendia ainda mais dinheiro. A partir de 1970, meu pai pobre ficou sem emprego. Depois de uma tentativa fracassada de se eleger governador, concorrendo contra seu chefe, o governador, seus inimigos políticos impediram que obtivesse outro emprego público.

Em 1973, quando eu ainda estava no Corpo de Fuzileiros Navais, estacionado no Havaí, muitas vezes ia até Waikiki almoçar com o pai rico. Aproveitava para pedir orientação, preparando-me para quando desse baixa. Muitas vezes falávamos do que ele tinha feito, começando com tão pouco dinheiro. Embora ele já tivesse exposto várias vezes as suas ideias sobre o superinvestimento, eu as ouvira ainda criança. Mais velho, mais maduro e capaz de comparar as características dos dois pais, eu agora tinha mais respeito pelos planos do pai rico. Em um desses almoços, o pai rico lembrou: "Quando eu era jovem, sabia que, se eu seguisse esse plano do superinvestimento, eu poderia um dia fazer qualquer coisa que desejasse, se tivesse sucesso."

Aos 25 anos, eu estava mais interessado em seu plano, sobretudo ao ouvir as palavras que eu poderia um dia fazer qualquer coisa que desejasse. Até esse momento, eu conhecia o plano do pai rico, mas me parecia algo muito trabalhoso. Agora que eu via concretamente seu hotel na praia de Waikiki e todos os seus outros imóveis em outras ilhas, fiquei mais interessado em seu plano. Além disso, me parecia melhor do que o plano que o meu pai pobre seguia.

O Primeiro Tempo Começa

Durante o primeiro tempo do meu jogo do dinheiro, entre 25 e 35 anos, eu sabia que a minha tarefa era aprender a criar empresas, investir em imóveis e, como sobremesa, investir em ativos de papel. Embora soubesse que eu provavelmente ganharia menos que meus pares no primeiro e, talvez, no segundo tempo da minha vida, eu também estava convencido de que, se me aplicasse, estaria melhor mais tarde, depois dos 45 anos.

O Plano do Pai Rico para o Superinvestimento

O próximo item deste capítulo é um exame simplificado do plano do pai rico. Nos capítulos seguintes, aprofundarei alguns pontos que contribuem para o bom funcionamento do plano. Gostaria de afirmar que apresentarei todos os aspectos importantes desse plano, mas, para isso, precisaria de toda uma biblioteca. Aprendi a pôr em prática o plano de superinvestimento, entendendo o conceito e então o aplicando. Aos 25 anos, dediquei-me a aprender a constituir e dirigir empresas, a investir em imóveis e gerenciá-los, além de escolher e dirigir minhas aplicações em ativos de papel. Em outras palavras, queria ter controle sobre os meus ativos em vez de entregar minha carreira e meu dinheiro a estranhos. Estou certo de que não é possível aprender esse plano apenas pela leitura. Seria como querer aprender a andar de bicicleta lendo um livro sobre o assunto. É impossível. Precisamos da bicicleta, mesmo que tenhamos lido o livro.

Antes de ler o plano do superinvestimento do pai rico, lembro-lhe do que foi dito no capítulo anterior. Recomendo-lhe prestar muita atenção ao seu diálogo interno, ou seja, à sua conversa consigo mesmo. Observe se diz é possível ou é impossível e se acha que parece muito difícil e está desejando uma resposta fácil. Se você verificar que está falando "é impossível" muitas vezes, e deseja respostas fáceis para investir, talvez os fundos de investimento sejam melhores para seu caso.

O plano do pai rico exige a propriedade de uma empresa lucrativa, investimentos em imóveis que gerem fluxos de caixa positivos e, por fim, investimentos em ativos de papel que proporcionem retorno superior ao da poupança e que ofereçam a mesma liquidez. Embora eu tenha mencionado esse esquema em outros livros, agora entro em mais detalhes sobre os aspectos tributários e de alavancagem, que de fato dão um impulso substancial aos retornos que recebo.

O plano do superinvestimento do pai rico é o plano básico que os investidores mais ricos do mundo seguem.

1. Comece uma empresa.
2. Invista o fluxo de caixa do negócio em imóveis.
3. Invista o fluxo de caixa excedente em ativos de papel.

Plano do Superinvestimento

Plano de Investimento Fraco

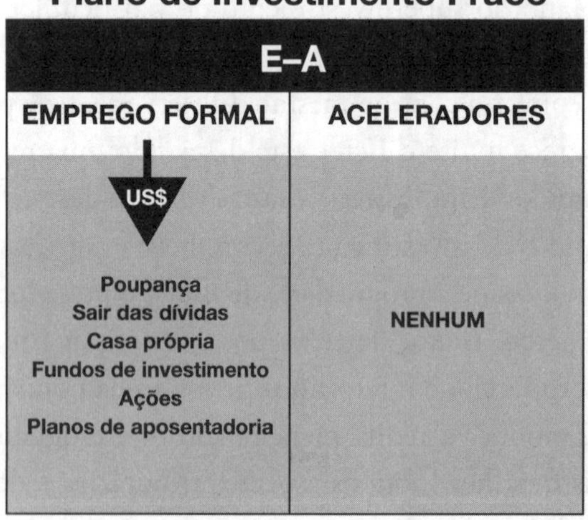

Ativo #1: Negócios

Os negócios são de longe o melhor ativo porque, se bem-sucedidos, permitem gerar mais renda com menos trabalho e menos impostos. Uma das razões que levou Warren Buffett a fazer de sua Berkshire Hathaway uma companhia de seguros e não uma fábrica de roupas foi que a vantagem tributária de uma companhia de seguros é maior do que a de uma fábrica de roupas. Em outras palavras, as normas tributárias são diferentes para diferentes tipos de empresa. Além disso, investir por meio de diferentes pessoas jurídicas em vez de fazê-lo em nome pessoal lhe proporcionou a obtenção de retornos mais altos sobre o investimento, devido às diferenças tributárias.

Lembre-se sempre de que os impostos são a maior rubrica isolada das suas despesas.

A desvantagem de um negócio é que ele envolve uma responsabilidade muito grande e, se não for bem-sucedido na construção de uma empresa rentável, você pode perder muito dinheiro. É por isso que muitas vezes eu recomendo começar um negócio em tempo parcial antes de sair do seu trabalho formal.

Acelerador #1: Dinheiro de Outras Pessoas (DOP)

O primeiro acelerador na abertura de uma empresa é o uso do dinheiro de outras pessoas. À medida que você for se tornando um empresário melhor, isso se tornará mais fácil porque os investidores gostam dos vencedores.

Muitas pessoas abrem uma empresa recorrendo a dinheiro emprestado pela família ou a empréstimos pessoais dos bancos. Embora isso possa ser necessário no início, é bom lembrar que a maneira mais fácil de acelerar o negócio é convidando investidores a se juntarem a você. Contudo, cabe uma palavra de cautela: tenha cuidado com quem convida a participar. Se você quiser manter o controle do negócio, deve limitar o envolvimento dos investidores.

Também convém estar atento à proporção de participação societária cedida a terceiros, pois, ao expandir o negócio, você talvez precise de novos investimentos. Leve isso em conta ao preparar seu plano de negócios.

Também é possível financiar o crescimento da empresa nela reinvestindo o próprio excesso de caixa. Nos primeiros dois anos da nossa empresa *Rich Dad*, Kim e eu não fizemos qualquer retirada, reinvestindo em sua expansão todo o fluxo de caixa gerado pelo negócio.

O passo seguinte foi a busca de parceiros estratégicos. Ao licenciar determinados direitos para eles, dividindo os lucros, ampliamos a empresa com base no dinheiro e nos sistemas de distribuição deles. Recorremos a esse modelo de parceiros estratégicos várias vezes ao longo da expansão dos nossos negócios.

Acelerador #2: Estrutura Societária

Escolher a estrutura societária para o seu negócio é fundamental. Você definitivamente *não* quer manter o seu negócio como uma empresa unipessoal ou sociedade em geral.

Analise as vantagens e desvantagens das diferentes formas societárias, com a assessoria de advogados e contadores experientes nas áreas societária e tributária, de modo a identificar o tipo de entidade que oferecerá maior proteção e benefícios, inclusive fiscais, às pessoas físicas participantes e à pessoa jurídica, reduzindo os riscos e aumentando a geração de fluxo caixa.

Acelerador #3: Tempo de Outras Pessoas (TOP)

Se você for bom empresário, poderá alavancar outras pessoas e sistemas para fazer seu trabalho. Em outras palavras, ser bom empresário é o mesmo que ganhar dinheiro com o menor uso possível de recursos próprios, depois que a empresa já estiver constituída e em funcionamento. A maioria das pessoas trabalha para ganhar dinheiro boa parte de suas vidas porque trabalham *para* uma empresa em vez de trabalhar para *criar* uma.

Acelerador #4: Legislação Tributária

Como dono de um negócio, o leão está do seu lado. Volte ao Capítulo 5, "Pergunte ao Leão", para ver como, em geral, as leis que regem os impostos são mais favoráveis aos empresários e aos investidores. Ao iniciar um negócio, você pode até mesmo converter algumas despesas pessoais em despesas operacionais legitimamente dedutíveis.

Acelerador #5: Caridade

Meu pai rico sempre me lembrava do preceito bíblico de que "é dando que se recebe". Ser generoso e retribuir o que se recebe da comunidade são elementos essenciais para o desenvolvimento da empresa.

Talvez não seja possível saber os retornos das suas doações para caridade, mas eles existirão. Quanto mais pessoas você servir, mais rico ficará.

É através da combinação de todos esses aceleradores que você será capaz de maximizar a velocidade de crescimento da sua empresa e o seu fluxo de caixa. Você pode então reinvestir o seu fluxo de caixa no negócio, para que ele continue crescendo, ou em novos ativos, como os imóveis.

Ativo #2: Imóveis

Acelerador #6: Dinheiro de Outras Pessoas (DOP)

O gerente do meu banco me ajuda a investir em imóveis. Digamos que eu compre um imóvel de $100.000, recorrendo a:

$10.000 do meu próprio dinheiro

$90.000 do dinheiro do meu banco

O banco permite que o investidor fique com o total do caixa gerado pelo imóvel, além dos ganhos de capital de seu investimento. Em outras palavras, embora o banco tecnicamente detenha 90% do investimento, o investidor também fica com a parte do banco na geração de caixa e nos ganhos de capital.

Pense nisso. Quantos sócios lhe dariam a parte dos lucros que lhes cabe? Nesse caso, o banco é magnânimo. O banco arca com 90% do risco, mas o comprador do imóvel fica com todo o lucro. O banco só recebe os juros, que são pagos pelo inquilino. Pergunte ao seu assessor financeiro se os fundos de investimento lhe dão essa vantagem. Que fundo de investimento lhe emprestaria 90% do dinheiro, assumiria 90% do risco, mas tiraria 0% dos lucros? É o que o pai rico chamava de dinheiro mágico.

Os planejadores financeiros dirão que os empregadores frequentemente combinam as contribuições dos seus empregados. Isso equivale, na melhor das hipóteses, a uma proporção de 1:1, versus a proporção de 1:9 em imóveis.

Volte ao Capítulo 3, "Pergunte ao Gerente do Seu Banco", para recordar os três tipos de alavancagem oferecidas pelas instituições financeiras:

1. Viabilização do investimento
2. Depreciação de todo o ativo
3. Apropriação da valorização

Acelerador #7: Estrutura Societária

Mais uma vez, a seleção da estrutura societária é fundamental para a compreensão dos segredos e estratégias que os ricos têm usado há gerações para proteger os seus ativos imobiliários. Muitas vezes, é mais conveniente ter uma pessoa jurídica para cada imóvel, de modo que, se um deles está em risco, os outros não serão contaminados.

As estruturas societárias norte-americanas populares para imóveis são as sociedades de responsabilidade limitada (LLCs) e as sociedades limitadas (LPs). Você vai precisar de orientações do seu advogado e do seu orientador, uma vez que essa escolha pode ser baseada na legislação local.

Acelerador #8: Legislação Tributária — Depreciação e Ativos Imobiliários

O leão oferece grandes aceleradores para a sua renda imobiliária e o seu fluxo de caixa, sob a forma de depreciação. Isso também é chamado de *fluxo de caixa fantasma*, o que significa que mais dinheiro flui para o bolso do investidor hoje, e não quando você se aposentar.

Eu invisto em imóveis logo depois de investir em negócios porque as vantagens fiscais (como explicado no Capítulo 5, "Pergunte ao Leão") são diferentes em comparação àquelas para quem investe em ativos de papel. Se eu investisse em ativos de papel em segundo lugar, em vez de imóveis, não teria a maior alavancagem possível.

Ativo #3: Ativos de Papel

Acelerador #9: Isenções Tributárias

O leão oferece ainda mais vantagens de alavancagem para os investidores que investem em projetos dos quais o governo precisa de assistência financeira. Depois que o meu dinheiro passa pela alavancagem dos imóveis, muitas vezes ele é aplicado no mercado de ações, especialmente em ativos de papel, que são livres de impostos municipais, como o *Real Estate Investment Trust* (REIT — "Fundo de Investimento Imobiliário", em tradução livre). Atualmente, costumo receber uma isenção de 5% a 8% de retorno sobre o meu dinheiro extra, o que vulgarmente se chama de poupança. É muito melhor do que o 1% de retorno que eu receberia de um certificado bancário de depósito, que oferece menos liquidez do que o financiamento referente ao REIT.

Acelerador #10: Fundos Hedge

Estes fundos me permitem investir com segurança. Eles têm a "facilidade" dos fundos de investimento em ações, mas com menor risco de queda. Os fundos hedge são fundos com posições compradas e vendidas, recorrem à arbitragem, compram e vendem ativos de papel subvalorizados, negociam com opções e investem em quase qualquer oportunidade em que se esperem ganhos com riscos baixos. Há muitas estratégias diferentes de montagem destes fundos, mas o objetivo principal é reduzir a volatilidade e o risco preservando ao mesmo tempo o capital e proporcionando retornos positivos sob todas as condições de mercado. A maioria desses fundos procura dar proteção contra as adversidades dos mercados, o que é especialmente importante, tendo em vista a atual volatilidade das bolsas.

Acelerador #11: Opções

Investir em opções de ações me permite alavancar os meus investimentos em ativos de papel. Em vez de adquirir as ações, ainda posso controlá-las através da compra de opções por uma fração do preço. As opções me dão o direito de comprar ou vender uma quantidade fixa de ações a um preço fixo, chamado de *preço de exercício*, durante um período específico de tempo. Um contrato que me permite "comprar" ações no preço de exercício fixo é chamado de *opção de compra*, o que me permite comprar, digamos, cem ações do estoque subjacente. As pessoas compram *chamadas* porque esperam que o preço das ações suba e elas lucrem. Elas podem lucrar vendendo as chamadas por um preço maior ou através das opções, o que significa comprar as ações no preço de exercício, quando o preço de mercado é maior.

Por outro lado, um contrato que me permite "vender" ações a um preço fixo é chamado de *opção de venda*. As pessoas compram *opções* porque esperam que o preço caia e com isso elas lucrem. Elas lucrarão vendendo as ações a um preço mais alto, ou por meio das opções de venda, o que forçaria o vendedor a comprar as ações ao preço de exercício, quando o preço de mercado estivesse menor.

Acelerador #12: Memorando de Colocação Privada (MCP)

Um memorando de colocação privada é uma oferta de ações em uma empresa que está isenta de registro federal. Em 1982, a SEC adotou a *Regulation D*, para coordenar as isenções de oferta limitada e racionalizar os requisitos existentes aplicáveis às colocações privadas e às vendas de valores mobiliários. Dentro da *Regulation D*, existem três regras diferentes que podem ser seguidas:

A Regra 504 prevê isenções para as empresas não declarantes e estipula que:

- É permitida a venda de até US$1 milhão em ativos de papel norte-americanos por ano.
- Um número ilimitado de investidores pode adquirir os ativos de papel.
- Os investidores não precisam ser credenciados.
- As ações podem ser vendidas ao público um ano após a compra.

A Regra 505 permite a venda de até US$5 milhões de ativos de papel norte-americanos. A Regra 506 permite a venda de valores imobiliários ilimitados. No entanto, tanto a Regra 505 quanto a 506 exigem que os investidores sejam credenciados (embora você tenha permissão para ter até 35 investidores não credenciados).

Os investimentos em memorandos de colocação privada são estratégias típicas de ganho de capital em que se espera que o valor das ações aumente com o tempo e funciona também como um plano de saída para os acionistas fundadores da empresa.

Novamente, a documentação e os requisitos legais são de fundamental importância. Faz-se necessário contar com uma orientação jurídica e tributária competente para selecionar a ferramenta financeira adequada à situação concreta.

Acelerador #13: Oferta Pública Inicial (IPO)

As ofertas públicas iniciais (mais conhecidas por sua sigla em inglês, IPO) são o lançamento em bolsa das ações de uma empresa que está abrindo seu capital. De modo geral, as IPOs envolvem ações de empresas novas e não muito conhecidas. São operações rigorosamente regulamentadas e de preparação complexa, o tempo gasto com profissionais jurídicos e contadores as torna muito onerosas. Também exigem muito do tempo dos executivos, que, assim, podem ficar afastados do negócio principal. Contudo, proporcionam grande alavancagem, já que se espera que o preço inicial seja baixo e que suba com a negociação nas bolsas de valores. Mais uma vez, essa é outra estratégia típica de ganhos de capital e um plano de saída para os fundadores da empresa.

$105 Mil Viram $30 Bilhões

Warren Buffett foi capaz de transformar $105 mil em $30 milhões usando métodos de investimento semelhantes, embora recorrendo menos a imóveis. A lição a ser tirada é que o superinvestimento baseia-se na sinergia das aplicações e na alavancagem dos aceleradores. Essa sinergia entre as classes de ativos cria condições para que se transformem $10 mil em $10 milhões, com alguma regularidade e facilidade, depois que se aprende o método e se estabelece o sistema. Isso pode ser difícil no começo, mas, com o sistema em operação, o fluxo de caixa entra, em vez de sair.

$10 Mil Viram $10 Milhões

Então uma pessoa pode transformar $10 mil em $10 milhões com apenas uma classe de ativos? Sim, é possível. Na verdade, muitas pessoas começam com apenas uma classe de ativos. É possível investir com sucesso em todas as classes de ativos? Só você pode responder a esta pergunta.

O Elo Mais Fraco

Se a pessoa compra e vende apenas ações, ativos de papel de renda fixa, cotas de fundos ou imóveis, ela muitas vezes está perdendo as vantagens do superinvestimento, e não raro incorre em riscos maiores e paga impostos demais — se é que chega a ganhar dinheiro. Ao abrir mão dos elos invisíveis, ou dos aceleradores, entre as classes de ativos, o investidor se torna o elo mais fraco. Sua falta de conhecimentos ou de desejo de enriquecer rapidamente o leva a roubar dele mesmo o dinheiro que poderia estar ganhando.

Como o pai rico sempre dizia: "A nossa maior despesa é o dinheiro que não ganhamos."

Capítulo 12

JOGAR EM VEZ DE INVESTIR

"O maior de todos os ladrões é a esperança."

— Pai rico

Vender o Sonho, Comprar a Mentira

Em uma palestra que dei durante um almoço, quando a histeria do mercado de ações estava chegando ao seu auge, uma mulher levantou a mão e me perguntou: "Acabo de comprar quinhentas ações de uma empresa de primeira linha, a XYZ, o que o senhor acha de meu investimento?"

"Por que a senhora comprou essas ações?", devolvi.

"Porque o meu corretor disse que o seu preço iria aumentar. Comprei-as a US$55 e ele acredita que vão subir pelo menos para US$75 em seis meses. Já subiram alguma coisa e estou pensando em comprar outras mil antes que subam demais. O senhor acha que deveria comprar mais do que mil ações?"

Peça uma Garantia de Devolução do Dinheiro

Depois de refletir por algum tempo, decidi falar o que pensava, sem pensar em quem estava patrocinando o almoço. Falei: "O mercado já subiu muito. É um momento muito arriscado. Será que quem lhe vendeu essas ações a US$55 lhe daria uma garantia de devolução do dinheiro se elas não chegarem aos US$75? Ele lhe dará o dinheiro de volta se o mercado quebrar?"

"Uma garantia de devolução do dinheiro?", exclamou a mulher, perplexa. "Os corretores dão garantia de devolução do dinheiro?"

Sem lhe responder, prossegui: "Bom, a maioria dos restaurantes devolve o dinheiro se a pessoa não gosta da comida. A maioria das lojas de departamentos e outras empresas oferece garantias de devolução do dinheiro se a pessoa não ficar satisfeita com os produtos ou serviços adquiridos. Por que não seu corretor?"

"Os corretores oferecem garantia de devolução do dinheiro?", perguntou novamente.

"Não que eu saiba", respondi.

"Então, por que o senhor fez a pergunta?"

"Porque fiquei imaginando por que a senhora estava tão disposta a aceitar a previsão da bola de cristal de seu corretor, a afirmação de que o preço da ação subiria de US$55 para US$75. A senhora está comprando as ações só porque acha que elas vão subir? Ou por que a senhora realmente quer uma participação no capital dessa empresa? E se o preço dessa ação cair para US$30? A senhora ainda vai querer essa ação? Vai estar satisfeita por tê-la comprado?"

"Acho que não", disse ela. "Almejo a ação porque quero que ela se valorize. Só quero se o seu preço subir para US$75, como o corretor falou."

"Então, peça uma garantia de devolução do dinheiro. Se a empresa for respeitável, então ele deve devolver o dinheiro se a senhora não ficar satisfeita com o produto que eles lhe venderam. Outro dia, fui a uma loja de departamentos e eles devolveram o dinheiro de uma camisa que não me satisfez. É por isso que compro lá. Eles garantem devolver o dinheiro."

O Chefe Entra

A sala começou a se agitar. Finalmente, o gerente distrital da corretora se pôs em pé e fez o possível para salvar sua base de clientes. "Foi um dos meus corretores que fez essa recomendação", disse ele. "Nossa empresa estava empolgada com essa ação e a recomendamos. Obviamente, como empresa que lida com produtos financeiros, não podemos dar qualquer garantia. Não sei de nenhuma instituição financeira que o faça."

"Eu conheço", repliquei.

Ao ouvir minha declaração, a sala fez silêncio. Nesse momento, tive certeza de que nunca mais seria convidado por essa corretora. "Bom, quem oferece a garantia de devolução?", perguntou a mesma mulher.

"O seu banco", retruquei. "Ou, melhor dizendo, *a senhora* oferece ao seu banco a garantia da devolução do dinheiro. A senhora faz isso sempre que o seu banco lhe empresta dinheiro. Na verdade, um financiamento imobiliário é exatamente isso — uma garantia de devolução do dinheiro. Se a senhora não devolver o dinheiro ao banco, ele irá atrás da senhora até que o faça."

"Então, se meu corretor diz que a ação vai subir até US$75, eu devo pedir a garantia de devolução do dinheiro?"

"Acho que sim", respondi.

"Mas e se ele não me der a garantia?"

"Então, a senhora deveria oferecer essa garantia. É isso que os investidores sagazes fazem."

"Se eu não puder oferecer essa garantia?", perguntou.

"Então, diga francamente que está jogando, em vez de investindo. Os verdadeiros investidores não são jogadores, contudo, o mundo está cheio de jogadores que pensam que estão investindo."

Para que Você Está Investindo?

Em *Pai Rico, Pai Pobre*, as duas palavras mais importantes em que o livro se concentrou foram *ativos* e *passivos*. Neste livro, as duas expressões mais importantes são:

Fluxo de caixa
versus
Ganhos de capital

Quando alguém diz "Comprei esta ação (ou este imóvel) porque acredito que se valorizará", essa pessoa muito provavelmente está investindo para obter ganhos de capital. O pai rico gostava de dizer: "Os ganhos de capital são o sonho dos jogadores. O verdadeiro investidor busca antes de tudo gerar fluxo de caixa, não ganhos de capital." Aquela mulher que me fez perguntas sobre comprar ações a US$55 esperando que elas se valorizassem para US$75 estava investindo para obter ganhos de capital, o que, de acordo com o pai rico, é jogar no futuro, não investir.

O pai rico dizia: "Quando se investe para gerar fluxo de caixa, se investe na certeza de retorno do dinheiro. Ao investir para auferir ganhos de capital, se investe em expectativas. O maior de todos os ladrões é a esperança."

Jogadores que Pensam que São Investidores

Neste ponto, uma boa pergunta é: "Por que tanta gente investe para auferir ganhos de capital em vez de para gerar fluxo de caixa?"

A resposta está mais uma vez no perigo de dizer: "não dá para fazer isso", "é impossível", ou "é muito arriscado". A pessoa se torna vulnerável aos predadores financeiros. Uma das ferramentas de logro desses predadores é a promessa de um futuro melhor. Eles podem dizer: "Daqui a três anos, este imóvel estará valendo o dobro" ou "As bolsas sobem 6% ao ano, em média".

O pai rico costumava dizer: "As pessoas que não encontram um investimento hoje jogam na promessa do amanhã. Elas contam com a esperança mais do que com a inteligência. Elas têm sonhos, de modo que compram mentiras."

Investidor versus Jogador

Em um livro anterior, escrevi sobre certa ocasião em que o pai rico me mostrou que certo investimento imobiliário me levaria a perder dinheiro mensalmente porque o aluguel que receberia não cobriria o pagamento do financiamento imobiliário e das despesas de manutenção do imóvel. Era um fluxo de caixa *negativo* em vez de um *positivo*. Muitos planos de aposentadoria se alicerçam em esperanças e promessas durante anos. Isto faz pouquíssimo sentido para mim, mas parece fazer sentido para os milhões de investidores que esperam que o dinheiro esteja à sua espera depois de concluírem o quarto tempo do seu jogo do dinheiro.

O pai rico ria e dizia: "Não é preciso muita inteligência financeira para descobrir um investimento que o faça perder dinheiro. O mercado está cheio de especialistas que lhe dizem como fazer isso. Tudo que você precisa é pôr nas mãos deles seu dinheiro." E acrescentava: "Qualquer um é capaz de identificar um investimento que dê prejuízo. Por que as pessoas pagam os chamados especialistas financeiros para fazer isso é algo que está além do meu entendimento."

A verdadeira questão é: Como tantas pessoas podem ser tão crédulas? Embora haja muitas respostas, podemos dizer que, como não conseguem encontrar uma fonte de caixa hoje, investem na esperança de ganhos de capital amanhã. Além disso, investem sem garantia de devolução do dinheiro.

Uma Enganação Maciça

A pergunta é: "Como tantos milhões de pessoas podem ser levadas a pensar que perder dinheiro todo mês, durante anos, sem garantia de devolução do dinheiro e sem seguro contra prejuízos catastróficos, pode ser considerado um investimento inteligente?" Só pode ser o resultado de uma das maiores campanhas de vendas de toda a história do mundo, algo que só dá certo com uma população financeiramente ingênua. Na verdade, isso é mais do que campanha de vendas. É uma enganação maciça.

Hoje, a enganação maciça continua quando as escolas começam a adotar programas de proficiência financeira ensinando as crianças a cortar os cartões de crédito, quitar as suas dívidas e investir em ações. O mercado de ações está trabalhando arduamente em nosso sistema educacional ensinando os jovens a serem seus futuros clientes, ensinando-os a ser apostadores de ganhos de capital, em vez de ensiná-los a ser investidores astutos que geram fluxo de caixa.

Por que as Pessoas Perdem Dinheiro

Em minha opinião, uma das principais razões que leva as pessoas a investir no amanhã em vez de no dia de hoje é porque pensam que não conseguem encontrar ou arcar com um investimento que as remunere hoje. Quando uma pessoa não encontra um investimento que a remunere hoje, ela muitas vezes passa a acreditar no amanhã, o que a transforma em jogador que aposta em ganhos de capital. Elas estão dispostas a perder dinheiro, mesmo que seja um pouco a cada mês, acreditando na esperança e na promessa de que amanhã conseguirão o que querem. Essas pessoas, as que não sabem a diferença entre investir para gerar fluxo de caixa e investir para obter ganhos de capital, são as que se tornam vítimas dos predadores financeiros.

Para que os Investidores Investem?

O pai rico dizia: “Um investimento precisa fazer sentido hoje *e* amanhã.” Em vez de se concentrar em qual investimento seria o melhor — ações, ativos de papel, fundos mútuos, imóveis ou um negócio —, o pai rico ensinou ao seu filho e a mim a investir para obter:

1. Fluxo de caixa
2. Vantagens tributárias
3. Ganhos de capital

Talvez seja bom voltar a examinar a fórmula do pai rico do superinvestimento. É uma fórmula que dificilmente funcionará sem uma entrada constante de fluxo de caixa. Sem ele, as vantagens tributárias, mais uma forma de gerar fluxo de caixa, são limitadas. Para o pai rico, os ganhos de capital não tinham muita relevância. A sua fórmula do superinvestimento funciona com ou sem eles.

O pai rico cuidava de garantir o retorno do dinheiro. Para ele, os ganhos de capital eram enfeites. Por isso, estão em terceiro lugar na ordem de prioridades.

É lamentável que a maioria das pessoas invista prioritariamente visando ganhos de capital. Elas só pensam em comprar em baixa e vender em alta. De acordo com o código tributário dos EUA, as pessoas que compram e vendem são classificadas como negociantes, e não como investidores. Quando você olha para o quadrante CASHFLOW, alguém que compra e vende está no quadrante A, e não no I.

No setor imobiliário, há muitas pessoas que fazem *flips*[1], transações rápidas e negócios com imóveis. Em vez de investir para o fluxo de caixa, seu foco principal está em comprar e vender por um preço mais alto, o que representa investir visando ganhos de capital. Na maioria dos casos, essas pessoas correm o risco de serem classificadas como negociantes, e não como investidores, de acordo com o *Internal Revenue Service*[2] e com o código tributário, sujeitando-se aos impostos mais altos do que os que se destinam aos verdadeiros investidores. Sem a estrutura societária e o planejamento tributário adequados, conforme a legislação norte-americana, uma pessoa que compra e vende para ganhos de capital arrisca-se a ser tributada como autônoma, incorrendo ainda nos impostos dos assalariados. Quando falo com os *flippers* imobiliários, eles afirmam que não estão sujeitos a esses impostos. Isso pode ser verdade enquanto eles forem pequenos, mas conforme crescem e se tornam bem-sucedidos em suas transações, eles podem ser enquadrados nas legislações tributárias pelo próprio governo. Como sempre, é preciso consultar contadores e advogados competentes, porque cada situação é diferente.

E a Execução Hipotecária?

Em uma palestra para investidores em imóveis, levantei a questão da diferença entre operadores e investidores. Um jovem que estava na sala levantou a mão e perguntou: "Eu compro imóveis que foram objeto de execução judicial. Sou um operador ou um investidor?"

A minha resposta foi: "O senhor está perguntando sobre um processo de financiamento. Eu estou falando da maneira como o senhor sai ou do uso que faz da execução. Se o senhor comprar o imóvel executado para alugá-lo e assim gerar caixa, então o senhor é um investidor. Se o comprar e vender para ganhar dinheiro rápido, então está investindo para obter ganhos de capital e isso pode colocá-lo no quadrante A, como operador."

Outra mão se levantou, e a pessoa perguntou: "Se eu comprar um imóvel sem dar entrada? Ainda sou um investidor?"

[1] *Flippers* ("golfinhos", em português) são investidores que entram em uma oferta pública inicial (IPO) e a vendem logo em seguida, objetivando um lucro alto e rápido. A analogia com o golfinho ocorre por meio da ideia do salto ou do mergulho rápido. (N. E.)

[2] A Receita Federal dos Estados Unidos. (N. E.)

A minha resposta foi a mesma: "O que importa não é o processo de financiamento. É a saída. O seu intuito é revender o imóvel por um preço mais alto? O seu horizonte é em longo ou em curto prazo? São essas questões que interessam."

Muita gente fica sentada observando as subidas e descidas das bolsas de valores. Ficam felizes quando o índice *Dow Jones* sobe e deprimidas quando cai. Essas pessoas em geral investem para obter ganhos de capital. Elas são frequentemente chamadas de *momentum investors* ("investidores momentâneos", em tradução livre), porque compram as ações quando os preços começam a subir e as vendem quando os preços caem. É essa filosofia que torna os investimentos em ativos de papel tão voláteis e arriscados para o pequeno investidor.

Quando ouço alguém dizer: "A casa em que moro se valorizou. Ganhei dinheiro porque agora ela vale mais $50 mil do que paguei", sei que essa pessoa também está procurando ganhos de capital.

Se você quiser ser um superinvestidor, precisa observar os ativos com olhos de empresário, independentemente do ativo em que investe. Os empresários sabem que o fluxo de caixa e o fluxo de caixa fantasma das vantagens fiscais são muito mais importantes do que os ganhos de capital.

Quem São os Grandes Perdedores?

O ponto elucidado por esse capítulo são as razões pelas quais tanta gente pensa que investir é arriscado, e porque milhões de pessoas perdem trilhões de dólares no mercado de ações. Uma das razões (à exceção dos conselhos ruins e da educação financeira deficiente) é que a maioria das pessoas investe para ganhos de capital.

Isso também se aplica à maioria dos fundos de investimento, administrados por profissionais. Acho irônico que tantos fundos de investimento aconselhem seus clientes a investir em longo prazo e na prática façam exatamente o contrário. A maioria dos gestores de recursos de terceiros sofre pressões para obter ganhos rápidos, comprando na baixa e vendendo na alta. Eles fazem tudo, menos investir em longo prazo — conselho que dão, mas não seguem. Por quê? Porque investem para obter ganhos de capital.

Os verdadeiros investidores procuram gerar fluxo de caixa. Por quê? Porque eles não acreditam em esperanças. Eles acreditam na mesma coisa em que o seu banco e as autoridades tributárias acreditam. Na certeza do retorno do dinheiro.

A Lição

Uma das razões pelas quais as pessoas investem na esperança em vez de na certeza do retorno é que elas não encontram investimentos que gerem dinheiro hoje. Há outras razões, algumas que ainda serão vistas.

No próximo capítulo, veremos algumas maneiras de encontrar investimentos que remunerem hoje e não amanhã.

O pai rico me incentivou a olhar todos os investimentos como negócios. Uma vez que você ache um grande negócio que lhe proporcione geração regular de fluxo de caixa, conserve-o. Warren Buffett dizia: "Gostamos de comprar empresas. Não gostamos de vendê-las, e esperamos que as relações sejam duradouras."

Consulte os Profissionais

Grande parte desse método de investir foi apresentada de forma muito simplificada em *Pai Rico, Pai Pobre.* A diferença deste livro é que estou fazendo o possível para entrar em pormenores sem ser demasiado detalhista. Como em todos os meus livros, recomendo sempre que você consulte profissionais experientes, como contadores e advogados, para esclarecer os pontos aqui expostos.

O Poder da Sua Mente

Quero salientar a importância do poder da mente e do cuidado com o uso de expressões como "não posso" ou "é impossível fazer isso". São justamente as pessoas que falam isso para si mesmas que entregam seu dinheiro para estranhos e depois ficam espantadas porque não obtêm os bons retornos que esperavam. Lembre-se sempre de que o setor de serviços financeiros não oferece garantia de devolução do dinheiro. É por isso que você precisa ser a pessoa que garante o retorno do dinheiro.

Capítulo 13

COMO ENCONTRAR BONS INVESTIMENTOS

"Tenha medo quando os outros forem gananciosos. Seja ganancioso quando os outros tiverem medo."

— Warren Buffett

A Vida e a Morte dos Lemingues

Quando estava no ensino fundamental, minha professora mostrou para a turma um filme sobre o ciclo de vida dos lemingues. As crianças ficaram agitadas quando uma mãe lemingue deu à luz seus pequenos filhotes. Dávamos risadinhas ao ver os lindos animaizinhos brincando, se alimentando e crescendo. De repente, meus colegas e eu ficamos sem fôlego, quando o filme mostrou milhares dos já crescidos, mas ainda lindos lemingues, pulando em massa de um penhasco para o mar e nadando para a morte.

Milhões de investidores agem como lemingues. Mas em vez de perder as suas vidas, muitos perdem as suas economias de toda uma vida. Por que isso acontece? Como sempre, há muitas razões. Uma delas é que os investidores seguem cegamente a manada, fazendo o que é popular, em vez de fazer o que é lucrativo. Quando o mercado de ações começa a aquecer, os lemingues tiram as cabeças das suas tocas. Depois de ver os seus amigos enriquecendo, sem querer perder a ação, muitos saem da segurança dos seus esconderijos, e seguem o bando para pular do penhasco no mercado quente das ações.

O que Aconteceu com os Lemingues que Não Pularam?

Naturalmente, nem todos pularam do penhasco para o mar. Muitos, ao perceberem que o mercado de ações estava desmoronando, saíram das bolsas de valores para entrar nos mercados de imóveis e de títulos de renda fixa, à medida que caíam as taxas de juros. Novamente, sendo lemingues, acompanharam a multidão.

Por que isso foi uma ideia ruim? Porque agora todos investiam em imóveis e em títulos de renda fixa, o que os tornava mais arriscados. Investir em títulos de renda fixa ficava cada vez mais arriscado porque as taxas de juros estavam caindo. Comprar títulos de renda fixa quando as taxas de juros estão em baixa é quase como comprar ações de empresas tecnológicas quando os preços estão em alta.

Ao mesmo tempo, enquanto as taxas de juros caíam, os preços dos imóveis subiam. E, com a subida dos preços, mais e mais investidores compravam imóveis, transformando-os em investimento arriscado.

O Pior Momento para Investir

Há muita verdade na afirmação: "Quando os motoristas de táxi e os engraxates começam a investir é tempo de sair do mercado." O pai rico costumava dizer: "A pior hora para investir é quando o mercado está em alta."

Em vez de ensinar-nos a sair à caça da nova tendência quente, o pai rico ensinou seu filho e a mim a nos desfazermos dos maus investimentos quando o mercado está em alta e a partir para investimentos interessantes quando o mercado está em baixa. Ele dizia: "A melhor hora para se desfazer de investimentos com desempenho fraco é quando o mercado está em alta e os amadores compram." Enquanto as taxas de juros caíam e o mercado de imóveis subia, entre 2000 e 2003, Kim e eu começamos a vender nossos investimentos imobiliários marginais a investidores desesperados para sair do mercado de ações e entrar no de imóveis.

Um dos investimentos que vendemos por cerca de US$100 mil em 2003 tinha sido comprado por US$55 em 1989. Vendemos o imóvel porque o aluguel não subia, as despesas com o apartamento de dois quartos estavam aumentando e o apartamento não se valorizava em relação a nossos outros imóveis. Além disso, era uma propriedade pequena em relação ao resto de nossos investimentos. A venda foi resolvida em menos de duas semanas.

Mesmo não sendo um grande investimento, durante catorze anos recebemos em média US$1 mil mensais em aluguéis, com poucos períodos sem inquilino. Um dos inquilinos ficou sete anos no imóvel.

Catorze anos depois (168 meses), a equação era:

168 meses x US$1 mil/mês = US$168 mil em renda bruta

O apartamento não estava no financiamento, tinha sido comprado à vista. Nossas despesas eram mínimas, mas, como disse, estavam subindo. Mesmo sem ser um bom investimento, ele nos proporcionou nesses catorze anos um retorno de quase 300% sobre o dinheiro aplicado. Tecnicamente, o imóvel não nos custava nada após o quinto ano, porque já tínhamos recuperado aqueles US$55 mil e o dinheiro estava reinvestido em outros imóveis. Assim, depois do quinto ano, estávamos recebendo dinheiro de graça. Embora não fosse muito dinheiro, sempre é melhor ganhar pouco do que perder.

Encontre um Investimento

O ponto da história acima não é se gabar de um pequeno investimento. A questão é ilustrar por que alguns investidores encontram grandes investimentos e porque muitos não conseguem identificar boas oportunidades.

Uma das numerosas razões pelas quais muitos investidores não acham boas oportunidades de investimento é o que chamo de *fator lemingue*, ou seja, o impulso que leva os investidores a comprar porque outros estão comprando. Na maioria das publicações financeiras dos Estados Unidos, vemos anúncios que proclamam: "Eleito o Fundo de Investimento de 2002", "Proporcionou retorno de 36% nos últimos cinco anos", ou "Classificação: cinco estrelas". Para os lemingues, esses apelos são irresistíveis. Geralmente, se for verdade, quando se fala que um fundo de investimento é o número um ou que rendeu 35% em cinco anos, isso significa que o fim está próximo. No caso dos imóveis, os lemingues são atraídos quando sabem que um amigo ou um colega que comprou um imóvel por US$125 mil o vendeu três meses depois por US$165 mil. Como o pai rico costumava dizer: "Histórias de sucesso atraem pessoas estúpidas para o mercado."

As Lições Aprendidas com a Experiência

Um fato perturbador me marcou desde os tempos de criança. Era saber que os lemingues faziam a mesma coisa ano após ano.

O mesmo se aplica aos investimentos. Como dizia o pai rico: "As oportunidades se repetem porque as pessoas repetem os mesmos erros." Ele também dizia: "Uma das formas de encontrar ótimos investimentos é quando as pessoas se tornam lemingues, depois do aquecimento do mercado." Em outras palavras, quando o mercado se aquece ou fica badalado, já é tarde demais. Assim, as palavras sábias são: quando os mercados se aquecem, lembre-se de não fazer como os lemingues. Embora isso pareça fácil e óbvio, quando todos estão pulando do penhasco, muitas vezes é difícil não acompanhar.

O principal erro que as pessoas cometem é investir no que está na moda. Repetindo a frase de Warren Buffett: "Não é possível comprar o que é popular e ter sucesso."

Sete Formas de Encontrar um Grande Investimento

O pai rico nos ensinou, a seu filho e a mim, a encontrar investimentos ótimos simplesmente nos ensinando a interpretar demonstrações financeiras, a entender tendências, a procurar bons conselheiros e, mais importante, a não investir no que está na moda. Dizia ele: "Se você quiser ser um investidor de sucesso, precisa ser capaz de encontrar investimentos ótimos que os outros não veem." Na minha opinião, uma das razões pelas quais tanta gente entrega seu dinheiro a estranhos é não saber encontrar um bom investimento. Os sete modos de descobrir investimentos ótimos, apresentados a seguir, funcionam em mercados bons e maus. Na maioria dos casos, a base de tudo é não ser um lemingue.

Forma #1 de Encontrar um Grande Investimento:
Lembre-se de que as Pessoas São Como Lemingues

Uma das formas mais simples e melhores de encontrar investimentos é esperar que os amadores entrem no mercado. Eles sempre chegam tarde. Em geral, quando o mercado está no pico. Como estão atrasados, quase sempre chegam em grupos, criam um frenesi, os preços aumentam e os amadores pagam demais pelo investimento. Depois que o mercado despenca, o que é inevitável, os verdadeiros investidores voltam em busca das melhores oportunidades, dos melhores preços. Isso é verdade para qualquer classe de ativos, sejam ativos de papel, imóveis ou negócios. Trata-se de realidade que tem sido confirmada pela história e aposto que continuará sendo verdade no futuro.

Um Dia na Vida

Muitas vezes me perguntam como encontro investimentos. Vou descrever um exemplo de como fico atento ao mercado e descubro investimentos. Todos os dias, independentemente da situação do mercado, boa ou má, passo algum tempo conversando com investidores amadores e profissionais, que é o meu jeito de sentir o pulso do mercado.

Nesse dia específico, a filha de um amigo me procurou e disse que estava ganhando muito dinheiro com imóveis. Ela havia comprado três imóveis pequenos e, ao revendê-los, obteve lucro total de US$9 mil. Estava empolgada e queria largar o emprego para dedicar-se em tempo integral à compra e revenda de imóveis. A conversa com ela confirmou que a bolha dos imóveis estava a ponto de estourar e eu precisava ser ainda mais cauteloso. Quando os mercados sobem aceleradamente e os amadores podem obter lucros rápidos, acredito que o mercado esteja chegando a seu pico. Quando os amadores começam a largar seus empregos, significa que o auge do mercado é iminente. Como Hunter S. Thompson escreveu certa vez: "Quando as coisas ficam esquisitas, os esquisitos viram profissionais."

Nessa mesma manhã, um amigo me ligou querendo vender um diamante. "Estou tendo problemas com a minha empresa. Você estaria interessado em meu diamante? Se você comprar, vou poder aguentar alguns meses, até o Natal. Depois do Natal, eu poderia recomprar meu diamante por um preço 25% superior ao que você pagou." Como não sei distinguir um diamante de um pedaço de vidro, abri mão da oportunidade.

Depois do almoço, recebi um e-mail de um amigo de Cingapura perguntando se eu estaria disposto a comprar alguns dos imóveis que ele possuía na Nova Zelândia. "Acabei tendo despesas maiores do que esperava com o último imóvel que comprei. Fiz uma reforma que saiu mais cara do que esperava. Estou sem dinheiro em caixa e tenho que pagar o financiamento. O banco está me pressionando. Preciso rápido de US$100 mil para terminar o projeto e vender o imóvel. Tenho três lotes na Nova Zelândia que posso lhe vender pelo valor de mercado, se você me mandar os US$100 mil imediatamente."

"Quanto valem os três lotes, onde se localizam e por quanto você quer vendê-los?", questionei.

Ele não deu retorno. Imagino que a pressão do banco aumentou.

Depois do jantar, Kim, minha esposa, recebeu um telefonema de um de nossos parceiros imobiliários. A mensagem: "O comprador desistiu. Não conseguiu financiamento bancário."

"Então, depois de esperar nove meses, finalmente o imóvel é nosso?", perguntou Kim.

"Isso mesmo — e por um preço melhor do que a oferta original."

"Ótimo", sorriu Kim. "Faça a reserva e vamos começar a examinar a papelada."

Onze meses antes desse telefonema, nosso grupo tinha visto o imóvel e o reservara por meio de uma carta de compromisso. Em vez de vendê-lo para nós, o vendedor o passou para um comprador disposto a pagar muito mais do que nós tínhamos oferecido. Agora, o comprador que pagara demais estava com problemas financeiros e queria passá-lo adiante rapidamente. Ele estava perdendo muito dinheiro por mês porque não dava atenção aos inquilinos, que não paravam no imóvel. Assim, ele estava perdendo dinheiro não só com o financiamento imobiliário, mas também com o aluguel que não recebia.

Cinco meses antes, ele tinha ligado para nós para nos oferecer o imóvel a um preço mais alto. Não aceitamos, e assim o vendedor o ofereceu a alguém, que para ele seria a salvação. Quando esse candidato pulou fora, porque não conseguiu financiamento, ele voltou a procurar nosso grupo. Estava disposto a vender a um preço menor que o oferecido de início e a arcar com o prejuízo. Não aguentava mais. Pensava que o imóvel seria um negócio fácil, mas para ele não deu certo. Ele estava perdendo dinheiro rapidamente e queria se livrar do imóvel. Não tinha tempo de esperar por um novo comprador. Depois de uma longa e paciente espera, o imóvel agora era nosso.

As Oportunidades Se Repetem

"As oportunidades se repetem em sucessivas ocasiões", dizia o pai rico. "Pode ter certeza de que os mesmos erros serão cometidos várias vezes. As pessoas podem mudar, mas as mancadas continuam as mesmas. Torne-se especialista em certos erros e você ficará rico. As melhores oportunidades do mundo decorrem dos erros alheios."

Warren Buffett observa: "Só vou ao mercado para ver se alguém está a ponto de fazer alguma bobagem."

O Mais Tolo

No mundo dos investimentos, as pessoas que apostam em ganhos de capital, em vez de buscar geração de fluxo de caixa, muitas vezes estão fazendo o jogo do mais tolo. Por exemplo, a expectativa do mais tolo está presente quando alguém diz: "Comprei esta ação por US$25 e vou vendê-la quando chegar a US$35" ou "Comprei minha casa por US$250 mil e meu corretor diz que em cinco anos estará valendo US$350 mil." Essas são as palavras de quem investe na premissa de que sempre existe alguém mais tolo, e, em geral, ela está certa. De fato, eu diria que hoje a maioria dos mercados de investimentos se alicerça na perspectiva do mais tolo. Quando o mais tolo some do mercado, os preços despencam. O mercado entra em queda quando o último tolo verifica que o penúltimo tolo que lhe vendeu a ação, o negócio, o fundo mútuo ou o imóvel sumiu e ninguém quer de volta o ativo.

Quando os tolos iniciam a debandada, é hora de começar a procurar as melhores pechinchas. Como diz Warren Buffett: "Seja medroso quando os outros são gananciosos e seja ganancioso quando os outros são medrosos."

A Melhor Hora para Descobrir Bons Investimentos

A maneira mais eficaz de identificar bons investimentos é perceber que os lemingues estão correndo para o penhasco e que a ganância está em alta, aumentando ainda mais a cobiça coletiva. O pai rico gostava de dizer: "Ganância + Estupidez = Oportunidade."

Portanto, lembre-se dessas cinco lições tiradas do primeiro modo de encontrar investimentos. E de que, quando se trata de investir, a maioria das pessoas é como o lemingue.

1. Os lemingues chegam tarde e os investidores são madrugadores. Isso se aplica tanto à compra quanto à venda.
2. É mais fácil encontrar grandes negócios em um mercado ruim do que em um bom.
3. Quando os mercados estão em uma má situação, os lemingues voltam para os seus esconderijos. Nesse momento, os investidores aparecem e enriquecem.
4. Também é possível ganhar dinheiro nas boas fases do mercado. Só que nesses períodos o investidor deve ser ainda mais esperto. Quando os mercados se aquecem, os riscos são maiores, e a cautela torna-se ainda mais importante.
5. Nas más fases do mercado, o mais difícil é não virar lemingue. Nas boas fases do mercado, o mais difícil é agir como investidor.

Forma #2 de Encontrar um Grande Investimento:

Tragédias ou Calamidades Pessoais

O segundo modo de achar um investimento ótimo são as tragédias e calamidades pessoais. Não me alegro ao encontrar investimentos desse modo, mas já achei.

Muitos anos atrás, vi um imóvel posto à venda por um homem que ficara desempregado. Em duas semanas, o banco iria retomar o imóvel. "Pague o que estou devendo ao banco e pode ficar com a casa", disse-me ele.

"Mas isso não vai ser bom para o senhor", respondi.

"Veja, o senhor vai me ajudar a sair da confusão", respondeu.

"Mas, como?"

"Se o senhor pagar ao banco, não vou ficar com o nome sujo. Quando eu voltar a me aprumar, será mais fácil comprar uma casa para a minha família. Se eu estiver com o nome sujo na praça, não vou conseguir financiamento ou vou ter que pagar juros mais altos."

Embora não me sentisse muito à vontade comprando aquela casa, sabia que ele precisava de ajuda e eu não estava explorando sua tragédia pessoal. O importante é que nesses momentos difíceis muita gente fica desesperada para vender. Embora daí decorram muitas oportunidades de investimento, sempre se deve ouvir a própria consciência.

Forma #3 de Encontrar um Grande Investimento: ***As Recessões***

Recessão é simplesmente uma contração da economia. Elas ocorrem com regularidade, o que novamente nos lembra que as oportunidades se repetem. Obviamente, as recessões desencadeiam calamidades comerciais e pessoais. Durante as recessões, muitas empresas vendem seus equipamentos a preço de banana. O valor dos imóveis residenciais cai e brinquedinhos pessoais como carros, casas de veraneio e barcos são vendidos por quase nada. As pessoas podem estar ricas de ativos mas com o fluxo de caixa curto.

Um bom exemplo disso é um fundador de uma empresa pontocom que comprou carros novos, uma casa grande, e muitos supérfluos (chamamos a isso de "*doodads*" nos jogos *CASHFLOW*®[1]), enquanto as suas ações estavam em alta. Depois do colapso das pontocom, essa mesma pessoa teve que vender seus bens a toque de caixa para poder se sustentar. Essa foi uma grande oportunidade para pessoas que queriam adquirir esses bens e tinham di-

[1] A Editora Alta Books não se responsabiliza pela circulação e conteúdo de jogos indicados pelo autor deste livro. (N. E.)

nheiro na mão para comprá-los a preços de ocasião. O vendedor ficou feliz de encontrar compradores e estes ficaram felizes com a pechincha.

Simultaneamente, também os ativos da empresa pontocom foram postos à venda por preços reduzidos. A empresa conseguiu levantar caixa com a venda de ativos e os compradores adquiriram móveis e computadores pouco usados a bons preços.

Repito: não gosto de tirar vantagem de tragédias pessoais, mas às vezes é possível ajudar alguém mesmo comprando o que estão vendendo a preço de banana. Siga sua consciência. Veja se poderá se olhar no espelho de manhã.

Forma #4 de Encontrar um Grande Investimento:
Mudanças Tecnológicas, Políticas ou Culturais

Em 1986, o governo alterou a legislação tributária dos Estados Unidos. A reforma tributária daquele ano tornou mais difícil para pessoas físicas bem-remuneradas, como médicos, advogados, contadores, arquitetos e outros (localizadas no quadrante A), desfrutar das mesmas vantagens fiscais concedidas a empresários. Essa mudança contribuiu para a queda do mercado de ações em 1987 e a do mercado de imóveis no ano seguinte.

De repente, médicos, advogados, contadores e respectivas associações estavam literalmente vendendo ótimos imóveis a preço de banana em função da mudança na legislação. O valor dos imóveis despencou porque as vantagens tributárias foram eliminadas. Os preços caíram tanto que o governo dos Estados Unidos teve que intervir e foi criado um órgão específico, a *Resolution Trust Corporation*, para encontrar formas de vender imóveis que valiam bilhões de dólares a preços de ocasião.

Nesse período, o medo rondava. Muitas pessoas se recolheram a seus esconderijos em vez de sair e investir. Nessa mesma época, Kim e eu trabalhamos ainda mais para ganhar dinheiro com nossas empresas, comprando do governo muitos desses imóveis baratos. Foi essa mudança na legislação tributária que criou condições para a conquista de nossa independência financeira.

As Mudanças São Diárias

Hoje, há mais mudanças estruturais, técnicas, políticas e culturais do que em qualquer outra época. Cada mudança oferece novas oportunidades para investir e também para perder dinheiro. Eis algumas mudanças que estou acompanhando:

- **Aumento populacional**

  Em 2010, de acordo com o censo dos EUA, a América tinha uma população de 308 milhões de pessoas. Nos próximos anos, essa população deverá aumentar para algo entre 350 e 400 milhões. Embora eu não saiba o que a China e o terrorismo significam para o mercado de ações, eu sei que tais aumentos nas populações nos Estados Unidos serão significativos para o setor imobiliário. Muitas vezes, eu digo para as pessoas que se queixam de imóveis muito caros: "Se você pensa que os imóveis são caros hoje, espere mais dez anos." E também digo: "Você não gostaria de ter comprado mais imóveis há vinte anos, ainda que fossem mais caros?" Embora os imóveis tendam a se valorizar a uma média de 6% ao ano, isso não é uma desculpa para formar um museu de imóveis.

- **Envelhecimento populacional**

  A população ocidental está envelhecendo rapidamente e atingindo a idade da aposentadoria. Hoje, em muitas capitais europeias, já se verificam protestos porque os governos não têm recursos para continuar pagando os benefícios aos aposentados e estão amarrados por restrições orçamentárias.

- **Idade como um passivo**

  Quando eu era garoto, a idade era um ativo. Meus pais sabiam que, quanto mais velhos ficassem, mais valor teriam como trabalhadores. No mundo de hoje, quanto mais velhos ficamos, mais obsoletos nos tornamos, devido às mudanças tecnológicas. Hoje, em minhas palestras, sempre digo que devemos pensar como atletas profissionais, como jogadores de basquete que são astros aos 25 e fisicamente obsoletos aos 35.

- **Empregos que saem do país**

  Há alguns anos, as pessoas se preocupavam com os empregos em linhas de produção que estavam sendo transferidos para outros países, como o México. Hoje, também os empregos administrativos estão migrando para mercados de trabalho mais baratos. Por quê? Porque é muito mais barato pagar US$30 mil anuais a um indiano com MBA do que US$300 mil anuais a algum norte-americano com a mesma escolaridade. A possibilidade de contar com mão de obra remota, a custos mais baixos, é uma tendência que deve tornar-se cada vez mais forte.

- **Crescente dominação chinesa no mundo financeiro**

  Tudo o que pode ser fabricado no Ocidente pode ser fabricado na China por menos. Esta mudança é algo a se observar com cautela.

- **Terrorismo**

  O terrorismo é barato e pode ocorrer em qualquer lugar. Ele reduz o sentimento de segurança. Se a segurança está ameaçada, o dinheiro tende a ficar escondido, em vez de ser investido com agressividade.

- **Guerra**

  Guerras são terríveis; contudo, muitas vezes, significam a iminência de alguma grande mudança. A Inglaterra, a França, a Alemanha e o Japão já foram em diferentes épocas inimigos dos Estados Unidos. Hoje, são os nossos maiores aliados. Às vezes, é preciso lutar antes de nos tornar amigos. O que quero destacar é que, às vezes, a guerra é um bom momento para comprar, porque os preços baixam.

  Durante a Segunda Guerra Mundial, os japoneses invadiram as Filipinas e tomaram muitas empresas. Uma delas foi uma mineradora de ouro listada na Bolsa de Valores de Nova York. No dia da invasão do país e da tomada de controle da mina, o preço das ações da empresa caiu até quase zero. Mas houve gente que aproveitou o preço baixo e ganhou uma fortuna quando a guerra acabou e a mineradora se recuperou.

Uma das razões que me levaram a ser empresário e investidor é que eu tinha toda uma vida pela frente para aprender a me aprimorar nos quadrantes D e I, em vez dos quadrantes E e A. Sabia que se fosse dono de minhas empresas e investisse para proveito próprio, eu não teria que me preocupar com o controle de minha vida por outra pessoa, que diria quanto eu ganharia, quando poderia tirar férias e quando me aposentaria. Embora eu tivesse sido um fracasso no primeiro tempo da minha vida, dos 25 aos 35 anos de idade, nos tempos seguintes fui me aperfeiçoando cada vez mais como empresário e investidor. No segundo tempo, entre os 35 e os 45 anos, Kim e eu conquistamos nossa independência financeira, e passamos a viver apenas de nossos investimentos.

A Revista Forbes *e os Aprendizes Lentos*

Uma edição de 1921 da revista *Forbes* publicou um artigo intitulado: "Maus Alunos Têm Sucesso." O artigo falava sobre muitos alunos que tinham notas ruins e fizeram contribuições notáveis para o mundo.

Por exemplo, Thomas Edison foi expulso da escola porque era "estúpido demais para aprender". Os professores chamaram George Westinghouse de asno. Frank W. Woolworth provavelmente teria levado bomba em uma prova de inglês no fim do ensino fundamental. James B. Duke, o "rei do fumo", não tinha instrução. Diz-se que George Baker, decano dos banqueiros norte-americanos, foi vigia noturno na juventude.

Dentre vinte dos nossos mais notáveis homens de negócios, nenhum havia alcançado alguma posição de destaque ao completar 35 ou 40 anos de idade. Quase todos passaram por maus momentos antes de atingir o auge do sucesso.

Desejo versus Lógica

Quando estava iniciando minha jornada, aos 25 anos de idade, tanto meu pai pobre quanto meu pai rico sabiam que eu não era aluno brilhante. Meu pai pobre, destacado acadêmico, me disse: "Você sempre vai aprender devagar."

Como eu não aprendia depressa, o pai rico recomendou: "Você precisa dedicar-se a aprender devagar e sempre. Isso lhe permitirá vencer." E também disse: "O desejo pode levar você a lugares aonde a lógica não pode." Não escrevi um best-seller de sucesso internacional até chegar aos cinquenta anos. Tendo sido reprovado duas vezes no ensino médio por não saber redigir, ser autor de diversos best-sellers da lista do *New York Times* não é lógico.

Logo depois de sair da faculdade, a maioria de meus colegas ganhava mais do que eu. Hoje, ganho muito mais do que a maioria de meus pares que obtinham boas notas e conseguiram empregos bem remunerados. Como eu era lento, também meu sucesso financeiro chegou tarde. Precisei de mais tempo para começar e para acumular os conhecimentos e a experiência imprescindíveis. Mas descobri o que eu precisava saber por meio de muito esforço e persistência, nunca desistindo, mesmo que muitas vezes tivesse vontade. Portanto, continue aprendendo sobre investimentos, qualquer que seja sua idade ou patrimônio, ou falta de patrimônio. Toda vez que você aprende algo novo, o seu jogo melhora.

Forma #5 de Encontrar um Grande Investimento: *O Ciclo 20–10–5*

O pai rico dizia: "O mercado de ações é o investimento dominante durante um período de vinte anos. Quando o vigésimo ano se aproxima, aumenta a probabilidade de um colapso. Depois de um crash, o mercado de ações tende a se manter em baixa durante dez anos. Nesses dez anos, as commodities, como ouro, prata e petróleo, e os imóveis dominam o mundo dos investimentos. E a cada cinco anos há algum tipo de grande desastre."

No início da minha vida, não entendia muito bem essa teoria do ciclo 20–10–5. Contudo, segui o conselho do pai rico. Entre 1973 e 1980, investi em imóveis e ouro, muitas vezes classificados como ativos perigosos. Alguns dos meus leitores talvez se lembrem dos irmãos Hunt, que manobraram o mercado para levar a prata até um pico de cerca de US$50 a onça e o ouro até perto de US$800 a onça. Logo antes de 1980, o mercado de commodities despencou. Como previsto, de 1980 a 2000, o mercado de ações dominou o mundo dos investimentos. O desastre que ocorre a cada cinco anos parece também ter se confirmado. Eventos como crashes do mercado de ações, crises de insolvência em determinados setores, estouros de bolhas imobiliárias e catástrofes como o 11 de Setembro de 2001 parecem verificar-se a cada cinco anos.

Não É Preciso Ter Bola de Cristal

Quando o pai rico me falou do ciclo 20–10–5, ele não pretendia fazer de mim um vidente com sua bola de cristal. Ele queria que eu ficasse atento às mudanças. Uma das razões que levaram tantos representantes da geração *baby boom* a enfrentar problemas financeiros com a aposentadoria é que seus investimentos ainda estão presos às bolsas de valores e o mercado de ações acaba de encerrar um ciclo de vinte anos. Se tivessem ficado atentos ao ciclo 20–10–5, teriam transferido seu dinheiro de ações para commodities por volta de 1996. Warren Buffett vendeu boa parte de suas ações nesse ano e antes de 2000 já tinha grandes posições no mercado da prata. Não sei se ele segue o ciclo 20–10–5, mas seu padrão de investimentos parece validá-lo.

Se este ciclo de 20–10–5 for verdadeiro, então muitos *baby boomers* não poderão se aposentar, porque estarão no mercado de ações, esperando que o preço delas volte a subir, quando eles deveriam estar no ciclo das commodities.

Aplico o conhecimento do ciclo não como uma bola de cristal, mas como uma forma de estar atento ao futuro. Por exemplo, em 1996, quando o preço do ouro tinha chegado a um dos pontos mais baixos da história, sendo negociado em torno de US$275 a onça, comecei a investir em minas de ouro. Embora muitos dos meus amigos de instituições financeiras e do mercado de ações rissem de mim, depois que o preço do ouro não parou de subir, eles ficaram mais sérios.

Em outras palavras, quando o ciclo de vinte anos do mercado de ações chegava ao fim, saí dele e comecei a procurar oportunidades no mercado de commodities, como ouro, prata e petróleo. Depois do 11 de Setembro de 2001, continuei fora do mercado de valores, apesar dos preços baixos, porque sabia que o ciclo de vinte anos tinha terminado. Então, me concentrei em oportunidades no mercado de imóveis, embora os preços estivessem altos.

Não Leve Isso para o Banco

Não apostaria o meu futuro no ciclo 20–10–5. Como já disse, trata-se, sobretudo, de um meio de lembrar que os mercados se movimentam em ciclos. Contudo, sabendo disso, dificilmente sou pego no contrapé. Uma das melhores formas de descobrir bons investimentos é procurar os que estão fora de moda, mas que em breve devem reconquistar a popularidade.

Como gosto muito de imóveis e confio na tendência de expansão populacional dos Estados Unidos, continuarei investindo no mercado imobiliário. No Japão, em que as taxas de natalidade são baixas, eu hesitaria em investir em imóveis. Os valores dos imóveis só sobem se houver gente disposta a alugá-los.

Em *Profecias do Pai Rico*, escrevi sobre a possibilidade de um grande colapso do mercado de ações entre 2012 e 2020. A razão desse colapso não é o ciclo 20–10–5, mas a tendência demográfica da população no mundo ocidental. No ano de 2016, os primeiros representantes da geração *baby boom* atingiram os setenta anos, e nessa idade a lei que criou os planos de pensão nos Estados Unidos exige que os participantes comecem a retirar os seus recursos. Isso exige a venda das ações, para que os fundos possam repassar os recursos para os participantes, e estes terão que pagar os impostos que tinham sido deferidos.

Então, é preciso lembrar-se de que, como o mercado estava realmente aquecido em torno de 2016 e não houve colapso, quanto mais classes de ativos você incluir em sua carteira, mais segura estará a sua vida financeira, não importa o que aconteça com o mercado de ações.

Forma #6 de Encontrar um Grande Investimento: *Tenha um Amigo no Ramo*

Quase todos nós somos bastante maduros para saber que nem sempre os melhores investimentos são anunciados. Na maioria dos casos, são vendidos, de maneira legal ou ilegal, a conhecidos pelos melhores preços. Muitas vezes, quando o pequeno investidor ouve falar de um ótimo negócio, os preços do ativo já estão demasiado altos, o que os torna um mau investimento para o pequeno investidor.

Uma das melhores formas de descobrir bons investimentos é tendo parceiros de negócios que operem diariamente no mercado. Kim e eu encontramos ótimos investimentos porque pagamos a nossos corretores mais do que outros investidores. Por exemplo, enquanto muitos investidores querem convencer seus corretores a reduzir as comissões, nós damos a nossos corretores toda a comissão e 10% dos lucros do investimento. Por alguma razão, porque somos generosos, em geral somos os primeiros a saber de um bom investimento. Adquirimos vários imóveis antes que eles chegassem ao mercado porque tínhamos amigos no ramo e os tornamos parceiros do investimento.

Forma #7 de Encontrar um Grande Investimento: *Pague Mais*

No início de 2003, um corretor de imóveis nos procurou e perguntou se estaríamos interessados em vender um de nossos imóveis. A minha resposta foi: "Na verdade, não estamos interessados em vender, mas tudo tem um preço."

"Quanto que o senhor quer?", perguntou o corretor.

Depois de refletir um ou dois dias, Kim e eu dissemos: "Por US$2,5 milhões, estamos dispostos a vender."

"Isso é demais", disse ele. "Que tal US$1,9 milhão?" A conversa ficou por aí.

Ninguém Gosta de Gente Mesquinha

O pai rico costumava falar: "Ninguém gosta de gente mesquinha. Contudo, por alguma razão, há quem tente enriquecer sendo mão fechada." O mesmo vale para os investimentos. Pessoalmente, considero desagradável quando as pessoas tentam me oferecer menos do que quero.

Negociações Diferentes

O pai rico recomendava que seu filho e eu entendêssemos de negócios para nos tornarmos melhores investidores. Um dos motivos disso é que um investimento, incluídos aí os imóveis, vale tanto quanto o negócio que está por trás dele. Anteriormente, recorri ao exemplo de um terreno de 10 hectares. Para o agricultor, esse terreno pode valer $10 mil. Para o incorporador imobiliário, o mesmo terreno pode valer $100 mil. Por que essa diferença nos valores? Porque ele será utilizado para negociações diferentes.

Um Insulto

Não pedi US$2,5 milhões por um imóvel que me custou menos de US$700 mil por ser mesquinho. Pedi um preço tão elevado porque é isso que a propriedade vale para mim atualmente. No momento em que o corretor ofereceu um preço menor, me senti insultado. Vou explicar.

Quando Kim e eu o compramos, o imóvel era um motel com problemas financeiros, decorrentes da ociosidade elevada e das diárias insuficientes. Além disso, hotéis mais novos estavam sendo construídos nas redondezas. Depois da compra, decidimos mudar o modelo do negócio. Transformamos o imóvel em um prédio de apartamentos para locação, atividade que conhecíamos bem. Em outras palavras, não valia US$700 mil como motel, mas valia US$700 mil como prédio de apartamentos, já que estava bem localizado.

Depois da conversão, valerá ainda mais, pois pretendemos derrubar o edifício e em seu lugar construir um condomínio de alto nível. Poderemos construir doze apartamentos de três quartos e dois banheiros, com garagem, que poderão ser vendidos por cerca de US$350 mil a unidade, ou seja, US$4,2 milhões no total. É por isso que o prédio vale hoje, para nós, pelo menos US$2,5 milhões. Seu valor é assim tão alto porque vamos mudar o negócio e esperamos ganhar esse dinheiro com a venda dos apartamentos.

Se o corretor conhecesse os nossos planos, veria que nosso preço era justo. Se esse comprador pudesse ver o futuro e a possibilidade de mudança do negócio talvez se dispusesse a pagar o que queríamos e ainda fazer o que pretendia. Em vez disso, foi mesquinho e nunca mais voltamos a falar com ele.

Minha Maneira Favorita de Enriquecer

Com bastante frequência, as pessoas tentam e conseguem bons investimentos sendo sovinas e acabam por perdê-los. Não precisa ser inteligente para oferecer um preço menor e tentar pechinchar. Mas se necessita de criatividade para detectar oportunidades que não saltem aos olhos. Então, antes de insultar alguém, oferecendo preço mais baixo por um ativo almejado, verifique se consegue vislumbrar algum valor potencial que não seja percebido pelos vendedores. Na minha opinião, essa é a melhor maneira de enriquecer. Apliquei esse método e fiz ótimos negócios. Sempre estou buscando oportunidades que os outros não veem e pago o preço que me pedem, o que deixa felizes as duas partes. Essa é a minha maneira preferida de enriquecer.

Quatro Pontos Básicos

Como você pode ver, há mais de um modo de descobrir um bom investimento. Os sete métodos listados oferecem alguma flexibilidade para escolher o mais adequado para cada situação concreta. Os quatro pontos básicos são:

1. Entenda os números. Não jogue baseado em palpites.
2. Conheça os erros cometidos pelos lemingues.
3. Seja generoso.
4. Seja criativo.

Com esses pontos básicos em mente, as suas chances de encontrar investimentos melhores aumentarão.

Capítulo 14

COMO SER UM BOM INVESTIDOR

"Você precisa ter duas profissões: uma para você e outra para o seu dinheiro."

— Pai rico

Encontre uma Profissão para o Seu Dinheiro

Ao chegar ao fim do livro, o leitor talvez tenha percebido meu sentimento de frustração ao ouvir repetidamente perguntas como:

- "Se você tivesse $10 mil, em que investiria?"
- "Você recomenda imóveis, não é?"
- "Qual é o melhor investimento para mim?"
- "Por onde eu começo?"

Quando ouço essas perguntas, sei que essas pessoas estão buscando um lugar para empregar o seu dinheiro. É isso o que os investidores fazem.

Dezoito Mil Empregados

Quando estava em Washington, D.C., em uma turnê de lançamento de um livro, um senhor idoso se aproximou de mim no estacionamento e disse bruscamente: "O senhor é o cara que aconselha as pessoas a aplicar em imóveis, não é?"

Com a maior delicadeza possível, retruquei: "Não, eu não digo às pessoas onde devem aplicar o seu dinheiro."

"Mas o senhor mexe com imóveis, certo?", perguntou, batendo no meu peito com um lápis.

Afastando o lápis, falei: "Ensino as pessoas a investir em negócios, imóveis, ativos de papel e commodities. Invisto em todas as classes de ativos. A classe de ativos que as pessoas escolhem é problema delas."

"Olha", disse o estranho, "vou me aposentar daqui a três meses e preciso saber em que aplicar o meu dinheiro. Não tenho aposentadoria. Disseram que o senhor poderia me ajudar."

"Posso ajudá-lo se o senhor estiver disposto a aprender a ser um investidor", respondi calmamente.

"Quanto vai me custar virar um investidor?", perguntou ele.

"Depende do senhor", retruquei. "Quanto é que o senhor tem para investir?"

"Cerca de US$18 mil no banco e sou dono de uma casinha e do meu carro. Não tenho dívidas. Isso é tudo o que eu tenho. Minha mulher me largou há alguns anos e ela é que tinha um emprego público e benefícios. Eu trabalho em uma pequena empresa de engenharia que não está em boa situação. Gosto de trabalhar na empresa, mas o salário é baixo e não oferece benefícios ou garantias."

Sacudi a cabeça em silêncio. Eu podia sentir o sofrimento que estava por trás de suas palavras. Essa dor me lembrou de meu pai pobre, quando continuava procurando emprego, depois de ter atingido a idade para se aposentar. Finalmente, eu disse: "Bom, talvez fosse melhor o senhor não se aposentar. Por que não pôr o dinheiro no banco e continuar trabalhando em alguma coisa que o senhor goste de fazer."

"Sei disso. Há anos que sei que preciso investir. Não posso fingir que vou poder trabalhar pelo resto da vida. Fico apavorado pensando que eu, um homem instruído, algum dia me tornarei um peso para a sociedade, porque não posso trabalhar nem cuidar de mim mesmo. Sempre fui um homem trabalhador, mas sei que a minha capacidade de trabalho um dia chegará ao fim."

Fez-se um longo silêncio. Como já disse, fico cansado de ouvir as mesmas perguntas sucessivas vezes. Fico cansado porque não tenho nenhuma resposta pronta que resolva como em um passe de mágica as várias situações. Dinheiro, investimento e segurança financeira em longo prazo são questões que não têm soluções imediatas.

"O senhor poderia me dizer algo que me ajude a ser melhor investidor?", perguntou o homem, procurando respostas rápidas para seu problema de aposentadoria.

Pensei por um momento e perguntei: "Qual é a sua profissão?"

"Sou engenheiro civil", respondeu, com orgulho. "Tenho 25 trabalhadores sob a minha responsabilidade todos os dias."

"Bom", respondi. "Qual é a profissão do seu dinheiro?"

"A... profissão do meu dinheiro?", gaguejou. "Não sei. Ele está no banco."

"Ótimo", sorri. "Então a profissão do seu dinheiro é bancário."

"Não entendo. O que o senhor quer dizer com isso?"

"Porque é nisso que o seu dinheiro está trabalhando para o senhor", retruquei. "Sabe, o pai rico me ensinou que eu devia olhar para meu dinheiro como meu empregado. Minha função como investidor é encontrar trabalho para meus empregados. Portanto, seus 18 mil empregados estão trabalhando para o senhor no banco. Isso significa que são bancários de profissão."

"Meu dinheiro está no ramo bancário?"

"Correto", falei. "São bancários porque o banco lhes paga para trabalhar lá."

"Nunca pensei nisso", retrucou.

"Como o banco está tratando seus empregados? Paga bem?"

"Não muito bem", disse o engenheiro.

"Quer dizer que o banco não lhes paga bem?", perguntei sorrindo, pois via que ele estava começando a pegar a mensagem.

"Não", sorriu o engenheiro, agora mais simpático. "Na verdade, o banco lhes pagava 5% ao ano, mas agora está pagando menos de 1% aos meus 18 mil empregados."

"É pouco", falei. "E concede benefícios?"

"Benefícios, que benefícios?", perguntou.

"Benefícios como ganhos de capital, vantagens tributárias, rendas não tributáveis. Os seus empregados recebem alguns desses benefícios do banco?"

"Não. Os juros que recebo são tributados. Não recebo nenhum benefício isento de impostos", disse, um tanto intrigado. "Os seus empregados ganham alguns desses benefícios de seu banco?"

"Absolutamente", falei. "É por isso que tenho tantos empregados no ramo imobiliário. É uma atividade que trata muito bem de seus empregados e lhes proporciona vários benefícios."

"Benefícios de que tipo?"

"Benefícios como vantagens tributárias para os ganhos de capital, depreciação, deduções, seguro contra perdas, proteção contra predadores financeiros e muito mais. Tenho algum dinheiro no banco, mas é pouco. Como no seu caso, o banco não trata muito bem os meus empregados."

"E o mercado de ações?", perguntou o engenheiro. "Ele trata bem os seus empregados?"

"Do mesmo modo que a maioria das grandes empresas trata os seus empregados. É por isso que os empregados das grandes empresas muitas vezes formam sindicatos para defender seus interesses. Em vez de sindicatos, muitos 'empregados financeiros' recorrem aos fundos de investimento. Nome diferente, a mesma ideia. Em qualquer dos casos, sempre há uma luta entre trabalhadores e gerência, pagamento e benefícios. Na verdade, a alta administração das empresas sempre é remunerada, mas os trabalhadores não recebem se a gerência não faz um bom trabalho."

Em silêncio durante alguns minutos, o engenheiro estava começando a entender o que faz um investidor. "De modo que minha tarefa é achar uma profissão para meu dinheiro. É isso que um investidor faz. Preciso encontrar lugares onde meu dinheiro seja bem-remunerado, receba ótimos benefícios e esteja livre dos abusos e da corrupção."

Um Bom e Zeloso Investidor

Sorri, balançando afirmativamente a cabeça. "Assim como os pais são zelosos com seus filhos, o investidor procura saber como seu dinheiro e seus empregados financeiros estão sendo tratados. A maioria das pessoas entrega cegamente seu dinheiro a estranhos que trabalham para grandes empresas e não sabem como seus trabalhadores estão sendo tratados. Eles estacionam seu dinheiro. É por isso que tão pouca gente tem sucesso em seus investimentos. Muitas vezes, permitem que seu dinheiro seja maltratado e mal-remunerado. A tarefa do investidor é achar a profissão certa para seu dinheiro, seu empregado. Eduque-se, para poder tratar os seus trabalhadores com respeito, encontrar bons empregos para eles, protegê-los, assegurar-se de que estão sendo bem-remunerados. Assim, seus trabalhadores se multiplicarão e trabalharão arduamente para o senhor."

Trabalhando para Estranhos

Estava na hora de ir embora. Tinha que fazer uma palestra e o senhor à minha frente parecia ter encontrado a resposta. Pelo menos parecia entender melhor o que era investir. Ele sorriu, estendeu a mão, e disse: "Obrigado." Apertando sua mão, falei: "O pai rico dizia: 'Ponha o seu dinheiro nas mãos de estranhos e ele trabalhará para eles, antes de trabalhar para você'. Portanto, seja astuto, ache o melhor emprego para o seu dinheiro e ele tomará conta do senhor. Investimento é isso."

Preocupações de um Bom Investidor

Lembre-se de que um investidor precisa atentar para cinco coisas:

1. Ganhos/Aquisição
2. Gestão
3. Alavancagem
4. Proteção
5. Saída

O investidor profissional cuida desses cinco pontos ao planejar seus investimentos porque é zeloso com o seu dinheiro, o seu empregado. Em termos de investimentos profissionais, esses cinco pontos correspondem à lista de aspectos a serem verificados.

Quando eu estava fazendo o curso de pilotagem, ensinaram-nos a importância de sempre respeitar as listas de verificação. Por exemplo, antes de dar partida no motor, nós seguíamos uma lista escrita de procedimentos.

O mesmo se aplica aos verdadeiros investidores. Por exemplo, antes de comprar um novo imóvel, nós fazemos uma verdadeira auditoria. Com isso, ganhamos bastante dinheiro ao longo dos anos.

O que Há de Errado com um Emprego e um Plano de Aposentadoria?

Em meus livros anteriores, já mencionei muitas vezes as limitações dos empregos e dos planos de aposentadoria. Usando a lista de verificação de cinco pontos é fácil entender por quê.

1. **Ganhos/Aquisição**

   A renda proveniente de um emprego, do trabalho pessoal, é a mais tributada. Como muitos dos leitores sabem, há três tipos de renda: a auferida, a de portfólio e a passiva. Um investidor em geral investe para auferir renda de portfólio e renda passiva, que na maioria dos casos é adquirida e não decorrente do trabalho.

2. **Gestão**

   Um emprego lhe dá pouco controle gerencial sobre os impostos. Além disso, os trabalhadores cujos planos de pensão investem em ações ou em fundos de investimento não têm controle sobre as despesas dessas organizações. Os investidores profissionais querem gerenciar impostos e despesas, porque esses itens afetam o retorno sobre o investimento.

3. **Alavancagem**

   Investir em um plano de pensão oferece pouca alavancagem. No máximo, os empregadores contribuem para os fundos de pensão com quantia igual à dos empregados. Os investidores profissionais procuram usar o dinheiro de outras pessoas (DOP) em vez do seu próprio dinheiro.

4. **Proteção**

   Os planos de aposentadoria oferecem pouca proteção contra as perdas de mercado. Além disso, a maioria dos trabalhadores tem todo o seu patrimônio em nome próprio, com o que ficam desprotegidos em caso de disputas judiciais. Os investidores profissionais colocam seu patrimônio em nome de uma pessoa jurídica, e não no próprio nome. Eles recorrem ao seguro para proteger seus ativos sempre que possível.

5. **Saída**

Quando alguém se aposenta, a renda dos planos de pensão é taxada a alíquotas altas, porque é renda ganha. Isto significa que até os ganhos de capital e os dividendos estarão sujeitos a essas alíquotas.

Toda essa estrutura está embasada na suposição de que, ao aposentar-se, as pessoas passem para uma faixa de renda inferior. Já eu espero que minha renda aumente enquanto eu acumulo mais ativos que trabalhem para mim. Um investidor profissional espera que sua renda continue aumentando, mesmo depois da aposentadoria.

Um Alerta sobre as Listas

Uma lista de verificação pode lhe dizer se há algo errado com o investimento. Quando as pessoas dizem que estão satisfeitas com a segurança do seu emprego e com o plano de aposentadoria recheado de fundos de investimento, sei que não analisaram com cuidado os cinco pontos da lista. Além de estarem sendo prejudicadas em termos financeiros pelo sistema tributário e pelas empresas em que concentram seus investimentos, seu dinheiro não está nem alavancado nem seguro. Ao se aposentarem, se tiverem obtido bons resultados financeiros, voltarão a ser punidas pelo sistema tributário.

O que os Investidores Fazem

Qualquer que seja o meu investimento — negócios, imóveis, ativos de papel ou commodities —, antes de investir, examino os cinco pontos da lista. Por exemplo, ao aplicar dinheiro em um imóvel, penso em:

1. **Ganhos/Aquisição**

Não quero obter renda auferida. Se escolher adequadamente o imóvel, estarei gerando renda passiva.

2. **Gestão**

Procuro reduzir as despesas, aumentar a receita, escolher quando pago os meus impostos e reduzir a minha renda tributável. Se houver prejuízos, poderei usá-los a meu favor.

3. **Alavancagem**

   Os imóveis são o investimento mais fácil de alavancar. Nos Estados Unidos, pode-se alavancar até 90% do seu custo. O departamento fiscal oferece alavancagem adicional através de inúmeros incentivos.

4. **Proteção**

   Protejo o meu imóvel com diferentes tipos de seguro e de pessoa jurídica. Protejo as minhas ideias com direitos autorais, marcas registradas e patentes. Também protejo meus imóveis recorrendo a empréstimos sem garantia imobiliária ou então instituo um fundo de amortização onde acumulo dinheiro extra para as emergências.

5. **Saída**

   Em vez de vender meus imóveis, o que poderia se constituir em fato gerador de impostos, às vezes troco-o por outro, sem pagar imposto, ou o uso como garantia de um empréstimo para poder investir no que quero, como em uma nova propriedade ou em um barco.

Supersimplificado

Estou ciente de que este é um exemplo mais do que simplificado do uso da lista de cinco pontos. Na vida real, cada um dos pontos é muito mais detalhado. Contudo, sob muitos aspectos, ela pode ser usada como orientação para o plano de negócios de qualquer investimento. Nada funciona exatamente como é planejado, mas a lista de verificação permite avaliar rapidamente os prós e os contras de qualquer investimento em que se queira pôr o dinheiro (os empregados) para trabalhar.

Mesmo muito simplificadas, as duas listas esboçadas aqui são úteis para comparar os aspectos positivos e negativos da situação de uma pessoa com emprego e plano de aposentadoria e a de um investidor profissional que é dono de empresa do ramo imobiliário. A lição a se extrair daí é que os investidores profissionais as utilizam. Infelizmente, elas são ignoradas pela maioria dos investidores amadores.

A Melhor Forma de Enriquecer

Muita gente parece pensar que investir é simplesmente aplicar o dinheiro em algum negócio badalado e esperar pelos lucros, ou entregá-lo a um estranho e torcer para que ele ou a empresa lhe devolvam o dinheiro algum dia. Obviamente, isso não é investir. É jogar. Mas, pior que jogar, demonstra falta de respeito por algo a que a maioria das pessoas dedicou parte da sua vida, do seu suor, do seu sangue e do seu tempo.

A maioria das pessoas não gosta de trabalhar para outras pessoas, ou empresas, mesquinhas e arbitrárias. Entretanto, quando se trata do dinheiro a ser investido, muita gente entrega seu dinheiro a pessoas ou empresas que parecem estar mais atentas aos próprios interesses do que aos dos investidores.

Warren Buffett disse: "A melhor forma de enriquecer é não perder dinheiro." Uma das melhores maneiras de não perder dinheiro é investir algum tempo para garantir que o dinheiro investido, nosso empregado pessoal, trabalhe em um ambiente financeiramente inteligente, íntegro, bem administrado, responsável e seguro. Isso é o que fazem os investidores profissionais, como Warren Buffett. Ele trata o dinheiro, as empresas em que investe, seus trabalhadores e seus investidores com alto grau de inteligência, de integridade e de respeito pessoais. É por isso que suas atividades são tão bem-sucedidas. O pai rico dizia: "As pessoas que não respeitam o dinheiro, ou que maltratam o dinheiro que ganham, muitas vezes não são respeitadas e são maltratadas sob o ponto de vista financeiro."

Qualquer que seja o seu ramo de investimentos, negócios, imóveis, ativos de papel ou commodities, trate esses ativos e o seu dinheiro com o mesmo respeito que você deseja para si mesmo. Se fizer isso, o seu dinheiro e os seus ativos se multiplicarão e tornarão a sua vida mais fácil e farta. Cuide do seu dinheiro e dos seus ativos e eles cuidarão de você.

Capítulo 15

VENCEDOR OU PERDEDOR?

Quando o pai rico me mostrou pela primeira vez os quatro tempos do jogo do dinheiro, eu estava entrando no primeiro tempo e não liguei muito. Tinha 25 anos e tudo que queria era vencer, mesmo sem ter certeza de que conseguiria.

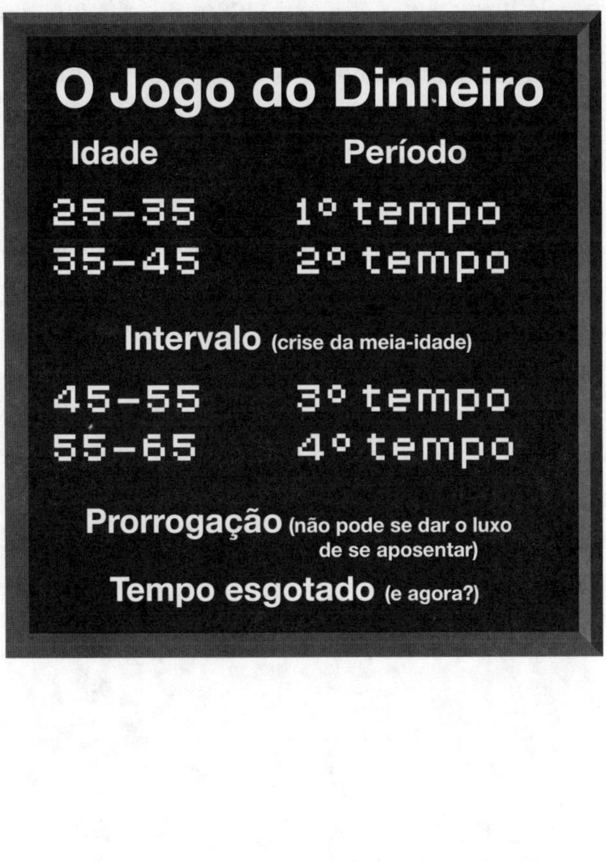

Embora tecnicamente eu tenha vencido o meu jogo do dinheiro no fim do segundo tempo, e Kim ao fim do seu primeiro, ambos estamos cientes de que o jogo não acabou. Todos conhecemos gente que vencia em um dos tempos do jogo e mais adiante perdeu.

Uma das melhores coisas que me aconteceram foi ter perdido no primeiro tempo. O sucesso internacional de minha empresa de carteiras de náilon e Velcro® me subiu à cabeça, e logo se converteu em arrogância e em excesso de autoconfiança. Quando cheguei aos trinta, já tinha obtido sucesso e o tinha perdido. Essa derrota financeira no início da vida me ensinou não apenas a respeitar o dinheiro, mas também o jogo do dinheiro.

O Placar ao Fim dos Três Tempos

Hoje, quando estou iniciando o quarto tempo do meu jogo do dinheiro, olho para trás e o placar dos primeiros três tempos é mais ou menos este:

25–35	Renda de investimentos — US$0 por mês (dívidas massivas)
35–45	Renda de investimentos — US$10 mil por mês
	Intervalo (dois anos afastado)
45–55	Renda de investimentos — mais de US$100 mil por mês
55–65	Renda de investimentos — ? (a ser determinada)
	Prorrogação? (a ser determinada)

Continuo cauteloso, embora hoje seja bem-sucedido financeiramente, porque sei que o placar do jogo pode virar a qualquer momento. É por isso que fico contente por ter sofrido uma grave derrota no primeiro tempo. A derrota não só me ensinou a vencer, mas também a respeitar o dinheiro e o jogo do dinheiro. Estou muito consciente de que, embora esteja vencendo hoje, posso perder tudo amanhã.

Uma Preocupação Pessoal

A minha preocupação pessoal é que hoje há milhões de pessoas que trabalham arduamente, mas que estão perdendo o jogo. E uma das razões disso é que muitas dessas pessoas estão simplesmente evitando jogar. Se elas estão no jogo, investindo em planos de aposentadoria, não estão obtendo altos retornos porque só diversificam dentro de uma classe de ativos, principalmente ativos de papel, ou seja, estão perdendo a sinergia entre as diferentes classes. Além disso, há gente demais pondo o seu dinheiro nas mãos do governo, pagando impostos excessivos, ou de estranhos, que remuneram primeiro a si próprios. Esse trabalho pesado das pessoas pode ou não devolver o dinheiro no momento em que ele for mais necessário.

Eu penso que já é hora de o nosso sistema escolar incluir nos seus currículos noções de gestão básica do dinheiro, enfatizando a diferença fundamental entre ativos e passivos. As escolas também deveriam ensinar várias estratégias de investimento, as classes de ativos e a diferença entre investir para gerar fluxo de caixa e para obter ganhos de capital. Finalmente, embora não menos importante, a educação financeira sólida deve abranger os efeitos básicos dos impostos sobre os rendimentos. Se as pessoas soubessem o quanto os empregados pagam em impostos e como a legislação tributária favorece os donos de empresas, talvez mais gente abrisse empresas ao sair da escola, em vez de procurar empregos bem-remunerados. Essa é a verdadeira educação financeira.

Hoje, as escolas, em conluio com as instituições financeiras, declaram estar tornando os seus alunos financeiramente proficientes, quando apenas os ensinam a escolher ações. Não se trata de ensinar os jovens a se transformar em jogadores e sim de mostrar-lhes qual é o verdadeiro jogo do dinheiro, antes que cheguem ao quarto tempo de suas vidas esperando que a família ou o governo os amparem na velhice.

Examine mais uma vez o quadro a seguir, que mostra as diferenças entre estacionar e acelerar o dinheiro. Você está pronto para assumir o controle do seu futuro financeiro e começar a acelerar o seu dinheiro, em vez de deixá-lo estacionado?

Plano do Superinvestimento

D–I	
ATIVOS	**ACELERADORES**
Negócios ↓ US$	Dinheiro de outras pessoas (DOP) Estrutura societária Tempo de outras pessoas (TOP) Legislação tributária Caridade
Imóveis ↓ US$	DOP Estrutura societária Legislação tributária
Ativos de papel	Isenções tributárias Fundos hedge Opções Memorando de Colocação Privada (MCP) Oferta pública inicial (IPO)

Plano de Investimento Fraco

E–A	
EMPREGO FORMAL	**ACELERADORES**
↓ US$ Poupança Sair das dívidas Casa própria Fundos de investimento Ações Planos de aposentadoria	NENHUM

A Melhor Parte do Jogo

Antes de concluir o livro, quero passar uma palavra de sabedoria adquirida, praticando o jogo e não fazendo teoria. A melhor parte do jogo do dinheiro, independentemente de ter perdido ou ganhado, foi que aos poucos aprimorei o meu desempenho. Como se vê pelo meu placar nos primeiros três tempos, apesar do resultado decepcionante do primeiro tempo, melhorei muito depois disso.

Infelizmente, muitas pessoas perderão o jogo do dinheiro porque passam a vida evitando perder. Em vez de jogar para ganhar, gente demais joga para não perder. Repito, essa situação em parte é decorrência de um sistema de ensino que não cuida dos conhecimentos necessários à sobrevivência no mundo real.

Agora, no início do quarto tempo do meu jogo do dinheiro, em vez de ter medo de perder, ou de não ter nada, ou de esperar que o governo me ampare, como fazem tantas pessoas no quarto tempo, eu estou confiante. Não arrogante ou empolgado, mas sem medo do jogo. Sei que é um jogo que praticarei até o fim da vida, qualquer que seja o placar.

Não que eu não possa perder no futuro, pois sei que ganhar e perder são parte de qualquer jogo. A diferença para mim, agora que estou entrando no quarto tempo, é que aprendi a gostar de jogar. Para os que estão pensando em assumir o controle do seu dinheiro e investi-lo por conta própria, em vez de entregá-lo a estranhos, alguns pontos são importantes.

Lembre-se de que:

- Perder é parte de ganhar.
- Quanto mais você joga, mais se aprimora.
- Quanto mais você se aprimora, melhor fica a sua equipe.
- Quanto melhor fica a sua equipe, mais você aproveita o jogo.
- Quanto mais você aproveita o jogo, maiores são as chances de você melhorar o seu placar.

Como meu pai rico dizia: "O jogo do dinheiro, na verdade, não é sobre o dinheiro. É uma questão de como o jogamos."

Obrigado a você por ler este livro.
Robert Kiyosaki

Sobre o Autor
Robert Kiyosaki

Mais conhecido como o autor de *Pai Rico, Pai Pobre* — apontado como o livro mais importante de finanças pessoais de todos os tempos — Robert Kiyosaki revolucionou e mudou a maneira de pensar em dinheiro de dezenas de milhões de pessoas ao redor do mundo. Ele é um empreendedor, educador e investidor que acredita que o mundo precisa de mais empreendedores para criar empregos.

Com pontos de vista sobre dinheiro e investimento que normalmente contradizem a sabedoria convencional, Robert conquistou fama internacional por sua narrativa direta, irreverência e coragem e se tornou um defensor sincero e apaixonado da educação financeira.

Robert e Kim Kiyosaki são os fundadores de *The Rich Dad Company*, uma empresa de educação financeira, e os criadores dos jogos *CASHFLOW*®[1]. Em 2014, a empresa aproveitou o sucesso global dos jogos Rich Dad para lançar uma nova versão revolucionária de jogos online[2] e para celulares.

Robert tem sido considerado um visionário que tem o talento de simplificar conceitos complexos — ideias relacionadas a dinheiro, investimentos, finanças e economia — e tem compartilhado sua jornada pessoal rumo à independência financeira de uma forma que encanta o público de todas as idades e histórias de vida. Seus princípios fundamentais e mensagens — como "sua casa não é um ativo", "invista para um fluxo de caixa" e "poupadores são perdedores" — despertaram uma enxurrada de críticas e zombaria... para depois invadir o cenário do mundo da economia ao longo da última década de forma perturbadora e profética.

Seu ponto de vista é de que o "velho" conselho — arrume um bom trabalho, poupe dinheiro, saia das dívidas, invista em longo prazo em uma carteira diversificada — se tornou obsoleto na acelerada Era da Informação. As mensagens e filosofias do Pai Rico desafiam o *status quo*. Seus ensinamentos estimulam as pessoas a se tornarem financeiramente proficientes e a assumirem um papel ativo para investir em seu futuro.

Autor de diversos livros, incluindo o sucesso internacional *Pai Rico, Pai Pobre*, Robert participa frequentemente de programas midiáticos ao redor do mundo — desde *CNN, BBC, Fox News, Al Jazeera, GBTV* e *PBS*, a *Larry King Live, Oprah, Peoples Daily, Sydney Morning Herald, The Doctors, Straits Times, Bloomberg, NPR, USA TODAY*, e centenas de outros — e seus livros frequentam o topo da lista dos mais vendidos há mais de uma década. Ele continua a ensinar e a inspirar o público do mundo inteiro.

Para saber mais, visite www.seriepairico.com ou o site original, em inglês, acessando www.richdad.com

---

[1] A Editora Alta Books não se responsabiliza pela circulação e conteúdo de jogos indicados pelo autor deste livro. (N. E.)

[2] Ver: http://www.richdad.com/apps-games/cashflow-classic (conteúdo em inglês).

Este livro foi impresso nas oficinas da
Gráfica Kunst, em Petrópolis/RJ